1884년, 뉴멕시코 주 포드 셀든(Ford Selden)에서 찍은 맥아더의 가족사진. 부모들은 맥아더가 학교에 입학하기 전부터 애국주의, 성실 그리고 정직의 가치를 교육했다.

맥아더는 웨스트포인트에 입학할 수 있는 대통령 추천서를 얻지 못했다. 그러나 1898년, 위스콘신 주의원 티볼드 오트젠 시험의 높은 경쟁률을 뚫고 최고점을 기록하여 마침내 추천서를 받을 수 있었다.

앞 첫줄 96번 상의를 입고 있는 맥아더는 웨스트 텍사스 군사학교에서 학습과 운동에 대한 열정을 불태웠다(1896년 사진).

1918년, 프랑스 크로익스 발렌체(Croix Valanche)에 주둔한 레인보우 사단 소속 제84여단의 지휘관 시절. 부하들은 그에게 '멋쟁이 싸움꾼'이란 별명을 붙여 주었다.

맥아더는 웨스트포인트에서 웨일스 왕자(Prince of Wales)를 맞이했다. 1919년에서 1922년까지 학교장으로 재직하는 동안 생도들이 새로운 아이디어와 시대의 흐름을 배울 수 있도록 노력했다.

미 올림픽위원회장으로 재임했던 맥아더는 1928년 암스테르담에서 열린 제9회 올림픽대회에서 미 대표팀을 이끌어 우승을 차지했다.

1931년, 맥아더 육군 참모장은 프랑스의 앤드레이 마지노(Andre Maginot) 국방부 장관으로부터 레지옹 도뇌르 훈장을 받았다. 그 후 10년도 되지 않아 마지노선은 수동적 방어의 위험성을 나타내는 유명한 상징어가 되었다.

1941년 7월, 맥아더와 케손 필리핀 대통령의 모습이다. 그의 동기생 대부분은 이미 전역했지만 당시 61세였던 그는 극동 미 육군 총사령관으로서 재임명되어 현역으로 복귀할 수 있었다.

1943년 9월 5일, 맥아더는 남서태평양에서 최초 낙하 작전을 수행하기 전에 장병들에게 자신감을 고취시키려고 직접 항공기를 타고 나드잡까지 동행했다.

1944년 2월 29일, 공격개시 몇 시간 후 로스 니그로스 해변에 있는 맥아더를 볼 수 있다. 그는 유리한 입지를 구축하기 위해 정찰작전을 지시했다.

1944년 10월 20일, 레이테 지역의 해변에서 대공격을 개시한다는 메시지를 필리핀 국민들에게 알렸다.

1944년 9월 15일, 모로타이(Morotai)에 상륙한 맥아더와 여러 장병들을 볼 수 있다. 선제공격 작전으로 31명의 미군 전사자들이 발생했으나 필리핀으로부터 300마일 내에 작전진지를 구축할 수 있었다.

1945년 1월, 마닐라를 탈환하기 위하여 신속히 이동하도록 격려했다.

1945년 8월 30일, 처칠은 일본의 앗수기 공항에 도착한 맥아더를 '전쟁에서 큰 용기를 보여준 위대한 장군'이라고 칭송했다.

1945년 3월 2일, 맥아더는 일본군의 생포계획을 피하여 탈출한 지 3년 만에 코레히도르로 복귀했다.

1945년 9월 2일, USS 미주리함에 승선한 맥아더는 1942년 이래로 오랫동안 전쟁포로가 된 웨인라이트(Wainwright)와 퍼서벌(Percival) 장군이 지켜보는 가운데 일본의 항복문서에 서명했다.

1945년 9월 27일, 맥아더와 히로히토의 모습이다. 맥아더는 여유 있고 유연한 태도로 일본 천황과 편안하게 대화를 나누었으며 일본 국민들에게도 긍정적인 이미지를 심어주었다.

1950년 6월 29일, 맥아더는 전쟁이 발발한 지 며칠만에 서울을 함락시킨 북한군을 지켜보면서 인천상륙작전을 구상했다.

1950년 10월 15일, 맥아더와 트루먼 대통령은 웨이크 섬에서 유일한 회동을 가졌다.

1951년 4월 16일, 사임 명령을 받고 떠나는 맥아더에게 일본 국민들이 존경을 표의하면서 도로변에 줄을 지어 섰다.

1951년 4월 17일, 맥아더는 14년 만에 미국 본토로 돌아왔다. 50만 명 이상의 샌프란시스코 주민들이 그의 귀향을 환영하고 있다.

노병은 죽지 않지만 맥아더는 사라지는 것도 원하지 않았다. 1951년 4월 19일, 대대적으로 방송되던 그의 의회연설을 2천만 명 이상의 미국인들이 숨죽여 지켜보았다.

1961년 7월, 맥아더와 케네디 대통령이 백악관에서 담소를 나누고 있다. 그는 케네디와 존슨 대통령, 둘 모두에게 가능한 베트남 전쟁을 피하라고 충고했다.

맥아더의 승리하는 리더십

맥아더의 전략과 리더십으로부터 얻는 50가지 교훈

Authorized translation from the English language edition, entitled NO SUBSTITUTE FOR VICTORY: LESSONS IN STRATEGY AND LEADERSHIP FROM GENERAL DOUGLAS MACARTHUR, 1st Edidion, ISBN: 0131470213 by KINNI, THEODORE; KINNI, DONNA, published by Pearson Education, Inc, publishing as Financial Times Prentice Hall, Copyright ⓒ 2005. Pearson Education, INC

All rights reserved. No part of this book may be reproduced or transmitted in any form or by any no means, electronic or mechanical, including photocopying, recording or by and information storage retrieval system, without permission from Pearson Education, Inc.

KOREAN language edition published by BOOKOREA PUBLISHING CO., Copyright ⓒ 200*

KOREAN translation rights arranged with PEARSON EDUCATION, INC., publishing as Financial Times Prentice Hall through BOOKCOSMOS, SEOUL KOREA

이 책의 한국어판 저작권은 북코스모스를 통한 저작권자와의 독점 계약으로 북코리아에 있습니다. 신저작권법에 의해 한국 내에서 보호를 받는 저작물이므로 무단전재와 복제를 금합니다.

국립중앙도서관 출판시도서목록(CIP)

맥아더의 승리하는 리더십 : 맥아더 장군의 전략과 리더십으로부터 얻는 교훈 / 시어도어 키니, 다나 키니 지음 ; 김현 옮김. -- 서울 : 북코리아, 2010
  p. ;   cm

원표제: No substitute for victory : lessons in strategy and leadership from General Douglas MacArthur
원저자: Theodore B. Kinni, Donna Kinni
영어 원작을 한국어로 번역
ISBN 978-89-6324-063-3 03320 : ₩13500

리더십[leadership]

325.24-KDC5
658.4092-DDC21   CIP2010001962

맥아더의 승리하는 리더십
맥아더의 전략과 리더십으로부터 얻는 50가지 교훈

Theodore Kinni & Donna Kinni 지음
김현 옮김

북코리아

추천사 : 백선엽 대장
맥아더는 진정 수퍼히어로이다

    1950년 8월 13일, 전쟁 발발 달포가 지났다. 임진강을 적진에 내주고 한강을 넘어 낙동강에 이르렀다. 300km를 행군했다. 국군1사단 부대원은 지치고 굶주렸다. 피로와 공포감 그리고 좌절감으로 기력을 잃었다. 대포는커녕 개인화기도 제대로 갖추지 못했다. 적에게 밀리면서 생존 투쟁을 해야 했다.
    긴 고난을 이겨내면서 적개심은 오히려 불탔다. 투지로 불이 붙었다.
    사단장인 나에게 낙동강은 마지막 강이었다. 낙동강 이남으로 적의 진입을 허용한다면 대한민국은 숨이 멎을 것이라는 비장한 결의가 섰다. 나는 다부동에서 미군과 연합하여 낙동강 방어전선에 사투를 벌였다. 나를 따르는 국군 1사단 장병들과 나는 더 이상 물러설 수 없는, 낙동강둑에 한 목숨 묻기로 분연히 결심한 것이다.

혈전과 백병전, 전우의 시신을 끌어안고 그것을 방패로 싸웠다. 끝내 나는 이겼다. 우리가 이긴 것이다. 밀리고 미는 전투 상황, 부하의 주검과 공포, 나는 차츰 전쟁이 익숙해지면서 승리하는 방법을 찾아내는 전투사가 되어가고 있었다.

인천상륙작전의 성공은 낙동강방어작전의 승리와 궤를 같이 한다. 더글러스 맥아더가 감행한 인천상륙작전은 급물살처럼 밀려 든 북한군을 낙동강 전선에서 받쳐준 반격의 힘과 함께 상생승리한 것이다. 두 작전에서 성공한 국군과 연합군은 북으로 북으로, 잃었던 서울을 다시 탈환하고 북진하였다.

전쟁은 나에게 천의 사람을 만나게 하였고 만의 가르침을 주었다. 아이젠하워와 맥아더를 비롯하여 리치웨이와 밴플리트, 밀번 장군 같은 영웅을 만났고 일자무식의 충직한 촌부도 만났다. 살아있는 사람도 죽어가는 사람도 모두 나에게는 하나같이 전우였고 스승이었다. 전쟁하는 법을 알려주었고 사람을 소중하게 여기는 깊은 생각을 심어주었다.

나는 1951년 정월 13일, 평북의 운산전투(적유령)에서 처음 맥아더를 가까이서 만났다. 걸출한 외모에 생각의 깊이와 넓이가 담대한 그는 나에게 정말 강한 인상을 남겼다. 그는 벌어진 전쟁에서는 반드시 승리하여야 한다는 군인으로서의 자세가 확고하였다. 작전에 대한 열정과 자유민주주의에 대한 확고한 신념으로 무장한 천재적인 전략가요 전쟁승부사였다.

『맥아더의 승리하는 리더십』에서 말하고 있듯이 더글러스 맥아더가 세계의 여러 전역(戰役)[1]에서 보여준 지도력은 그야말로 탁월했다. 또한 그는 군사정신과 지도력을 여러 조직관리에 접목하여 성공적인 리더십을 발휘하기도 하였다.

현대사회의 리더십 환경은 매우 복합적이고 다양하다. 평시관리와 위기관리의 기법이 동시에 요구된다. 기업조직과 군사조직 관리의 경계가 불분명하다. 종합적인 지식정보를 기반으로 하는 군사관리 기법은 분명 군사 이외의 다른 영역에도 적용된다. 나는 군인은 물론 다양한 영역에서 리더의 역량을 학습하고자 하는 사람들에게 우선적으로 군사적 리더십의 가치에 주목할 것을 권유한다. 이 책에는 맥아더의 복합적인 경험에서 우러난 리더십이 잘 드러나 있다. 또한 이 책은 6·25전쟁 발발 60주년과 때 맞게 우리 국민들이 읽을 수 있게 되어 장군의 특출한 리더십에 귀 기울이게 할 뿐만 아니라 6·25전쟁을 다시 한번 일깨우게 해준다.

오늘날 대한민국은 세계적인 국가로 성장하였다. 60년 전 동족상잔의 폐허의 땅을 딛고, 가난을 극복하고 일어선 나라다. 역사의 뒤안길이 참으로 기적 같다. 앞 세대가 이룩해 놓은 이 고귀한 자산을 우리는 지키고 확장시켜 나가야 한다.

분명한 목표와 목표실현에 대한 확고한 믿음 그리고 불타는 열정이 바로 지금까지 우리를 세운 원동력이다. 이는 군인정

---

1) 전역(campaign)이란 주어진 시간과 공간 내에서 군사목표를 달성하기 위하여 실시하는 일련의 합동적 군사작전을 말하며, 전구(戰區; theater)와 별 차이 없이 혼용하기도 한다. 전구는 지역적인 의미를 내포한다.

신과 일맥상통한다. 옳은 것은 더욱 강화하고 잘못된 것은 억제하는 것이 순리이며 군인정신이다.

고희가 넘도록 군인으로 전장을 누빈 더글러스 맥아더, 그의 리더십은 곧 자신의 군인정신의 또 다른 표현이 아닌가 싶다.

내 몸에는 전쟁지도가 문신처럼 새겨져 있다. 나는 사단장과 군단장으로 일선 전쟁을 지휘하였다. 나는 전쟁 중에 국군 최초 대장으로 승진하고 육군의 최고 책임자인 참모총장이 되어 전쟁을 종결지었다. 국군에 대한 나의 애정은 끝이 없다.

노구의 나는 이 책을 읽으면서 한국의 통일을 꿈꾸던 나의 전우, 더글러스 맥아더 장군을 그린다. 그리고 김현 중위! 참 대견한 일을 했다. 전쟁을 잊지 말거라.

2010년 봄
대한민국 예비역 대장 / 전 육군참모총장 백 선 엽

추천사 : 김승연 회장

맥아더의 리더십에서 승리의 해법을 읽다

금년으로 6·25전쟁이 발발한지 60주년을 맞이한다. 절망의 초토(焦土) 위로 우리 대한민국이 60년 만에 일구어 낸 성장 신화는 실로 놀랍기만 하다. 한때 지구촌에서 가장 불행했던 나라는 이제 정치, 경제, 문화 각 분야에서 세계 선진국들과 어깨를 나란히 하는 신흥강국의 반열에 올라섰다. 이 자긍의 역사는 결코 그냥 얻어진 것이 아니다. 미래를 직지(直指)하는 지도자와 성실하고 긍정적인 국민이 함께 땀 흘려 이룬 결과다.

예나 지금이나 진정한 리더가 필요하다. 국가와 군대는 물론 대소규모의 기업조직에서도 리더의 역량에 따라 그 미래는 달라지게 마련이다. 좋은 리더는 살맛 나는 조직을 만들고, 좋은 리더를 만난 조직원은 일하는 것이 행복하다. 좋은 리더는 일하는 방식이 다를 뿐만 아니라, 함께 있는 모두의 행복을 꿈꾸고 실현시킨다.

인류사의 걸출한 인물들이 헤아릴 수 없이 명멸해갔지만, 그 중에서도 더글러스 맥아더 장군은 우리의 아픈 역사 속에 각인된 탁월한 리더였다. 『맥아더의 승리하는 리더십』은 수많은 전장을 통해 검증 받아온 맥아더의 눈부신 전략과 실전 리더십을 조명한다. 이 한 권의 책을 통해 세계적인 명장의 승전 노하우를 조목조목 조우할 수 있음은 큰 행운이다.

맥아더는 그 아버지의 뒤를 이어 장군이 되었고, 또한 평생 동안 멋진 군 지휘관으로서 세계인의 주목을 끌었다. 맥아더만큼 다양한 영역에서 지도력을 발휘한 인물도 드물다. 그는 제1차 세계대전에 참전한 가장 젊은 나이의 미군 사단장이었고, 제2차 세계대전 때는 극동 지역과 태평양 지역의 미군 총사령관으로 승전 장군이 되었으며, 6·25전쟁 때는 UN군사령부 총사령관으로 한반도를 지켜냈다.

그런가 하면 행정가로서도 남다른 경험을 하였다. 미국 대공황기였던 1929년에는 육군참모총장으로 미 육군을 균형 있게 관리하였고, 그 후 필리핀 정치고문으로 필리핀 국민들에게 희망을 불어넣었는가 하면, 전후 일본 점령군사령관으로서 일본 재건에 특별한 리더십을 보였다. 또한 암스테르담 올림픽 때 현역으로 미 올림픽위원회장을 맡기도 했고, 전역한 뒤에는 민간 CEO로 활동하며 기업인으로서 성공적인 여생을 살았다.

『맥아더의 승리하는 리더십』에서 장군이 던져주는 강렬한 메시지는 한마디로 현장에서의 치열한 실행이다. 맥아더의 리더십은 세월을 뛰어넘고 군사적 공간을 초월하여 기업경영의 영역에서도 자연스럽게 접목될 수 있음을 보여준다. 그는 목표를 수립하기 전에 반드시 현장을 꼼꼼하게 살폈고, 결정된 목표는 상황 변화자로서 속도감과 역동성을 더하여 쟁취하였다. 말하자면 맥아더는 '둥지만을 지키는 텃새가 아니라 먹이를 찾아 공간을 자유자재로 활용한 철새적 생존법'으로 전쟁을 지휘한 것이다. 그는 일에 대해서, 사람에 대해서 어디까지나 헌신과 진정성의 덕목으로 다가섰고, 가능성과 자신감으로 상황을 해결해 나간 것이다. 아울러 그는 언제나 외형적인 멋을 중요시할 뿐만 아니라 감동의 연설을 구사할 줄 아는 매력적인 군인이요, 남자였다.

맥아더를 통해 본 리더 본연의 역할은 기업인으로서 또 다른 길을 걷고 있는 나에게도 시사하는 바가 크다. 리더는 1%의 가능성을 99%의 희망으로 채워가는 사람이며, 리더십은 비전을 현실로 전환시키는 능력에 있음을 그 스스로 입증해냈다. 포화가 뿜어나는 유럽 전역을, 섬과 섬을 잇는 태평양전역을, 그리고 인천에서 다부동에 이르는 한국 전선을 누비는 동안 맥아더는 어느 순간에도 희망과 비전을 놓지 않았던 진정한 리더였다. 보기 드문 품위와 카리스마를 함께 지닌 장군 더글러스 맥아더, 그와의 만남은 긴 여운으로 남을 듯싶다.

개인적으로도 부하직원들에게 확실한 가치관과 뚜렷한 비전을 제시하며 신용과 의리를 중요시해온 내 자신의 지난 세월을 돌이켜보게 되었기에, 이 책을 읽는 독자들도 시대의 변화를 초월하여 이러한 정신력과 리더십을 바탕으로 자기 발전의 계기로 삼기를 바라는 바이다.

경인년 오월 초
한화그룹 회장 김 승 연

추천사 : 캐스퍼 와인버거 회장
용맹스러운 맥아더 리더십을 희망하며

『맥아더의 승리하는 리더십』은 맥아더 장군을 통해 인생에서 리더십의 의미를 새롭게 일깨워 주고 있다. 본서는 오랜 세월에 걸쳐서 맥아더가 보여준 창조적 천재성이 한 국가에 얼마나 큰 자산이 되었는지를 증명하고 있다.

오늘날 세대는 맥아더가 남긴 많은 업적을 아는 사람이 그리 많지 않다. 본서는 맥아더에 대한 전기적 연구의 새로운 접근으로 그 시기가 적절할 뿐만 아니라 그의 전략과 리더십의 교훈을 배울 수 있는 효과적인 방식으로 구성되었다.

또한 일반적인 인물의 일대기와 비교하여 볼 때 훨씬 다양한 내용을 담고 있다. 미 육군사관학교 웨스트포인트(West Point)의 생도가 되기 전과 후 그리고 군사훈련 초기에 보인 맥아더의 삶에 대한 휘황찬란한 모습을 간결하면서도 명확하게 묘사한다. 제1차 세계대전의 전투경험, 학교장으로서 웨스트포인트를 새롭게 조직화한 것, 미 육군 참모총장으로서의 활약, 필리핀 군대를 소집하여 훈련시키고 태평양전쟁에서 제2차 세계대전을 승리로 이끌었던 여러 방식과 함께 일본과 한국에서의 빛나는 전투 승리까지 포함되어 있다.

　맥아더 군사작전을 통하여 얻은 교훈에 관한 논의가 워싱턴에서 열렸다. 여기에서 일생 동안 장군의 행동과 전략을 이끌었던 다양한 리더십 원칙과 높은 성과에 대해 매우 진지하게 논의되었다.

　군사적인 시각으로 본다면 맥아더의 가장 뛰어난 전시 전략은 우회 공격이다. 남서태평양의 무수한 섬을 점령한 일본군과 직접 대치하였다면 많은 희생이 발생될 수 있었던 전면공격을 피하는 대신 우회하여 기술적으로 공격했다는 것이다. '점령의 원칙'이란 구호 아래 점령과 개혁에 관한 다섯 가지 관리 원칙을 제시한 것은 맥아더가 남긴 위대한 업적 가운데 하나이다. 일본에서 맥아더식 경영이 성공했던 기반도 그 원칙에 따라 천황에게 예우를 지키는 것으로부터 비롯되었다. 그로 인해 일본인들은 전쟁 이후 급변의 시기를 경험하면서도 맥아더를 적극적으로 지원하고 극도의 존경심을 보였다.

　또한 용기의 중요성도 소개하고 있다. 맥아더 장군의 용맹스러움에 관해서는 의문의 여지가 없다. 흥미롭게 읽었던 일화 중 하나는 항복을 선언한 일본으로 장군이 홀로 가기로 결심하는 내용이었다. 전혀 무장하지 않고서 몇 사람의 참모진만 대동한 채 아쓰기(Atsugi) 공항에 남아 있던 항공기에 몸을 싣고 요코하마(Yokohama)까지 2시간 여 비행한 뒤 길가에 운집한 수많은 일본국민과 무장한 군인들 사이를 유유히 지나갔다.

    윈스턴 처칠은 이러한 일화를 두고 "전쟁에서 용기를 보여주는 많은 행동들 가운데 나는 아수기 공항에 착륙한 맥아더의 용기를 최고로 평가한다."고 언급했다. 이것은 단순히 허세를 부리는 것이 아니었다. 맥아더는 그의 절대적 권한을 보이면서 일본인들에게 신뢰를 쌓으려는 목적이 있었던 것이다.

    본서는 다양한 분야의 리더가 배울 수 있는 교훈을 풍부하게 담고 있다. 조직 관리자, 군 장교, 그리고 리더십을 배우는 학생들은 맥아더의 승리하는 리더십을 통해 귀중한 레슨을 받게 될 것이다. 마지막으로 본서가 웨스트포인트를 비롯하여 타군 사관생도들에게도 필독서로 읽혀지기를 희망한다.

2004년 11월

포브스 사 회장 / 전 레이건 대통령 국방부 장관 캐스퍼 와인버거

추천사 : 윌리엄 데이비스 대령
맥아더로부터 배우는 50가지 교훈

나는 맥아더 장군을 한 번도 만나 본적이 없지만 삶 속에 항상 존재해왔던 것처럼 느껴진다. 어린 시절 나는 삼촌이 들려주던 제2차 세계대전 이야기에 매혹되곤 했다. 삼촌은 필리핀에 주둔한 제1기갑사단(First Cavalry Division)에서 복무하였는데 임무를 완수하는 그의 자존심은 맥아더 장군이 지녔던 깊은 철학과도 흡사했다.

대학에서 역사학을 전공한 필자는 제2차 세계대전의 태평양 작전에 대해 연구했다. 맥아더 장군은 그야말로 천재적인 전략가였다는 사실을 알게 된 후 그에 대한 깊은 존경심도 생겼다. 나는 1966년 미 해병대 장교로 임관하고 버지니아 주 콴티코(Quantico)에 있는 기본군사학교에서 훈련을 받으면서 맥아더 기념관을 처음 방문했다. 해병대 역사박물관 부장으로 퇴직한 후 맥아더 기념관 사무국장과 재단 이사장이 되었을 때 맥아더란

인물에 더욱 심취했고 레이건 전 대통령이 부른 '진정한 미국의 영웅'(authentic American hero)이란 말에 공감했다.

장군은 미국의 탁월한 군 지도자였다. 제2차 세계대전 중 육군 원수(General of the Army) 계급장을 달았던 다섯 명 중 한 사람이기도 했던 그의 리더십은 범상치 않았다. 1899년 웨스트포인트의 생도 시절부터 1951년 전역까지 미 육군에서 장기간 복무하며 조국에 대해 충성을 다했다. 그는 1918년부터 30여 년 동안 막중한 책임을 지닌 지휘관이었던 것이다.

그가 남긴 업적은 장기간의 군 복무만큼 눈부셨다. 실제로 여섯 차례의 전쟁에서 20회의 전투에 목숨을 걸고 참전했다. 제1차 세계대전을 치르면서 용맹스런 전투형 리더의 면모를 보였고 제2차 세계대전에서도 연합군을 승리로 이끈 핵심인물이었으며 6·25전쟁에서 큰 반전의 계기가 되었던 인천상륙작전의 주인공이었다. 그는 명예훈장(Medal of Honor)을 비롯하여 60개 이상의 외국훈장을 받음으로써 미군 역사상 가장 훈장이 많은 군인으로 기록되어 있다. 윈스턴 처칠(Winston Churchill)도 그가 제2차 세계대전에서 가장 뛰어난 미군 지휘관이었다고 평가한 바 있다.

맥아더는 그가 맡은 임무달성을 능가하는 능력을 지녔던 보기 드문 리더였다. 필리핀, 호주 그리고 8천만 명의 국민을 통치해야했던 일본에서도 평화구축을 위해 정치적 수완을 발휘했다. 대공황(Great Depression)기에는 미 육군 참모총장과 행정가로서 탁월함을 보였고, 1920년대 초 웨스트포인트 학교장직을 맡으면서 사관학교 교육을 혁신적으로 개혁하였다. 많은 사람들은 제1차 세계대전 이후 육군 사관학교의 현대화를 위한 그의 노력을 높이 평가하며 오늘날까지 '웨스트포인트의 아버지'라고 부르기도 한다.

맥아더의 리더십은 1928년 올림픽대회에서 미국 팀을 우승으로 이끄는 데 일조하였고 또한 작고하기 전 10년 동안 레밍턴 랜드(Remington Rand) 사와 스페리 랜드(Sperry Rand) 사 이사회 의장으로서 기업의 리더로도 활약했다.

누구나 맥아더에 관한 이야기를 나누면 열정이 가득하고 변화무쌍한 역사가로서 매력이 있다는 데에 공감한다. 그러면 맥아더의 리더십은 과연 현대 여러 조직의 리더에게도 필요한 것일까? 지금부터 이 책의 페이지를 한 장씩 넘기면서 이 의문에 답변할 수 있으리라 확신한다. 이미 증명된 바와 같이 역사는 우리에게 많은 교훈을 준다. 시간이 흐름에 따라 과거의 전술과 기술이 비효율적인 경우도 있지만 그 기본원리는 크게 변하지 않는다. 맥아더의 삶에서 배울 수 있는 전략과 리더십의 50여 가지 교훈은 오늘날에도 매우 유용하다고 볼 수 있다. 구체적인 내용에 들어가기에 앞서 맥아더로부터 찾을 수 있는 성공적인 리더십 세 가지 기본요건을 제시하면 그것은 바로 가치기준, 비전 그리고 전문성이다.

위대한 리더십은 무엇보다도 윤리적 리더십이다. 가치기준은 리더가 적절한 행동을 할 수 있도록 그 기준을 설정하는 이정표이다. 반복되는 역사에서도 확인할 수 있듯이 리더십 가치기준이 무너지면 인간에게 끼치는 악영향은 이루 말할 수가 없다. 비근한 예로 1990년대 말 경기 활황과 더불어 인간의 욕심이 정직함을 넘어서면서 갖가지 금융스캔들이 발생했던 사실을 들 수 있다. 또한 맥아더의 리더십은 가치기준과 밀접한 관련이 있는데 그것은 그가 작고한지 40년이 지난 지금도 여전히 중요하게 인식된다. 그의 가치기준은 의무, 명예, 조국, 이 세 가지로 압축할 수 있으며 이것이 곧 웨스트포인트의 신조이기도 하고 군 리더십의 초석이 되었던 것이다.

의무란 자신이 속한 조직에 대한 의무인 동시에 조직원들에 대한 의무를 뜻하고, 명예는 자신의 정직성을 위한 명령과도 같으며 국가는 사회원칙을 기반에 둔 지원자의 역할을 한다. 가치기준은 어느 조직의 리더에 관계없이 그 기본철학은 유사하므로 독자들도 이러한 가치기준을 명확하게 세워 활용해보길 권한다.

비전은 리더십 효과의 일부이다. 성공적인 리더들은 아이디어를 실행에 옮기기 위해 반드시 비전을 설정한다. 그러면 조직을 넓게 바라보는 안목을 키우게 되고 보다 큰 그림을 이해하게 되는 것이다. 리더에게 비전이 없다면 그 조직은 오래 유지되기 힘들다.

본서를 통해 맥아더는 도전에 어떻게 미리 대응하고 고난을 극복하기 위해 어떤 전략적인 행동을 하였는지 알 수 있을 것이다. 역사 속의 위대한 군 지휘관들과 같이 수동적 방어가 아닌 마치 큰 파도를 잠재우듯 공격적으로 비전을 세웠다. 1장에 소개하는 인천상륙작전은 업신여겨지던 그의 제안이 리더의 비전을 통해 결정적인 승리로 변화하게 되는 대표적인 사례이다.

리더십 효과의 마지막 부분은 전문성이다. 리더들은 성공적인 실행을 위해 고도의 전문성으로써 업무에 통달해야 한다.

끊임없이 배우고 혹독하게 훈련받은 기술자가 되어야 하는 것이다. 성공하기 위해 필요한 모든 기술과 재능을 연마하고 동시에 필요한 업무에 즉시 투입될 수 있도록 준비해야 한다.

    필요한 기술과 재능의 중요성을 깨닫는다면 맥아더의 개발법과 활용방식을 이해할 수 있을 것이다. 그의 업적과 성공은 집중된 연구와 노력으로 이루어졌다는 사실도 느낄 수 있을 것이다. 물론 선천적으로 뛰어난 리더가 존재하기도 한다. 그러나 맥아더를 포함한 어떠한 리더들도 그들의 능력을 끊임없이 개발하지 않고서는 모든 잠재성을 충분히 발휘할 수는 없다.

    가치기준, 비전, 전문성은 조직의 승리에 반드시 필요한 핵심요소이다. 맥아더 장군의 이야기가 독자들에게 긍정적인 자극을 주고 많은 도움이 되길 진심으로 희망한다. 맥아더의 리더십에 깊이 빠져들고 기회가 되면 맥아더 기념관도 방문하길 바라며 재단의 무한한 지원에도 고마움을 전한다.

미 해병대 예비역 대령 / 맥아더 기념관 및 재단 사무국장
윌리엄 데이비스

저자 서문

    필자는 누구보다도 우선 전 탐 피터스 사(Tom Peters Company) 창작 감독이자 현재 캐럿 브랜드 익스피리언스(Carat Brand Experience)에서 근무하는 제프 대처(Geoff Thatcher)에게 고마움을 전하고 싶다. 그는 본서가 탄생할 수 있도록 씨앗을 뿌려주었고 제1차 세계대전에서 맥아더가 경험한 많은 일들을 매혹적으로 기록했다. 우리는 그 자료를 바탕으로 현대의 리더가 배울 수 있는 교훈을 주는 장군의 삶을 재조명하게 된 것이다.

    맥아더 재단 이사장과 맥아더 기념관 사무국장을 담당하는 빌 데이비스(Bill Davis)는 우리의 집필 의도를 귀담아 듣고 많은 성원을 보내주었다. 그의 관심과 협조는 우리의 프로젝트 성공에 큰 도움이 되었다. 마찬가지로 기념관 역사기록가인 짐 조벨(Jim Zoebel)도 풍부한 자료를 확보해주면서 자신의 시간과 지식을 아낌없이 지원해주었다. 우리는 본서의 출판을 통해 이들의 노력이 헛되지 않기를 바란다.

    파이낸셜 타임즈 프렌티스 홀(Financial Times Prentice Hall)의 출판

가인 팀 무어(Tim Moore)는 맥아더야 말로 미국의 대표적인 영웅으로서 현대사회를 이끌어가는 리더들이 그에게서 많은 교훈을 얻을 수 있다고 생각했다. 또 폴라 시노트(Paula Sinnott) 편집장은 본서를 읽어본 후 유용한 조언을 아끼지 않았고 처티 프레이저시스(Chuti Prasertsith)는 마치 야구에서 투수가 던진 초구에 홈런을 날리듯 첫 표지 디자인을 주저 없이 감당했다.

특히 캐스퍼 와인버거(Caspar Weinberger) 포브스(Forbes) 사 회장이 기꺼이 본서의 서문을 써주어 깊이 감사드린다. 필자는 그와 같이 인품이 뛰어난 리더를 조금이나마 알게 된 것조차 큰 영광이라고 생각한다. 또한 여러 방면에서 기술적으로 지원하고 보조해 준 케이 레이즈(Kay Leisz)에게도 고마움을 전한다.

본서를 세밀하게 수정해 준 감수위원 존 알렉산더(John Alexander)를 비롯하여 앨런 엑셀로드(Alan Axelrod), 탐 브라운(Tom Brown), 토마스 데븐포트(Thomas Davenport), W. E. B. 그리핀(Griffin), 알렉산더 헤이그(Alexander Haig), 존 케즌바흐(Jon Katzenbach), 블리트 맥가비(Blythe McGarvie), 크리스 머레이(Chris Murray), 베리 포스너(Barry Posner), 피델 라모스(Fidel Ramos), 아이크 스켈튼(Ike Skelton), 앨 보그(Al Vogl) 그리고 안소니 지니(Anthony Zinni)에게도 감사드린다. 그들은 바쁜 일정 속에서도 초안을 읽고 아낌없는 조언을 해주었다. 그들 리더십 전문가들의 관심과 격려가 송구스러울 따름이다.

마지막으로 감수과정에서 헌신적으로 도움을 준 조안 키니(Joan Kinni)와 레이 리만(Ray Rieman)에게도 고마움의 뜻을 전한다.

Theodore Kinni & Donna Kinni

CONTENTS

추천사

백선엽 대장 · 005
맥아더는 진정 수퍼히어로이다

김승연 회장 · 009
맥아더의 리더십에서 승리의 해법을 읽다

캐스퍼 와인버거 회장 · · · · · · · · · · · · · 013
용맹스러운 맥아더 리더십을 희망하며

윌리엄 데이비스 대령 · · · · · · · · · · · · · 016
맥아더로부터 배우는 50가지 교훈

저자 서문 · 021

1부 위대한 지휘관 · · · · · · · · · · · · · · · · 027
1장 인천에서의 맥아더 · · · · · · · · · · · · 029
2장 리더의 운명 · · · · · · · · · · · · · · · · · 046

23

CONTENTS

2부 맥아더 전략의 원칙 · · · · · · · · · · · · · · · · · · · 085
3장 승리의 정의와 실현 · · · · · · · · · · · · · · · · · · · 087
4장 상황 파악 · 091
5장 가능한 모든 방법을 동원하라 · · · · · · · · · · · 096
6장 주어진 환경의 장악 · · · · · · · · · · · · · · · · · · · 101
7장 기습작전의 활용성 · · · · · · · · · · · · · · · · · · · 106
8장 이동속도를 배가하라 · · · · · · · · · · · · · · · · · 110
9장 선제공격 · 114
10장 적을 포위하라 · 118
11장 힘의 집중 · 123
12장 융통성 기르기 · 127
13장 위력수색의 활용 · · · · · · · · · · · · · · · · · · · 132
14장 보급과 지원을 강화하라 · · · · · · · · · · · · · 136
15장 공격이 방어다 · 140
16장 독립적으로 행동하라 · · · · · · · · · · · · · · · 145

3부 동기부여의 리더십 · 151
17장 지휘체계를 통일하라 · · · · · · · · · · · · · · · 153
18장 롤 모델 · 157

19장 외적 가치를 개발하라 · · · · · · · · · · · · · 161
20장 이미지 연출법 · · · · · · · · · · · · · · · · · · · 166
21장 마음을 움직이는 연설 · · · · · · · · · · · · · 171
22장 필요한 결과를 요구하라 · · · · · · · · · · · 176
23장 최고를 향하여 · · · · · · · · · · · · · · · · · · · 180
24장 인간미도 능력이다 · · · · · · · · · · · · · · · 185

4부 맥아더식 조직관리 · · · · · · · · · · · · · · · · 189

25장 점령의 원칙 세우기 · · · · · · · · · · · · · · · 191
26장 신중함 속에서 변화하라 · · · · · · · · · · · 196
27장 조직 구조화 · 200
28장 실현 가능한 계획을 세워라 · · · · · · · · · 204
29장 훈련에 투자하라 · · · · · · · · · · · · · · · · · 209
30장 관리자의 역량 개발 · · · · · · · · · · · · · · · 213
31장 가능하면 위임하라 · · · · · · · · · · · · · · · 217
32장 긍정의 힘과 조직원 관리 · · · · · · · · · · · 223
33장 맥아더 방식 · 228
34장 부족하면 더욱 분발하라 · · · · · · · · · · · 232
35장 인적 손실의 최소화 · · · · · · · · · · · · · · · 237
36장 상급자도 관리한다 · · · · · · · · · · · · · · · 243

CONTENTS

5부 리더의 개인적 특성 · · · · · · · · · · · · · · 249
- 37장 자신의 가치는 소중하다 · · · · · · · · · · · 251
- 38장 이상의 실현 · · · · · · · · · · · · · · 256
- 39장 용기는 행동으로 증명한다 · · · · · · · · · · 261
- 40장 솔선수범 · · · · · · · · · · · · · · · 265
- 41장 성공하려면 준비하라 · · · · · · · · · · · 269
- 42장 끊임없이 배우고 습득하라 · · · · · · · · · · 273
- 43장 역사는 미래의 거울 · · · · · · · · · · · · 278
- 44장 자신감을 발산하라 · · · · · · · · · · · · 283
- 45장 운동의 중요성 · · · · · · · · · · · · · 287
- 46장 화술에 능통하라 · · · · · · · · · · · · 292
- 47장 정서적 유대관계 형성 · · · · · · · · · · · 296
- 48장 미디어의 활용 · · · · · · · · · · · · · 300
- 49장 조직 혁신 · · · · · · · · · · · · · · 304
- 50장 위험도 수용하라 · · · · · · · · · · · · 308
- 51장 평화를 사랑하라 · · · · · · · · · · · · 313
- 52장 애국자 · · · · · · · · · · · · · · · 318

역자 후기 · · · · · · · · · · · · · · · · · · · 323

1

위대한 지휘관

1장 인천에서의 맥아더
2장 리더의 운명

01
인천에서의 맥아더

맥아더 장군은 테스크 포스(Taske Force) 제90함대 마운트 맥킨리(Mount McKinley)의 뱃머리에 올라서 어둠 속에 펼쳐진 한국 해안을 마주하고 있다. 1950년 9월 15일, 이미 새벽 2시 30분을 지나고 있었다. 항구도시 인천에 상륙하는 맥아더에게는 크로마이트 작전(Operation Chromite)이 진행되고 있었던 것이다.

이 작전이 6·25전쟁에 큰 영향을 끼치고 북한의 도발로부터 한국을 구하게 될 것이라는 그의 자신감은 확고했다. 그러나 새벽이 오기 전 긴장감이 최고조에 이르면서 그는 상당한 부담감을 느꼈다.

'한국의 방어선을 구축하면 10만 명을 살릴 수 있다는 희망 속에서 4만 명의 군인은 진정한 용기를 보여줄 것이다. 나에게 모든 책임이 있지만 이 작전이 실패로 끝나버리면 그 결과는 정말 끔찍할 것이다.'

인생에 있어서 엄숙한 순간이었고 50년 이상의 군 복무에 빛나는 5성 장군 맥아더는 그야말로 위기를 맞이한 것이다. 당시 70세이던 맥아더는 연합군[1] 최고 지휘관이었고 8천 2백만 일본 국민들을 이끌던 리더였다. 또한 그는 유엔사령부(United Nations Command) 최고 사령관이었고 6·25전쟁에서 험난한 방어작전을 수행한 지휘관이었다.

그는 크로마이트 작전의 결정적인 승리를 통해서 전국의 신속한 변환점을 맞이하고 싶었다. 6·25전쟁을 경험했거나 들어본 적이 있다면 인천상륙작전의 성공이 얼마나 중요한지를 잘 알고 있을 것이다. 맥아더가 뛰어난 전략가라는 사실을 재확인해주었고 그의 명예가 달렸던 작전계획을 행동으로 충분히 보여주었다. 마치 다이아몬드 절단기와 같은 정확성으로 적이 전혀 예상하지 못한 지점을 공격하여 6·25전쟁의 전체적인 판도가 완전히 뒤바뀌게 된 값진 승리였다.

크로마이트 작전의 성공으로 장병들의 사기는 절정에 다다랐다. 1950년 가을 세계의 모든 유명인들이 그 작전의 성공에 찬사를 보내왔으며 특히 윈스턴 처칠은 다음과 같이 평가했다.

"맥아더 장군은 장소의 불리함에 아랑곳하지 않고 신속한 기습공격을 통해 완벽한 승리를 쟁취했다."

그러나 크로마이트 작전의 성공은 또 다른 쇠퇴의 길에 들어서게 된 계기가 되기도 했다. 다름 아닌 중공군의 참전에 불을

---

[1] 1941년 미일관계가 악화되자 맥아더는 필리핀에서 미 극동지상군사령부(USAFFE) 사령관에 임명되고 종전 후에는 미 군정사령관으로 일본에 주둔한다. 그러다 6·25전쟁이 발발하자 맥아더는 UN군사령관으로 또 6·25전쟁을 지휘하는 연합군사령관으로 임명되었다.

지피게 된 것이다. 맥아더가 쌓아온 힘과 영향력은 해리 트루먼(Harry Truman) 대통령과 불화설에 휩싸이면서 점차 줄어들게 되었다. 1951년 4월, 맥아더는 결국 불명예스럽게 해임되었으며 이것은 국가적 논쟁의 불행한 결과로 이어졌다.

인천의 교훈

크로마이트 작전은 현대 리더십 교육에 적절한 교훈을 제공한다. 맥아더는 1950년까지 약 50년간 군 복무를 통하여 다양한 경험을 했고 뛰어난 업적을 낳았다. 인천상륙작전의 개념과 계획 그리고 실행은 그동안 쌓아왔던 경험을 바탕으로 직관력을 응용한 것이다.

이 작전은 전쟁 초기에 개시되었다. 6·25전쟁이 발발하기 전인 1945년 연합국 측이 설치한 38선 주변은 남한과 북한 사이의 크고 작은 충돌이 끊이지 않았다. 당시 남한의 국방력이 우세한 것으로 간주되었으므로 혹자는 오히려 민족주의적인 남한 정부가 북한을 먼저 침략할 가능성이 높다고 믿었다. 그래서 1950년 6월 25일 북한군(NKPA)[2]이 38선을 넘어 남침했을 때 남한과 연합국 측은 매우 놀라워했다. 6월 28일 남한의 수도인 서울이 함락되고 모든 방어선은 맥없이 무너지고 말았다. 다음 날 제2차 세계대전 이후 일본의 재건을 총지휘하고 있던 맥아더는

---

2) NKPA은 North Korean People's Army의 약어이다

우선 전시 상황을 살피기 위해 서울로 날아갔다.

맥아더와 수행원들은 서울 남쪽지역에서 20마일 떨어져 있는 비행장에 도착했으나 이미 몇 시간 전 북한군에 의해 폭파되고 말았다. 적의 박격 포탄이 투하된 곳에서 약 100야드 떨어진 지점으로부터 서울 남쪽에 위치한 한강으로 지프를 몰았다. 그는 적의 전투 형태를 관찰하기 위해 잠시 멈추어 최전선을 유심히 정찰하면서 "내가 직접 두 눈으로 관찰한 후에야 비로소 전투 준비를 할 수 있다."고 강조했다.

하루 동안 한국군의 상황을 살펴본 맥아더는 남한을 전멸시키려는 북한을 막는 길은 미 지상군을 투입하는 것이 필수적이라는 결론을 내렸다. 그는 한강을 바라보며 한반도 공산화의 위기 속에서 치밀한 방어 전략을 세우기 시작한 것이다.

그는 정찰 후 신속히 전략을 계획하였다. 트루먼 대통령이 한국으로 지상군을 파병하고 한국에 주둔한 미군 총사령관 직위를 부여하기도 전에 그는 이미 한국의 방어 전략과 군수품 조달을 깊이 생각하고 있었다. 또한 방어를 넘어서 공격 방향에 대해서도 골똘히 구상했다.

맥아더는 한강 둑에 서서 그의 생각을 정리하고 "총반격을 위해 인천상륙작전을 개시할 것이고 이 작전은 우리가 전쟁의 패배로부터 승리로 나아가는 구심점이 될 것이다."라고 발표했다. 인천상륙작전의 개념은 그의 지휘방식을 결정하는 다음과 같은 명언에서 비롯되었다.

'전쟁에서 승리를 대신하는 것은 존재하지 않는다.'

3일이 지난 후 맥아더는 최초의 역습인 블루하트 작전

(Operation Blueheart) 계획을 시행하였다. 이 작전에서 기동력의 중요도는 매우 높았다. 상륙작전은 전쟁이 시작된 지 1개월도 채 되지 않은 7월 22일에 개시하기로 계획하면서 "전쟁사에서 패배한 경우를 보면 그 원인은 단 두 단어, '너무 늦었다(too late)'로 요약할 수 있다."고 말하며 빠른 대응을 강조했다.

 7월 초 한반도의 방어선을 유지하기 위해 대규모 군수이동의 어려움과 전력강화에 대한 필요성은 블루하트 작전의 연기를 고려하지 않을 수 없었던 상황이었다.[3] 그러나 2개월간 치열한 전투를 치르며 사상자가 속출한 방어 작전을 펼치면서 결국 북한을 교착상태에 빠지게 했다. 위험 속에서도 맥아더는 자신의 신조에 바탕을 두고 북한군을 저지하기 위해 공격적인 반격작전을 계획했던 것이다.

> 현재 지휘부에서 기울이는 모든 노력은 적의 진격을 방어하는 데 집중하고 있다. 적은 도로 차단과 같은 상당히 위력적인 공격을 개시하고 있다. 공중과 해상을 완벽하게 통제하여 상륙기동을 통해 적 지상군의 후방을 타격하는 것이 나의 목표이다.

 맥아더는 상륙작전을 크로마이트 작전이라고 변경하고 9

---

3) 맥아더는 서해안 인천을 상륙하는 100-B계획, 군산을 상륙하는 100-C계획 그리고 동해안의 주문진을 상륙하는 100-D계획 등 3개 안을 검토한 다음 인천상륙을 결정하였다. 이 계획을 블루하트 작전이라 하다가 다시 크로마이트 작전으로 개칭하였다. 개전 초기인 7~8월 북한군의 공격이 예상외로 강력하여 인천상륙작전을 조기에 수행할 여유가 없었던 것이다. 아군은 1개월여 만에 경상북도 상주와 왜관 지역의 낙동강전선까지 물러나 치열한 접전을 벌렸다.

월 중순으로 일정을 조정했다. 대부분의 상관들은 크로마이트 작전의 목표로 항구도시 인천이 그리 현명한 선택이라고 생각하지 않았다. 캐나다의 펀디만(Bay of Fundy)에 버금가는 인천의 30피트 조류는 그 간만의 차이가 심하여 1950년 9월 중에는 딱 2일만 상륙이 가능했다. 하루에도 수시로 발생하는 조수간만의 차이로 인해 육지로 접근할 수 있는 시간도 단 3시간만 유효했다. 작전이 지연되거나 북한군의 예상치 못한 저항이 있다면 미군을 쉽게 궁지에 빠뜨릴 수도 있는 것이다. 또한 인천은 최전방선에서 멀리 떨어져 있다. 만약 북한이 부산방어선[4]을 뚫어 UN군을 공격한다면 상륙작전을 펼친 미군은 완전히 고립되는 결과를 낳을 수도 있는 것이다.

그러나 역설적일 수도 있으나 사실 이러한 어려움들이 인천을 선택한 이유가 되었다. "기습은 전쟁의 승리를 결정하는 요소이다." 북한은 절대로 이와 같은 상륙작전을 예상하지 못하고 공격에 대한 준비도 미흡할 것이므로 결국 작전은 성공할 것이라는 결론에 도달한 것이다.

맥아더는 끊임없는 회의와 회담 그리고 공식성명을 통하여 크로마이트 작전의 승인을 위해 모든 노력을 기울였다. 8월 23일에 열린 회의에 참석하기 위해 워싱턴에서 일본으로 날아온 육군 참모총장과 해군 작전사령관은 맥아더에게 인천상륙작전을 단념하도록 설득했다.

---

4) 유엔군은 한반도 최후의 보루인 부산을 지켜내고 총반격을 실시할 교두보로 낙동강방어선을 설정하였다. 유엔군은 낙동강방어선을 우리와 달리 부산방어선이라고 부르고 있다.

우선 맥아더는 인천에 관한 많은 논쟁에 휩싸여 남쪽의 항구도시이면서 UN군이 주둔한 부산과 더욱 근접한 군산으로 표적 위치를 변경하자는 계획도 제안받았다. 그러나 맥아더는 별도로 준비한 노트도 없이 45분간 설득력 있는 주장을 펼치며 반박했다.

회의 참석자들은 전쟁사 강의를 듣는 학생과 같은 분위기였다. 맥아더는 크로마이트 작전을 약 200년 전에 발생한 프랑스-원주민 전쟁에서 영국 제임스 월프(James Wolfe) 장군의 퀘백(Quebec) 탈환과 서로 비교하였다. 적이 예상하지 못한 월프의 계획은 요새화된 프랑스 도시의 후방을 차지하기 위한 것이었다. 방어선이 비교적 약한 170피트의 험준한 절벽을 오르는 데 5천 명의 병력이 필요했다. 프랑스는 아브라함 평원(Plains of Abraham) 전투에서 패배했고 결국 캐나다도 영국의 손에 넘어가게 되었다.

"월프 장군과 같이 우리도 기습작전으로 성공할 것이다."

다음은 목표 지점에 관하여 논의했다.

"나는 어느 누구보다도 해군력에 자신감이 있다."

그는 해군의 전력이 과소평가되었다고 말하기도 했다. 또한 군산으로 목표 지점을 변경하는 것은 북한군을 고립시키는 것이 아니라 오히려 반격을 확대시킬 수도 있다는 점에서 배제하기로 했다.

맥아더는 북한군의 보급로를 차단하기 위해 인천이 가장 적절하다는 것을 다시 한 번 강조하고 상황이 위급한 만큼 신속한 상부의 결정이 필요하다고 요구했다.

아무런 행동도 취하지 않는 어리석은 결정은 우리를 모두 어려움에 빠뜨릴 것이다. 이미 돌아가고 있는 운명의 초침 소리가 들린다. 반드시 지금 이 순간 행동해야 하고 그렇지 않으면 우리는 모두 죽을 것이다.

맥아더는 책임과 신뢰 있는 직접화법으로 결론을 내렸다. 상륙작전을 직접 지휘할 것이고 만약 이 작전이 실패로 돌아간다면 신속히 후퇴할 것이라고 약속했다.
"계획이 실패하면 나의 명예는 실추될 것이다. 그러므로 상륙작전은 반드시 성공해야 한다."
드디어 9월 8일, 합참의장은 크로마이트 작전을 승인하였다.
맥아더의 자신감은 곧 리더십이었다. 그것은 결코 허세가 아니었음이 증명되었다. 그가 선택하는 표적과 작전계획은 언제나 정보와 정찰부서에 의해 보고된 내용을 기반으로 했다.
"전투는 단순히 무기에 의존해서는 승리할 수 없다."
상륙작전 이전, 전쟁포로의 심문에서 훈련이 충분히 되지 않은 북한군 천여 명이 인천 지역에 주둔해 있어 큰 저항이 예상되지 않을 것이라는 정보를 입수했다. 또한 은밀한 임무를 수행하는 정찰 병력의 협조도 얻었다. 상륙작전 2주 전 맥아더의 정보제공을 담당했던 유진 클라크(Eugene Clark) 해군 대위는 섬, 해협 그리고 항구의 상황을 보고하기 위해 인천으로 급파되었다. 조류, 적의 병력, 지뢰와 방어선에 관한 클라크의 첩보는 인천의 취약성을 재확인시켜 주었다. 이 첩보는 상륙 전 적의 요새를 표적으로 파괴하기 위해서도 유용했다. 지휘함 마운트 맥킨리호에 승선하기 전 대기하는 동안 클라크는 인천의 날치해협(Flying Fish Channel)으로 향하는 테스크포스 90을 안내하기 위해 팔미도의 등대를 밝혔다.

맥아더가 실제로 기선에 승선한 사실도 그의 리더십을 보여주는 단면이다. 혹자는 그가 전투 최전선에 너무 근접하거나 멀리 떨어져 있다는 비판을 하지만 실제로 그는 최전선에서 함께 싸웠던 것이다.

맥아더는 동기부여를 위하여 눈에 보이는 리더십을 믿었다. 중요한 것은 인천상륙작전과 같은 위험도가 높은 전투도 실제로 확인하여 계획했다는 것이다. 그는 이것을 '위력수색'(reconnaissance in force)[5]이라고 명명했고 의사결정을 위해 현장을 직접 점검하는 것을 강조했다. 상륙작전 당일 최대한 가까이서 전투를 지휘할 수 있도록 대형 보트에 몸을 실었다. 그리고 9월 17일, 그는 인천상륙에 성공한 후 전투지의 동쪽을 향해 차를 몰았다.

결국 크로마이트 작전은 별다른 조정이 필요없었다. 작전 후 하루가 지난 뒤 미 해병대는 6·25전쟁의 치열한 전투가 벌어지는 전선으로부터 약 150마일 떨어진 후방에 안전한 방어선을 구축했다.

인천상륙작전으로 인해 북한은 큰 충격을 받았다. 미 병력과 물자가 육지로 유입되면서 북한의 보급로는 후방에서 차단

---

5) 위력수색은 적의 소재지를 찾기 위하여 활용되는 일반적인 정찰과 달리 적의 존재를 확신한 가운데 적병력 구성과 배치 및 능력 등 첩보를 획득하기 위하여 사용되는 적극적이고 공세적인 정찰활동이다.

되어 고립되었다. 후방의 위협을 인지한 북한은 한반도 남동쪽 최종 50~100마일 발판인 부산 방어선 뒤에서 철수했다. 한국군, 미군 그리고 UN군의 총 역습이 개시된 것이다.

맥아더가 예측한 대로 고립된 북한군의 총병력은 10분의 1이 감소했다. 9월에 UN 사령부는 13만 명의 적을 생포하고 20만 명의 부상자가 발생했다고 기록했다. 또한 북한군 2만 5천 명은 38선을 넘어 북으로 도주한 것으로 예상했다.

전쟁의 초기 목적이었던 남한의 자유화는 비교적 단기간에 달성되었다. 9월 29일 맥아더 장군은 이승만 전 대통령에게 공식적으로 서울의 수복을 통보했다. 10월 마지막 주에 UN군은 38선을 넘어 북으로 전진했다. 연합군은 북한의 수도인 평양을 함락하고 북한과 중공군 사이의 국경인 압록강에 위치한 조산까지 진격했다.

리더의 지식

크로마이트 작전의 역동성과 성공은 미래의 리더들에게 많은 교훈을 주고 있다. 맥아더는 군사, 행정, 교육, 스포츠 그리고 기업을 포함하는 다양한 영역에서 최상의 리더십을 발휘했다는 것을 2장에서 확인할 것이다.

맥아더의 탁월한 리더십은 전시 지휘방식에서 살펴볼 수 있다. 그는 제1차 세계대전 중 레인보우(Rainbow) 사단 병력을 통솔한 가장 젊은 사단장이었다. 제2차 세계대전에서는 극동(Far

East)지역 미 육군 총사령관을 역임했다. 이후 남서태평양 지역 참모총장으로 근무했고 태평양 지역 미군 총사령관이 되었다. 6·25전쟁에서도 UN 사령부 총사령관으로 연합군을 진두지휘했다.

맥아더는 로버트 리(Robert E. Lee)[6] 장군과 함께 미 역사상 가장 뛰어난 군 지휘관들 가운데 한 사람으로 평가되고 있으며 조직의 리더와 행정가로서도 탁월했다. 대공황(Great Depression)기에는 육군 참모총장으로 근무했으며 필리핀에서는 육군 원수(Field Marshal)로서 필리핀군 발전을 위하여 노력했다. 특히 연합군 총사령관으로서 일본의 전후 재건을 지휘했다.

그는 교육자로서 웨스트포인트 학교장도 역임했다. 미 올림픽 위원회장이 되어 암스테르담(Amsterdam)에서 개최된 1928년 올림픽에서 미 대표 팀을 이끌었다. 전역 후 기업의 세계로 들어선 맥아더는 몇 차례의 합병을 거친 후 현재 유니시스 사(Unisys Corporation)가 된 전 레밍턴랜드 사(Remington Rand Corporation) 이사회장을 역임하기도 했다.

다양한 위치와 영역의 리더로 활약했던 그의 리더십 원칙과 접근법은 서로 다른 조직에서도 상당히 효과적이라는 것을 증명한다. 장기간의 군 복무, 풍부한 경험 그리고 일생동안 겪은 격변[7] 속에서 얻은 교훈은 오늘날 리더들에게도 여전히 도움이

---

6) 미국 남북전쟁 당시 남부군을 지휘한 사령관이다.

7) 맥아더는 인디언전쟁(Indian Wars) 종반부에 어린 시절을 보냈으며 장교가 된 뒤에는 제1·2차 세계대전과 6·25전쟁을 경험하고 경제대공황을 체험하였으며 작고하기 전에는 우주 비행사가 지구 주위를 비행하는 격변의 시대를 겪었다.

된다는 것을 알 수 있다.

이 책은 맥아더 장군으로부터 배울 수 있는 교훈 50가지를 제시한다. 그의 일생과 업적을 바탕으로 이 내용을 요약했고 실제로 언급했던 말을 직접 인용하기 위해 최대한 노력했다. 맥아더가 주는 교훈은 크게 네 가지 영역으로 구성되고 각 내용은 다음과 같다.

전략의 원칙

2부에서는 뛰어난 전략가인 맥아더의 사고과정을 자세히 살펴보면서 열네 가지 원칙으로 나누어 소개한다. 우선 역사상 다양한 영역의 뛰어난 리더들은 비전을 지닌 전략가였다는 점이다. 그들은 조직이 성취하고자 하는 목표를 설정하고 달성하기 위한 전략을 설계했으며 맥아더 또한 이와 크게 벗어나지 않았다.

목표를 세우고 우선순위를 정하는 그의 능력은 평소에도 잘 드러났다. 예를 들면 웨스트포인트 학교장 시절 그가 새로운 커리큘럼을 만든 이유는 제1차 세계대전과 같은 현대전에 대비하여 생도들을 준비시키기 위함이었다. 전시에 일본의 격퇴 또는 한국의 재건과 같은 목표는 미 정부에 의해 확립되었다. 그러나 그에게 정부로부터 하위 목표가 부여되면 신속히 자신의 것으로 소화하여 모든 에너지를 쏟아 임무를 완수했다.

전략 세우기는 그가 지닌 장점 중 하나이며 크로마이트 작전을 통해 천재적인 군사전략가로서 명성을 떨쳤다. 어떠한 군사작전도 완벽할 수 없지만 제2차 세계대전과 6·25전쟁 초기의 전략적 사고는 그에게 지극히 자연스러운 것이었다. 한반도 최전선을 최초로 방문한 맥아더가 과연 어떻게 크로마이트 작전을 계획하게 되었는지 살펴보는 것은 매우 중요하다. 경험이 풍부하고 기술적으로도 뛰어난 그의 재능은 세월이 지날수록 더욱 빛을 발휘하였으며 그의 재능은 관찰과 사고방식 그리고 실용성을 토대로 형성된 것이다.

동기부여의 리더십

3부는 동기부여에 관한 맥아더의 리더십을 여덟 가지로 나누어서 설명하기로 한다. 리더에게는 따르는 부하들이 있다는 것은 자명하다. 효과적으로 전략을 시행하고 성공적으로 목표를 달성하기 위하여 조직원들이 행동할 수 있도록 동기부여를 해야 한다. 맥아더는 부하들의 동기를 유발시키는 특별한 능력을 지니고 있었다.

그는 지휘권, 카리스마, 그리고 아버지와 같은 온화함이 적절하게 조화된 리더십을 활용했다. 이러한 방식으로 다양한 사람들에게 긍정적인 영향을 끼치는 동기를 부여했던 것이다. 그의 지휘 아래 많은 부하들은 자신의 목숨을 걸었고 8천만 명의 일본인들은 문화적 급변과 함께 새로운 헌법과 신정부를 맞이했다.

맥아더는 각기 다른 상황에 따라 리더십 형태를 조절했다. 기본적인 접근법을 통하여 소규모 조직에서부터 국가와 같은 큰 조직에 이르기까지 효과적으로 관리했다. 조직원들은 군인이거나 일반인에 관계없이 맥아더의 자신감, 지성 그리고 역동성에 매료되었다. 맥아더는 '보통사람'이거나 '유명인' 둘 다 아니었지만 직접 그를 모르는 많은 사람들로부터 존경을 받았다. 그와 함께 근무한 직속 부하들로부터도 폭넓은 지지를 받았는데, 그 중 많은 이들은 일생에 걸쳐 그를 위해 충성을 다했다.

조직관리

4부는 맥아더의 조직관리에 관한 열두 가지 교훈을 정리한 것이다. 오늘날 조직의 구조와 관리는 전략적 실행과 목표달성에 상당한 영향을 주는 것으로 알려져 있다. 맥아더는 전문적인 식견을 지닌 행정가이자 인사 관리자였다.

맥아더의 삶과 업무의 역동성으로 인해 그의 경영적 수완이 감추어질 수도 있다. 일본 점령기에 그가 접근한 방식은 역사상 성공적인 국가재건 중의 하나로 여겨지고 있으며 이라크와 아프가니스탄에서 신민주주의 정부를 세우려는 행정가들에게도 나아가야 할 방향을 제시해 주고 있다. 50여 년 전 맥아더는 오늘날 많은 경영자들이 추구하고 있는, 속도감 있는 조직을 만들었다. 기업 인수합병 전문가들은 기존의 조직으로부터 효과적이고 통합된 구조로 재창조하는 그의 능력을 벤치마킹할 수 있을 것이다.

그는 다양한 영역에서 사람을 잘 다루는 관리자였다. 인적통제와 위임 사이의 균형성을 잘 이해한 상관이었고 하급자들로부터 최고의 실적을 얻는 방법도 꿰뚫고 있었다. 정책을 수렴하는 가운데 처음에는 동의하지 않던 전략과 예산계획의 승인을 받기 위해 미 대통령은 물론 의회와 합참의장까지 설득하곤 했다.

삶과 경력관리

5부는 맥아더의 업적에 영향을 끼쳤던 개인적인 믿음, 성격과 기술에 대해 분석하고 도출한 열여섯 가지 교훈을 소개한다. 위대한 리더는 조직원들을 이끌기 이전에 자신을 스스로 개발하고 관리한다. 그는 어린 시절부터 리더의 자질을 보였고 미래에 대한 투자를 위해 삶과 경력을 관리했다.

맥아더는 일찍이 가치를 기반으로 둔 리더십의 신봉자였다. 가치기준을 보여주는 웨스트포인트의 '의무·명예·조국'은 그가 성공하는 데 매우 큰 역할을 차지했다. 그와 같은 가치기준은 자신의 삶의 철학이고 업무의 방향을 제시해 준 이정표였으며 자신과 다른 사람들을 판단하는 기본적인 기준이 된 것이다.

성격과 기술적인 측면에서 보면 맥아더는 가족의 도움과 지적능력 그리고 다양한 경험 등 많은 혜택을 받은 것으로 보인다. 그러나 이것은 그가 이룬 뛰어난 업적을 볼 때 전부가 아니었다. 그는 스스로 배움과 발전을 통해 선천적으로 부여받은 혜택을 더욱 배가시킨 것이다.

언제나 최고를 지향했던 맥아더는 준비, 자신감 그리고 성실을 강조했으며 스스로도 실천했다. 그는 방대한 독서와 역사 지식을 쌓는 등 일생동안 끊임없이 배우는 자로서 자신을 훈련시켰다. 또한 그는 화법에 능했고 특정한 이미지화와 대중매체 출연도 서슴지 않았다. 혹자는 그가 자아도취에 빠져 있다고 비판하지만 고부가가치의 목적을 달성하기 위해 대중매체를 성공적으로 활용했다는 점을 부인하는 이는 없다.

결과 중심적 사고

지금 이 순간 대부분의 독자들은 이미 맥아더 장군에 관한 어느 정도의 상식을 지니고 있을 것이다. 그는 많은 서적과 영화에서 주인공이 되기도 했다. 윌리엄 맨체스터(William Manchester)가 쓴 맥아더 전기『아메리칸 시저』(*American Caesar*)는 전미 베스트셀러가 되었고 그레고리 펙(Gregory Peck)이 주연을 맡은 〈맥아더〉라는 영화도 있다.

일생동안 그리고 작고한 지 40년이 흐른 지금까지도 맥아더는 칭송되기도 하고 한편으로 비방받기도 한다. 그의 명성은 흥망성쇠를 거듭했으며 관련된 논쟁거리는 앞으로도 계속 될 것이다.

프랭클린 딜라노 루즈벨트(Franklin Delano Roosevelt) 또는 윈스턴 처칠(Winston Churchill)과 같은 동시대의 위대한 리더들과 같이 오늘날 맥아더는 종종 비난의 표적이 되기도 한다. 때로는 그러한 비판이 진실로 둔갑하기도 하지만 그것은 단지 맥아더가 실제로 이룬 업적을 과소평가하고 결점만을 과대 포장한 것이라고 결론내릴 수 있다. 아마도 이것은 그가 생전에 보인 위대한 능력에 대한 상대방의 자연스런 견제일 수도 있다. 또한 유명인은 풍자되거나 쉽게 대중의 표적이 되는 경향도 고려해볼 수 있다.

어느 경우라도 한 개인은 다양한 방식에 의해 평가받을 수 있다. 맥아더는 성격, 믿음 그리고 외모에 의해 판단되었다. 물론 그도 완벽하지는 않기에 때때로 적절하지 못한 행동을 보인 것은 사실이지만 우리의 관심사는 여기에 있지 않다.

필자는 리더로서의 맥아더에 관심을 가지고 그가 효과적으로 달성한 업적을 자세히 살펴보기로 했다. 앞으로 전개될 리더십 교훈을 배우기에 앞서 2장은 전기문 성격을 띠고 있다. 독자들에게는 맥아더와 더욱 친숙해질 수 있는 기회가 될 것이고 리더로서의 가치 판단은 독자 스스로에게 맡기고자 한다.

02
리더의 운명

운명이란 단어는 맥아더를 향한 비판과 칭송이 동시에 사용된다. 버지니아 주 출생의 어머니는 어린 시절 아들에게 부친이나 로버트 리 장군과 같이 훌륭한 군인이 될 것이라고 끊임없이 용기를 주었다. 그는 유년기부터 이러한 운명을 가슴속 깊이 새기곤 했다. 인생에서 다양한 상황을 맞이하는 가운데 이러한 운명의 실현이 암시되었지만 자기 스스로도 꿈을 준비하고 달성하기 위해 최선의 노력을 다했던 것이다.

기상나팔

맥아더는 "기상나팔 소리에 관한 추억이 많다."는 표현을 즐겼다. 1880년 1월 26일, 더글러스 맥아더는 제13보병 소속의 부친 아서 맥아더(Arthur MacArthur, Jr.)가 근무하던 미 아칸소 주 리틀록(Little Rock, Arkansas)의 한 병기고에서 태어났다.

전형적인 군인이었던 아서는 아들에게 큰 영향을 끼쳤다. 1862년 그는 남북전쟁(Civil War)이 발발한지 2년이 되던 해에 육군 중위로 복무했다. 용감하고 공격적인 전투를 즐겼던 그의 용맹성은 널리 알려졌고 켄터키 주 페리빌(Perryville, Kentucky)의 첫 전투에서 세운 공로로 대위로 진급한다. 테네시 주 미셔너리 리지(Missionary Ridge) 전투 당시 그는 겨우 십대 소년이었다. 그러나 총알이 빗발치는 가운데서도 고지를 점령하기 위해 제24 위스콘신 자원군(Wisconsin Volunteers)을 이끌며 성공적인 전투를 수행했다. 1889년 그는 이러한 공훈을 높이 평가받아 명예훈장(Medal of Honor)을 받게 된다.

19세의 아서는 연방군에서 가장 나이 어린 대령이 되었다. 1865년 전쟁은 끝났지만 그는 직업군인의 길을 선택하고 육군 소위로 재입대 했다. 10년이란 세월이 흐른 1875년 맥아더 대위는 버지니아 주 노포크(Norfolk, VA) 출신의 메리 '핀키' 하디(Mary 'Pinky' Hardy)와 결혼하게 된다. 그로부터 5년 후 그들의 셋째 아들인 더글러스가 태어난 것이다.

더글러스 맥아더는 뉴멕시코 주 포트 윈게이트(Fort Wingate)에서 유년기를 보냈다. 불행하게도 두 번째 아들이었던 그의 형 말콤(Malcolm)은 홍역으로 사망했다. 1884년 반정부적인 인디언 추장 제로니모(Geronimo)의 치리카후아 아파치족(Chiricahua Apaches)이 항복한지 한 달 후 아서가 속한 중대는 재배속되었다. 당시 4세였던 맥아더는 남동쪽 리오그란데(Rio Grande) 강이 바라보이는 포트 셀든(Fort Selden)으로 가족과 함께 300마일을 걸어갔다.

이후 소년은 2년간 매우 행복한 시간을 보냈다. "이곳에서 걷기, 말하기, 읽기, 쓰기뿐만 아니라 말타기와 사격하는 법도 배웠다"며 그는 80년이란 긴 세월이 지난 뒤에도 그 시절을 기억했다. 자신의 첫 학교수업도 포트 셀든에서 시작되었으며 부모님의 지도로 많은 기본지식을 배웠다.

> 나는 단지 기초 지식뿐만 아니라 무엇보다도 책임감을 기르는 것을 배웠다. 개인적인 희생이 있더라도 언제나 정의롭게 행동해야 하고 조국을 우선으로 한다. 반드시 하지 않으면 안 되는 것이 두 가지가 있는데 바로 '거짓말하지 않는 것'과 '비밀을 누설하지 않는 것'이었다.

맥아더 가족은 셀든을 떠나 포트 리븐월스(Fort Leavenworth)로 옮겨 살았는데 그곳에서 군인들의 제식훈련과 포사격 훈련을 구경할 수 있었다. 1889년 가족은 워싱턴(Washington, D.C.)으로 이사하고 부친은 국방부(War Department)에서 근무하게 되었다.

9세가 된 맥아더는 학교에서 중간 정도의 그저 평범한 소년이었다. 그러나 인자한 조부의 영향 아래 품위 있는 삶의 중요성에 대해 배웠다. 조부는 워싱턴 대법원 부장판사로 은퇴한 활발한 자선가이면서 다양한 책을 쓴 지식인이었다.

1892년 맥아더의 형 아서 3세는 애나폴리스(Annapolis)에 위치한 미 해군사관학교에 입교하여 군인의 길을 걷기 시작했다. 그러나 불행하게도 1923년 맹장염으로 짧은 인생을 마감하여 가족들에게 슬픔을 주었다. 1893년 맥아더는 부모님과 함께 텍사스 주 포트 샘 휴스턴(Fort Sam Houston)에 위치한 새로운 부대로 이사했다.

다시 서부로 돌아와 신이 난 13세의 소년 맥아더는 산 안토니오(San Antonio)에 위치한 서텍사스 군사학교(West Texas Military Academy)에 입학했다. 놀랍게도 그는 우수한 학생으로 변화되었다. 배움에 대한 사랑이 뒤늦게 싹트기 시작한 것이다.

"군사학교에 입학하면서 비로소 나의 인생은 시작되었다."

맥아더가 새롭게 발견한 공부에 대한 열정은 우수한 성적으로 이어졌고 학급에서도 1등을 도맡았다. 무서운 십대 소년은 운동에도 많은 관심을 가졌다. 그는 교내에서 가장 우수한 테니스 선수가 되었고 최고 학년이 되어서는 미식축구팀의 쿼터백(quarterback)이었으며 야구팀의 유격수로도 활약했다. 두 팀 모두 시합에서 전승을 기록했다. 1897년 그는 총점 평균 96.67점을 획득하여 최우수 학생으로 명예롭게 졸업했다.

"언제나 나의 어릴 적 목표는 세계에서 가장 우수한 군사학교인 웨스트포인트에 입학하는 것이었다."

그러나 뛰어난 학업성적과 조부와 부친의 힘도 그로버 클리브랜드(Grover Cleveland) 교장의 추천서를 받기에는 역부족이었다. 추천을 받기 위해 맥아더 가족은 당분간 따로 떨어져 살아야 했다. 부친은 미네소타 주 세인트폴(St. Paul, MN)로 전속되었고, 어머니는 자신의 아들이 웨스트포인트 입학 추천을 받도록 티볼드 오트젠(Theabold Otjen) 의원의 시험에 응시할 수 있는 위스콘신 주 밀워키(Milwaukee, WI)로 이사했다.

맥아더는 18개월 동안 시험을 준비했다. 일반 고등학교로 재입학하여 두 명의 가정교사로부터 지도를 받았다. 맥킨리(McKinley) 교장이 선출되었을 때 맥아더는 교장 추천을 받기 위해 노력했으나 또 실패하고 말았다. 1898년 5월 오트젠 의원이 주관하는 시험 당일 아침 어머니는 잔뜩 긴장하고 있는 아들에게 "더글러스야! 용기를 잃지 않는다면 반드시 승리할 수 있단다."라고 용기를 북돋워주었다. 맥아더는 결국 차석보다 13점이나 높은 총점 93.3점을 기록하여 수석합격이라는 영광을 차지했다.

그해 여름 아서는 준장으로 진급하여 스페인과 미국의 전쟁에 참전하기 위해 필리핀으로 파견되었다. 전투 후 1898년 8월 평화협정이 진행되고 마닐라(Manila)가 함락되자 그는 마닐라 국방장관으로 선출되었다. 1899년 미국이 스페인으로부터 필리핀을 이양 받은 후에도 에밀리오 아기날도(Emilio Aguinaldo)가 이끄는 필리핀 반정부군과 계속되는 전쟁에서도 중추적 역할을 담당했다.

아서는 마침내 필리핀 장관으로도 임명되어 신정부 건립을 위한 계획에 들어갔다. 윌리엄 하워드 태프트(William Howard Taft)가 이끌던 미 민간위원회와 함께, 때로는 정치인들과 충돌하기도 했다. 서로 합의점에 도달하지 못한 채 태프트에 대한 불만은 악영향을 끼치기도 했다. 1901년 7월, 태프트는 민간담당 장관으로 인수인계를 받게 되었으며 어느덧 소장으로 진급한 아서는 미 본토로 복귀하게 된다.

젊은 군인

아서가 필리핀에서 근무할 당시 맥아더와 그의 어머니는 웨스트포인트로 이사했다. 1899년 6월, 모자는 학교와 근접한 숙소에 함께 머물었고 19세가 된 맥아더는 생도생활에 푹 빠져들었다.

웨스트포인트에서 맥아더의 학업능력은 모든 면에서 뛰어났다. 학교 역사상 25년 만에 최고 점수인 평균 98.14점을 획득함으로써 4년 중 3년 동안 늘 1등을 지켰다. 그는 영문학, 역사학 그리고 법학에서 거의 완벽한 점수를 획득했다. 그러나 아이러니하게도 졸업을 하면서 진급 가능성이 높은 공병(Corps of Engineers) 특기를 받았지만 제도(drafting)와 같은 공학 점수는 최저점을 면치 못했다.

그는 대부분 뛰어났던 학업성적의 이유를 다음과 같이 밝혔다.

"가장 중요한 것은 우선가치가 있는 일을 먼저 처리하는 것을 깨닫는 것이다."

지금 이 순간 해야 하는 일에 대한 집중력은 맥아더의 장점이었다. 그는 학교에서 오랫동안 공부하는 것을 가장 우선적으로 생각했다. 세밀한 기억력도 큰 역할을 했으리라 여겨진다. 예를 들어 '상대성이론(Theory of Relativity)은 아인슈타인에 의해 성립된 우주시간 이론'과 같은 난해한 내용이 이해하기 힘들다면 그는 단순히 암기해버리곤 하였다.

맥아더의 리더십 능력은 사관학교에서 형성되었다. 4학년으로 승급되었을 때는 선임 대위[8]가 되었다. 동기생들은 그가 부드러우면서 차분한 성격을 지녔지만 맡은 권한을 적극적으로 발휘했다고 기억했다.

1903년 6월에 졸업한 맥아더는 공병 소위로 임관하여 첫 부임지인 필리핀으로 갔다. 건축 관련 프로젝트를 감독하고 다양한 부대 위치를 조사하면서 상관으로부터 좋은 업무평가를 받았다. 필리핀에 도착한 지 10개월이 지난 후 중위로 진급했다.

정글에 매복한 두 명의 적들이 공격해 오는 데도 그는 침착하게 대응했다.

"다른 개척자들과 마찬가지로 나 또한 권총에 능숙했다. 두 명 모두 사살하였지만 그 중 한 명은 나를 향해 소총을 발포했다."

탄알은 다행히도 철모를 스쳐 지나갔다. 죽을 고비를 넘길 만큼 많은 위험들이 존재한 반면 전투에서 전사하지 않을 것이라는 그의 신념을 증명해 주기도 했다.

적이 아닌 말라리아 때문에 맥아더는 필리핀을 떠나야만 했다. 1904년 10월, 캘리포니아 주로 돌아와 건강을 회복하면서 다양한 공병임무를 수행했다.

맥아더는 무관으로 근무 중인 부친과 모친이 있는 일본으로 가서 극동지역으로 가족여행을 떠났다. 1만 9천 마일의 기억에 남을 긴 여행을 하면서 일본, 중국, 말레이시아, 인도네시아, 버마, 인도, 스리랑카, 타이 그리고 베트남을 경유했다. 그는 인

---

[8] 사관학교에서 최고 리더계급의 생도를 일컫는 말이다.

생의 준비에 있어서 중요한 경험을 했다고 여기면서 그때의 여행을 긍정적으로 평가하였다. 1906년 8월, 미국으로 귀국한 뒤 "미국의 현재와 미래는 아시아 국가들의 여러 섬에 위치한 군사기지와 피할 수 없는 중요한 관계 속에 놓여있다."고 말했다.

여행 후 아서는 점차 전역 준비에 들어섰다. 태프트는 장관이 되고 아서도 중장으로 진급하였지만 참모총장이 되기에는 역부족이었다. 그는 약 1년간 태평양 사단장으로 근무했고 극동여행에 관한 보고서 작성을 위해 밀워키(Milwaukee)로 이동했다. 1909년 6월에 전역하기까지 특별한 임무는 없었으나 몇 개월 후 태프트는 대통령이 되었다.

한편 맥아더는 워싱턴에 위치한 공병학교에서 중요 직책을 맡기도 하고 또 시어도어 루즈벨트(Theodore Roosevelt) 대통령의 전속부관으로 근무하기도 했다.

1907년 8월, 부모님이 거주하는 밀워키의 한 공병 사무실에서 업무를 시작했다. 그 후 맥아더는 최초로 중대를 지휘했던 캔자스 주 포트 리븐워스(Fort Leavenworth, KS)로 보직을 이동했다. 그러나 전 보직으로부터 그리 좋지 않은 업무 평가서를 받게 된 그는 보고서에 대해 반박하였지만 이미 엎질러진 물이었다. 충격이 적지 않았던 그는 현재 임무에 모든 에너지를 쏟아 부어 성실함을 다시 증명해야만 했다.

맥아더는 21개 중대들 중 최하위로 평가받은 K 중대를 최상위로 변화시키면서 "나는 장군이 된다면 더할 나위 없이 행복할 것이다."라고 말했다. 그는 포트 라일리(Fort Riley)와 근접한 곳에서 폭발물 관련 교관 임무를 수행하면서 교범도 작성해야 했다. 또한 포트 리븐워스에서 대대 부관으로 근무했고 보급 및 병참장교의 직분도 다했다. 1911년, 맥아더의 업무평정은 긍정적으로 평가되어 대위로 진급하였으며 차후 공병 최고 책임자로 임명되는 영광을 누렸다.

떠오르는 별

1912년 9월 5일, 아서는 남북전쟁 전우들과 함께 모인 동기회에서 갑작스럽게 사망했다. 부친의 죽음에 맥아더는 "가슴에 생긴 이 상처를 영원히 치유하기 힘들 것 같다."고 하면서 슬픔을 감추지 못했다.

건강이 좋지 않은 어머니를 돌보기 위해 밀워키로 새로운 보직을 신청했다. 과거 뉴멕시코에서 아서와 함께 근무했던 육군 참모총장인 레오나드 우드(Leonard Wood)가 맥아더에게 함께 근무하자고 제안하자 새로운 기회가 열리게 된 것이다. 32세의 맥아더 대위는 그 제안을 받아들여 모친과 같이 워싱턴으로 이사했다.

맥아더는 파나마 운하지대(the Canal Zone) 현장을 검토하는 임무를 수행하면서 분석력과 성실함으로 우드를 감동시켰다. 1913년 4월, 비록 짧은 기간이었지만 국무부, 육군성 그리고 해군 관련 기관에서 감독자로 근무하기도 했다. 9월에는 탁월한 업무능력을 인정받아 38인의 일반 참모(General Staff)로 임명을 받았다.

"참모가 되어 육군과 해군의 고위급 장교들과 소중한 관계를 형성할 수 있었고 최고 지휘계통에 참여할 수 있는 기회도 얻었다."

1914년 멕시코와의 전쟁이 임박했을 당시, 우드는 미 점령 항구인 베라크루즈(Veracruz)[9]로 맥아더를 파견했다. 그는 적합한 기관차가 부족하여 적진으로 대규모 병력을 투입하기에는 무리가 있으므로 먼저 필요한 기관차를 멕시코로 보내기 위해 비밀 작전을 고안했다. 도착한지 6일째 되던 5월 6일 해질 무렵, 맥아더는 점령지의 안전지대를 벗어났다. 세 명의 멕시코 현지인들과 함께 기관차를 설치하여 적의 발포를 뚫고 몇 차례나 포획의 위기를 넘기면서 다음 날 아침 베라크루즈로 무사히 복귀했다. 이러한 용감성을 인정받아 명예훈장 후보자로 오르기도 했다.

제1차 세계대전이 발발하자 군 병력에 대한 새로운 정비와 조정이 시급해졌다. 1915년 12월에 소령으로 진급한 맥아더는 1916년 6월 국가방위법(the National Defense Act) 초안을 작성하는 업무를 보조했다. 이 법안은 전시에 군대를 강화하고 산업을 동원하는 계획에 관한 종합적 내용을 포함했다. 6월에 그는 육군성 정보부 보조담당으로 새로운 보직을 받고 육군 최초로 미디어에 관련한 업무를 하는 장교가 되었다.

1917년 4월, 윌슨(Wilson) 대통령이 독일에 선전포고를 한 후, 맥아더는 대통령 명령으로 주방위군(National Guard)을 소집하는 데 일조했다. 또한 미 전역의 방위군으로 구성된 제42 레인보우 사

---

9) 1914년 당시 미국은 멕시코와 장기적인 내전 관계에 있었다. 베라크루즈는 멕시코만 연안 도시이다.

단(Rainbow Division) 창설에도 참여했다. 8월 4일에는 대령으로 진급하여 레인보우 사단 참모장으로 임명되었다.

멋쟁이 지휘관

　1917년 11월 1일, 맥아더와 레인보우 병력은 프랑스에 도착했다. 미 원정군(AEF)[10]을 관리하던 존 퍼싱(John J. Pershing) 소장의 병력과 교대하기 위하여 새로운 사단을 구성하기로 했다. 맥아더와 레인보우 지휘관 만(Mann) 장군은 전투에서 총력을 기울이기로 결심했다. 그들은 직접 워싱턴의 주요 인사들에게 외전을 보냈다. 맥아더는 국민들의 지원을 얻기 위해 대중매체를 활용했고 보안성 검토를 통과하여 방송에 보냈다. 일부 인사들은 그를 돈키호테와도 같이 인식하기도 했다.
　1918년, 주위 사람들은 프랑스에서 활약한 맥아더의 공헌을 칭송하며 그를 '참호 속의 더그(Dugout Doug)'라는 익살스런 애칭을 붙여 주었다. 그는 공격계획을 수립할 뿐만 아니라 실제로 전투에 참전하여 참호 속을 누비는 소수의 고위급 장교였던 것이다.
　1918년 2월, 루니빌(Luneville)[11]에 도착한지 며칠 내 그는 첫 특공대원들과 함께 적 진영을 급습하여 독일군 병사들을 포로

---

10) AEF는 American Expeditionary Force의 약어이다.
11) 아르곤 숲 일원의 산림지역. 독일이 파리를 향한 서부전선을 다섯 차례에 걸쳐 공세하였으나 미군이 성공적으로 방어작전을 수행한 마른-아르곤 숲 일대의 지역이다.

로 생포했다. 3월 9일, 그는 살리엔트 두 페이(Salient du Feys)라고 불리는 지역에서 또 다른 기습작전을 수행했다.

적의 확고부동한 저항에 맞서 지휘관의 충고에 귀 기울였다. 주도면밀한 작전은 성공했을 뿐만 아니라 어떠한 문제가 발생하면 사단 전체의 안전을 유지하며 서로 지속적인 관심을 가질 수 있도록 격려했다. 이와 같은 지혜와 용기의 리더십은 여러 중대원들에게도 감동을 준 것이다.

맥아더는 경험과 권한을 기반으로 독특한 리더십을 발휘했다. 규정에 어긋남에도 불구하고 방독면 착용을 거부했고 적의 진영을 급습하면서 무기와 철모도 소지하지 않았다. 그는 대신 목을 감싸주는 스웨터와 머플러를 항상 착용하는 독특하면서도 동시에 부드러운 지휘관의 이미지를 보일 수 있었다. 그는 말채찍을 항상 손에 들고 있었으므로 부하들은 그를 '멋쟁이'(Dude) 또는 '미 원정군의 달타냥'(D'Artagnan of the AEF)[12] 등의 별명을 붙여 주었다.

1918년 3월 말, 레인보우 사단은 로레인 전방 바카라(Baccarat)[13] 지역을 총괄적으로 통제하는 미 최초의 사단이 되어 공격준비를 했다. 맥아더는 이 지역에서 3개월간 주둔하면서 82일 동안 끊임없는 전투를 치러야 했다고 회고한 적이 있다.

---

12) 달타냥은 프랑스 작가 알렉산드르 뒤마의 소설 '삼총사'의 한 주인공이다.
13) 로레인(Lorraine)은 프랑스 동북부와 라인강 서안지역. 전통적으로 독일과 프랑스의 접전이 자주 일어난 곳이다.

5월 말, 독일군은 매섭게 공격하여 파리(Paris)에서 50마일 떨어진 지점까지 진격해왔다. 2월에 참전한 이래 2천 명의 부상자가 발생한 레인보우 사단은 독일군의 진격을 막기 위하여 작전을 재전개하였다. 당시 국방부장관 뉴턴 베이커(Newton Baker)는 장성급 지휘관들을 평가하면서 미 원정군 중에서 가장 젊은 준장으로 진급한 맥아더를 육군에서 가장 탁월한 장교라고 발표하기도 했다.

　7월 중순, 제42사단은 4일 동안 치열한 전투를 벌이며 독일군의 공격을 방어하여 샴파뉴-마른(Champagne-Marne) 지역까지 저지시켜 축제 분위기가 되었으나[14] 38세의 젊은 장군 맥아더는 전쟁에 대해 문득 의문을 품게 되었다.

> 우리는 샬롱(Chalons)에서 승리의 축배를 만끽했다. 술을 마시고 노래를 불렀지만 무엇인가 부족하다는 것을 발견했다. 그것은 바로 철조망에서 몸부림치는 부상자의 모습과 여전히 콧구멍으로 스며드는 시체의 악취였던 것이다. 문득 전쟁의 참혹함을 생각해 보니 갑자기 공허함마저 느낄 수 있었다.

　전쟁의 종식은 아직 멀어 보였다. 연합군의 공격이 개시되자 레인보우 사단은 샤토-티에리(Chateau-Thierry)와 근접한 피레 포레스트(Fere Forest)로 이동하여 아이슨-마른(Aisne-Marne) 전투에 참

---

14) 프랑스 북동지방. 에느 강을 향하여 샬롱, 마른, 샴파뉴, 아르곤 숲 등을 연하는 지역을 말한다. 이 지역에서 독일은 제3차 대공세작전을 전개하는 데 성공하지만 다시 미군이 역습하여 그 실지를 재탈환하였다.

전했다. 7월 말, 맥아더는 제84여단 지휘관으로 임명되어 최전선에서 전투를 지휘하게 되었다.

1918년 9월, 성 미헬(St. Mihiel)에서 최초로 미군주도로 공격을 수행했다.[15] 결코 쉽지 않은 전투가 예상되었지만 다행히 겁을 먹은 독일군은 전투가 시작되기도 전에 후퇴했다. 곧 바로 제84여단이 진격하여 약 5백 명의 적군을 포획하고 포로로 확보했다.

10월 중순에는 험난한 뫼즈-아르곤(Meuse-Argonne) 지역의 로망 우즈(Romagne Woods)에서 전투를 재개했다. 11월 초, 미군은 12일간 스당(Sedan)을 공격하는 가운데 맥아더는 레인보우 사단 최고 지휘권을 이양 받으면서 가장 젊은 사단장이 되었다. 1918년 11월 11일, 휴전협약이 체결되면서 제1차 세계대전은 마침내 그 막을 내렸다.

5개월간 점령군 역할을 수행한 후 레인보우 사단은 미국으로 복귀하는 함정에 올랐다. 전쟁에서 영웅적 리더십을 발휘한 맥아더 장군은 두 차례의 청동무공십자훈장(Distinguished Service Cross), 전시공로훈장(Distinguished Service Medal), 은성훈장(Silver Stars) 그리고 두 차례 퍼플허트(Purple Hearts)를 수여받았다. 프랑스 대통령도 그에게 무공십자훈장(Croix de Guerre)과 레지옹 도뇌르 훈장(Legion of Honor)을 수여하면서 뛰어난 지휘관으로 칭송했다.

1919년 4월 25일, 전쟁에서 살아남은 레인보우 사단의 영

---

15) 1918년, 독일군은 영국을 비롯한 연합군의 저지를 돌파하기 위하여 다섯 차례에 걸쳐 서부전선을 공략하다. 퍼싱 장군 휘하의 맥아더는 이 전선에서 성공적인 방어 작전을 수행한 뒤 다시 대반격으로 아르곤 숲 하단부의 성 미헬 지역을 제압하였다.

웅들은 뉴욕항에 도착했다. 그러나 환호하는 군중 대신 소년 한 명만이 부두에 우두커니 서 있을 뿐이었다. 몇 주일 후에 작성한 맥아더의 편지는 다음과 같은 내용을 담고 있다.

"전쟁을 치르고 살아 돌아온 우리를 어린 아이조차 반갑게 환영하지 않았다. 레인보우 사단의 전쟁영웅들은 가슴 아픔과 침묵 속에서 슬픔과 우울함을 뒤로한 채 사방으로 뿔뿔이 흩어졌다."

장군의 등장

맥아더가 귀국하자 육군 참모총장은 맥아더를 웨스트포인트 학교장직을 수행하도록 통보했다. 당시 39세이던 맥아더는 역사상 가장 젊은 교장으로서 육군 장교 요람의 총책임자가 된 것이다.

1919년 6월 12일, 맥아더는 사관학교 교육체계를 혁신적으로 개편하기 시작했다. 전쟁의 기술과 과학은 제1차 세계대전을 치르면서 급격히 변화했지만 학교 담당자들은 학과목의 개편에 반대 입장을 보였다. 전쟁을 위한 장교를 충원하기 위하여 입학 합격기준을 하향시켰고 일시적으로 교육과정도 1년으로 줄였다. 육군의 전통을 이어나가는 중추적인 역할을 선도하는 생도들의 요람인 사관학교의 규모가 축소되면서 활기를 잃은 것이다.

맥아더는 교육과정을 3년으로 개편하고 폭넓은 인문학 교육을 위해 노력했다. 전쟁사는 제1차 세계대전의 내용을 포함토록 하였고 기초과학은 전자공학, 내연기관 그리고 공기역학을 포함하는 고급과정으로 발전시켜나갔다. 또한 그는 일반 대학교에서 뛰어난 강의 경력이 있는 강사들만을 채용하는 등 교직원의 수준도 상향시켰다.

그는 1년마다 한 번씩 개최되는 여름캠프의 문제점을 발견하고 뉴저지 주에 위치한 캠프 딕스(Camp Dix)에서의 정규군 훈련으로 대체했다. 생도들의 체력증강을 위해 적극적으로 체력을 단련시켰고 교내 운동경기를 의무화하였으며 동시에 학문의 전통적 가치도 강화하였다. 생도의 명예구호를 제도화했고 하급자에 대한 부당한 대우를 스스로 자제하고 통제할 수 있도록 생활여건을 조성했다.

획기적인 변화를 탐탁지않게 여기던 육군 참모총장 '블랙잭(Black Jack)' 퍼싱[16]은 물론 사관학교의 많은 사람들이 맥아더를 모함하기에 이르렀다. 그래서 그는 1922년 초 1년 일찍 사관학교를 떠나야했다. 그리고 웨스트포인트에서 시도한 많은 변화는 그 후 더 이상 진행되지 않았지만, 맥아더는 오늘날 사용되는 웨스트포인트 운영체계를 도입한 선구자로서 긍정적으로 기억되고 있다.

맥아더는 웨스트포인트 학교장직을 떠나 후 필리핀으로 다시 돌아갔다. 1922년 10월, 이혼 경험이 있는 부유한 아내 루이

---

16) 퍼싱(John Joseph Pershing)은 사막전과 게릴라전의 경험이 많고 제1차 세계대전에서 많은 전공을 쌓았다. 블랙잭(Black Jack)이란 도박성이 강한 카드게임의 하나인데 퍼싱 장군에게 그러한 별명이 붙여진 것은 그의 전쟁경험과 도전적인 군인정신에서 비롯되는 것으로 본다.

스 크롬웰 브룩스(Louise Cromwell Brooks), 그리고 그녀의 두 아이들과 함께 필리핀에 도착했다. 1922년, 42세이던 그는 웨스트포인트의 발렌타인 데이에 루이스를 처음 만나 마침내 결혼까지 하게 되었으나 그 5년 뒤에 루이스와 별거에 들어갔고 1929년에는 안타깝게도 이혼을 해야 했다.

맥아더는 새로 창설된 마닐라 군관구(Military District of Manila)[17] 지휘관을 맡아 필리핀 사단의 제23여단을 지휘했다. 거기서 그는 필리핀에 관한 많은 것을 배웠을 뿐만 아니라 앞으로 밀접한 관계를 맺어야 할 필리핀 지도자들도 만날 수 있었다.

1924년 9월에 퍼싱이 전역한 후, 맥아더는 현역으로서 가장 젊은 소장으로 진급했다. 그 후 제3군단, 4군단 및 9군단 지휘관으로서 성공적인 임무를 완수해 나갔다.

1927년 9월, 암스테르담(Amsterdam)에서 개최 될 제9회 올림픽대회가 열리기 10개월 전에 미국 올림픽위원회장이 갑작스럽게 사망하여 제3군단 지휘관으로서 평소 스포츠에 대한 남다른 관심이 널리 알려져 있던 맥아더가 올림픽위원회장으로 임명되었다. 그래서 1928년, 올림픽대회에 참가할 미국 팀을 이끌면서 군 지휘관과 같은 감독으로서 리더십을 발휘하였다.

> 대부분 운동선수들은 다혈질 성격을 지니지만 그들을 비교적 잘 관리할 수 있었다. 나는 그들에게 세계에서 가장 위대한 국가를 대표한다고 격려했고 패배가 아닌 확고한 승

---

17) 전략적 목적으로 주둔하는 일정 지역 내의 군부대. 학교, 군수지원시설 등을 한 지휘관에게 관할케 하는 구역을 말한다.

리를 위해 3천 마일 태평양 상공을 날아왔다고 말했다.

미국 팀은 실제로 승승장구했다. 그들은 올림픽대회에서 2위를 차지한 국가보다 두 배 이상의 메달 차이로 우승했다. 무려 17회의 올림픽기록을 비롯하여 7회에 걸쳐 세계 신기록을 세우기도 하였다.

그리고 다시 1928년, 맥아더는 필리핀 총책임자로서 육군을 지휘했던 마닐라로 돌아가 2년간 더 근무했다. 1930년 11월 21일, 허버트 후버(Herbert Hoover) 대통령은 50세가 된 맥아더를 군 최고의 직위인 육군 참모총장에 임명하였다.

5년간 지속된 대공황으로 세계 주요국 경제는 침체되기 시작하였고 맥아더 또한 육군의 규모와 전시대비력을 유지하기 위해 안간힘을 다했다. 그러나 재임기간 동안 육군예산은 1931년 미화 3억 4천 7백만 달러에서 1935년 2억 8천 4백만 달러로 감소했다. 당시 경제적 여건과 늘어나는 평화주의자들을 염두에 둔다면 이 정도의 예산 감소는 그리 절망적이지는 않았다.

맥아더는 우선순위 결정에 대해 매우 신중하였다. 국방의 원동력으로 판단되는 장교들을 위해 최선의 노력을 다했고 새로운 방법론과 혁신의 필요성을 인식했다.

나는 군의 동력화, 기계화 그리고 항공력에 관한 예산확보를 위하여 고위관료들에게 아첨하기까지 했다. 부하들이 사용하는 빈민굴 같은 막사에 비마저 새는 것을 마음 아프게 여기면서 그 개선 방법을 강구했다. 나는 군의 현대화를 위해 고속기계, 화력의 증대, 항공기, 전차, 트럭, 총포와 탄약도 요구했다.

다른 한편 맥아더는 파시즘의 확산에 위급함을 느꼈다. 1930년대 초, 독일의 독재자 히틀러(Hitler)가 권력자의 반열에 올랐고 일본의 만주(Manchuria)와 상하이(Shanghai)를 공격했다. 맥아더의 요구사항은 그리 협조적으로 받아들여지지 못했을 뿐만 아니라 비판가들은 그가 모든 것을 군대식으로 접근하는 전쟁광이라고 비아냥거렸다.

맥아더가 주장하는 육군 상여금 정책도 환영받지 못했다. 1932년 여름, 2만 명 이상의 제1차 세계대전 참전용사들과 가족들은 상여금 조기지급을 의회에 주장하기 위해 워싱턴 거리를 꽉 메우고 활보하고 다녔다. 7월 28일, 대규모 집회가 시작되고 워싱턴 경찰관 두 명이 살해되는 사건이 터지자 후버 대통령은 육군 상여금 운동을 즉각 중지하라고 명령했다. 맥아더는 혼란을 수습하려 했으나 참가자들의 저항과 대혼란 속에서 약 40명의 사람들이 부상을 당하고 어린 아이가 최루가스를 흡입하여 사망하는 사고도 발생했다. 맥아더는 모든 비난의 화살을 맞게 된 것이다.

1932년, 육군 상여금 정책의 와해는 후버 대통령의 재선 실패로 이어지고 프랭클린 딜라노 루즈벨트(Franklin Delano Roosevelt)가 새 대통령으로 당선되었다. 루즈벨트의 권력 아래서도 맥아더의 예산문제는 계속되었다. 뉴딜정책의 민간자원 보존단(New Deal's Civilian Conservation Corps)이 신속히 형성되고 성공적으로 운용되는 것을 그저 지켜보아야만 했다. 물론 루즈벨트는 맥아더가 뛰어난 리더라는 것을 알고 있었으므로 4년 임기의 참모총장직을 1년 반 더 연장시켰다.

필리핀 전투

36년간의 군 복무를 마치고 55세가 된 맥아더는 아직 전역하기에는 일렀다. 그는 현역으로 남아 더 근무하기로 결정했는데 신설된 필리핀 연방과 매뉴엘 케손(Manuel Quezon) 대통령을 위한 군사 자문관이 된 것이다. 특별히 그는 미 육군 소장과 함께 필리핀 육군의 원수역할도 동시에 수행했다.

맥아더의 업무는 국방력을 갖춘 독립적인 필리핀군을 확립하는 것이었다. 필리핀 국민들은 스스로 국방력이 부족하다고 생각했지만 맥아더는 그러한 판단이 잘못된 것이라고 판단했다. 스위스와 같이 소규모의 공군, 단거리 어뢰보트와 훈련된 민간군인으로 구성된 대규모의 육군을 보유한다면 필리핀 국방은 충분히 가능할 것이라고 믿었다. 이를 위해 10개년 발전계획을 세우는 등 본격적인 업무를 추진해 나갔다.

불행하게도 필리핀에서 함께 살던 맥아더의 어머니는 84세의 나이로 작고 했다. 그는 사랑하던 어머니를 잃은 슬픔에 몹시 쓸쓸해하였다. 1937년 4월, 그는 필리핀으로 가는 여행길에서 테니시 주 머프리스보로(Murfreesboro, TN) 출신의 진 마리에 페어클로(Jean Marie Faircloth)를 만나 또 한 번의 결혼을 하게 되었다. 이 부부에게는 헌신과 사랑이 있었고 1938년 2월, 그들의 아들

아서 맥아더 4세가 출생하기도 하였다. 58세의 늦은 나이에 다시 아빠가 된 것이다.

　1937년 12월, 맥아더는 군에서 전역했으나 필리핀군을 위해 계속 정치적인 영향을 미치고 있었으므로 미 국방부는 그에게 새로운 임무를 주려고 했다. 그러나 맥아더는 계급에 얽매이는 현역으로 복귀하는 것을 원하지 않고 그저 예비역으로서 필리핀군을 위한 업무에 충실하기로 결심했다.

　이후 3년 동안 일본의 공격은 증가하였지만 필리핀을 위한 예산요청은 수시로 거절당해 어려운 가운데 1941년 7월, 루즈벨트 대통령은 61세인 맥아더를 중장으로 진급시켜 현역으로 복귀하도록 하고 극동지역 미군 총사령관에 임명했다. 12월 7일, 일본은 진주만(Pearl Harbor)을 공격하여 태평양 함대를 침몰시키는 대재앙을 일으켰다. 그날 오후, 필리핀도 공격을 받고 방어의 핵심요소였던 대부분의 항공기가 파괴되었다.

　12월 22일, 일본 제14육군은 마닐라 북쪽지역인 링가엔만(Lingayen Gulf)에 상륙하였는데 맥아더는 해안으로 침략한 그들을 저지하는 데 그리 성공적이지 못했다. 일본군이 마닐라로 이동함에 따라 아군은 북쪽으로부터 이동경로가 끊어지기 전에 신속한 기동력으로 바탄(Bataan) 반도와 코레히도르(Corregidor) 섬[18]

---

18) 코레히도르는 필리핀 남부 루손 섬과 마닐라만 사이의 화산섬. 북쪽 바탄 반도와 연하여 마닐라 방위 요충지로서 미군의 방어기지로 사용하였다. 맥아더에 의한 필리핀 방어계획(Rainbow Plan)은 북부 섬 루손을 방어하고 최후에 바탄 반도로 철수하여 수도 마닐라를 지킨다는 내용이다. 1941년 12월 초중순, 일본군은 루손의 주요기지를 폭격, 수도 마닐라를 장악하였다. 맥아더는 압도적으로 우세한 일본군에 밀려 마닐라 만을 에워싼 험난한 산악지대 바탄 반도로 철수하였다. 5개월여 장기간 치열했던 바탄 전투에 실패한 맥아더는 지휘권을 웨인라이트 장군에게 넘기

군사기지를 수호하고 서쪽으로 이동해야 했다. 이러한 후퇴작전의 결과 미군과 필리핀군은 바탄 반도와 코레히도르 섬에 무사히 도착할 수가 있었다. 그나마 마닐라만으로 진격하는 일본군을 저지할 수 있었으며 앞으로의 공격에 대비한 군사기지를 방호할 수도 있었다.

필리핀 방어를 위해 증원군의 투입은 반드시 필요했다. 그러나 루즈벨트는 이미 유럽 전역에 병력지원을 우선적으로 결정했기 때문에 더 이상의 증원군은 지원할 수 없었다. 불행히도 어떠한 회의나 중요 결정사항을 통보받지 못했고 그저 지원군의 도착만을 기다리고 있었다.

1942년 2월, 식량과 물자가 줄어들고 어떠한 원조도 이루어지지 않는 상황에서 루즈벨트는 남서태평양전구를 지휘하도록 호주로 이동할 것을 지시했다. 그러나 맥아더는 그러한 명령을 따를 수 없다며 당시 육군 참모총장이었던 조지 마샬(George Marshall)에게 "나는 주둔군과 함께 필리핀의 역경을 헤쳐 나갈 것이다."라고 단호하게 거절하였다.

그러나 3월 11일, 맥아더는 결국 그 명령을 따라야만 했다. 아내와 아들 그리고 장교들로 구성된 수행원들과 함께 어뢰보트를 타고 코레히도르 섬을 성공적으로 탈출했는데 이 상황에 대해 처칠은 "이번 탈출의 성공은 전사 또는 일본군 포로로 잡힐 수도 있었던 위대한 지휘관의 목숨을 구했다는 데 그 의의가 있다."고 말한 적이 있다.

고 바탄 반도 아래 작은 섬 코레히도르를 거쳐 호주로 탈출하였다. 사실상 미군은 진주만 피폭으로 태평양 병참선이 매우 취약한 상태였다.

2개월 후, 포위공격을 당한 바탄 방어선은 무너졌다. 1942년 5월 6일, 코레히도르 섬도 함락되었으며 6월까지 필리핀에 주둔하던 모든 미군은 항복할 수밖에 없었다. 그들은 태평양의 다른 연합군보다 끈질기게 방어선을 지키면서 6개월간 일본군의 공격에 대항했다. 이것은 일본군이 예상한 기간보다 4개월이나 지연된 것이었다. 방어군 10명 중 4명꼴로 죽어나간 버림과 환멸 속의 죽음의 바탄 행진(Bataan Death March)[19]과 포로수용소에서 연합군은 무참히 죽어갔다. 맥아더는 부하들을 뒤로 하고 탈출해야만 했던 괴로움을 다음과 같이 표현하고 있다.

	나는 코레히도르 섬에 관해 말할 자격이 없다. 그 치열했던 전투가 모든 것을 말해줄 것이다. 적진으로 향했던 비명소리만 들리는 듯하다. 마지막으로 쏜 총으로 보이는 피로 물든 안개를 통해 황량한 송장 같은 부하들의 얼굴이 떠올랐지만 전혀 두려움은 없었다.

필리핀 복귀

	태평양 전투에서 활약한 맥아더는 미 국민들의 눈에 영웅으로 비쳐졌고, 역사상 가장 존경받는 리더들 중 한 사람이 되었다. 태평양에서 승리를 거두었으나 아직 필리핀을 생각하면 만

---

19) 제2차 세계대전 태평양전투 초기에 일본군은 미군과 필리핀군 전쟁포로 7만여 명을 바탄 반도 남단 산악지대 약 88km 거리를 강제적으로 행진시켰다.

감이 교차했다. 1942년 3월 17일, 호주에 도착한 그는 기자회견에서 다음과 같이 술회하고 있다.

> 대통령은 일본 방어선을 뚫고 코레히도르 섬으로부터 호주로 이동하도록 명령을 했다. 내가 이해하기로 필리핀에 증원과 아울러 일본에 대응한 미국의 공격 의도가 있었다고 본다. 나는 지금까지 모든 고난을 헤쳐왔다. 그리고 필요할 경우 다시 필리핀으로 돌아갈 것이다.

그의 마지막 표현은 유명한 구절이 되었을 뿐만 아니라 결국 현실이 되었다. 그는 호주에서 모든 작전을 지휘했지만 실제로 사용가능한 실용적 자원은 전무했다. 그럼에도 불구하고 브리스베인 라인(Brisbane Line)[20]에서 예상된 일본의 공격을 방어하는 대신에 적군과 정면 대결을 선택했다. '파푸아(Papua) 섬의 동쪽으로 수천 마일 이동하여 뉴기니(New Guinea) 섬의 험한 오웬스탠리 산맥(Owen Stanley Range)에 주둔한 일본군을 저지하는 호주전투에 최선을 다했다.'[21]

---

20) 일본군이 괌을 비롯한 중앙태평양 일대를 점령하고 있는 상황에서 미군은 호주에 있는 맥아더를 지원하기 위하여 남태평양으로 대우회하는 아크라인(Arc Line) 계획을 수립하였다. 병참선을 유지하고 장차 반격발판 마련과 일본을 압박하는 전략이다. 태평양 지역내 제도서를 기지화하고 우회하는 계획을 말하는데 이는 미국 서부 연안에서 하와이-팔미라-칸톤-사모아-피지-뉴칼레도니아 그리고 호주의 브리스베인으로 연한다. 이 계획에 따라 뉴기니 파푸아의 모레스비를 항공기지로 하였다. 반면에 일본군은 1941년 12월부터 1942년 5월까지 길버트 제도 상륙 및 비스마르크 군도의 라바울과 솔로몬 툴라기를 점령, 미군의 아크라인을 봉쇄하고 모레스비로 하여금 호주공격의 전진기지화하려고 했다. 양국 간 치열한 해상전투 결과 미군의 피해가 훨씬 컸으나 일본군도 결국 모레스비를 점령하지 못하였다.

21) 파푸아는 뉴기니의 남단반도이다. 라바울은 과달카날로 이어지는 비스마르크 군

1942년 8월, 일본군은 파푸아 섬 중심부를 통과하여 1만 3천 피트 이상을 넘어와 공격했다. 맥아더는 호주에서 마지막으로 남은 연합군 전선을 방어하기 위해 고군분투했다. 결국 모레스비 항구(Port Moresby) 앞에서 적군의 진격을 가까스로 저지했고 밀네만(Milne Bay)으로 오는 2차 상륙공격을 좌절시킨 것이다. 파푸아 연합군 진지가 안정을 되찾자 맥아더는 공격을 개시했다. 10월, 공수의 도움으로 호주군은 오웬스탠리 산맥 뒤로 일본군을 몰아냈다. 11월에는 증원군으로 도착한 미군과 함께 부나(Buna)와 고나(Gona)에 위치한 일본 진지를 표적으로 하여 산을 넘는 공격도 했다. 말라리아가 만연한 정글에서 벌어진 치열한 전투 끝에 일본군을 파푸아로부터 뉴기니로 후퇴시켰다.

한편 필리핀에서 장기간 전투는 다시 시작되었다. 맥아더는 2년간 전략적으로 치밀한 여러 종류의 작전을 수행했다. '육해공군 3군 합동작전'(triphibious) 전략을 활용하여 한 번에 수백 마일을 진격하였고 '선제공격'(hit'em where they ain't) 전략도 도입했다. 적과 정면으로 충돌하거나 진지를 직접 공격하는 대신 먼저 보급로와 통신로를 끊고 일본군을 고립시키기 위해 남서태평양의 지리적 환경을 활용한 것이다. 이러한 전략은 매우 효과적이었고 많은 일본군들이 무력화된 반면 아군 측 병력의 피해는 그리 크지 않았다.

1944년 여름, 맥아더는 필리핀으로 돌아가서 이루지 못한

도로 일본군의 최대전진 기지이다. 미드웨이와 과달카날 전투에서 승리한 미군은 맥아더에 의하여 1943년 1월, 호주 북단 파푸아를 점령, 고나와 부나지구를 구축하고 장차 모레스비를 노리면서 라바울에 있던 일본군을 근 1년간의 전투 끝에 고립시켰다.

꿈을 달성했다. 민다나오(Mindanao) 섬이 상륙 지점으로 선정되었으나 레이테(Leyte) 지역의 적 방어가 취약하다는 것을 간파하고 그 계획을 신속히 변경하도록 했다.

"레이테는 일본군을 필리핀 중앙으로 몰아내기에 아주 적절한 지역으로 판단되었다. 이것은 마지막 공격이 될 루손(Luzon) 섬 함락으로 이어지는 새로운 출발점이 될 것이다."[22]

1944년 10월 20일, 최강 전력의 해군 함대 속에서 맥아더는 무전기로 "필리핀 국민 여러분. 내가 돌아왔습니다." 하고 크게 외쳤다.

상륙은 성공적이었지만 일본군은 병력을 재정비하여 신속히 대응해왔다. 해상에서 미 해군은 레이테만 전투의 확고한 승리를 거둔 만큼 일본은 많은 함대를 잃고 말았다. 지상에서는 12월이 되어서야 연합군의 승리로 끝났고 레이테와 민도로(Mindoro) 섬에서도 승전보를 전할 수 있었다. 루손과 마닐라로 가는 안전한 진입로가 확보된 것이다.

1945년 1월 9일, 루손 전투는 3년 전 일본이 침략한 지점과 동일한 링가옌 만으로 상륙작전을 시행하였다. 맥아더는 상륙한 지 4시간 후에 육지에 내렸다.

루손 전투는 야마시타(Yamashita) 장군이 6만 5천 명의 일본군과 항복할 때까지 계속되었다. 20만 명 이상의 연합군이 싸웠고 1만 명이 전사했으며 20만 명 이상의 일본군도 시체로 변했다.

---

22) 남방자원지대와 일본 본토를 연결하는 중요 거점이 필리핀이다. 맥아더는 개전 초 일본에게 빼앗긴 필리핀을 확보하기 위하여 1944년 10월, 필리핀 최대의 섬 민다나오 대신 그 북부의 작은 레이테 섬으로 급습, 상륙에 성공한다. 이것은 맥아더의 정확한 정보판단에 따른 것이다.

이 치열한 전쟁으로 마닐라는 초토화되고 10만 명의 필리핀 국민들도 사망했다는 기록이 전해진다.

1945년 7월 16일, 뉴멕시코 주 알라모골도(Alamogordo)에서 최초의 원자폭탄이 발사되었을 때 맥아더는 올림픽대회를 준비하느라 분주했다. 일본의 침략에 대응한 작전개시는 1945년 11월로 예정되었으나 이를 위해서 연합군 1백만 명 이상이 필요할 것으로 판단했다. 그러나 1945년 8월 6일과 9일에 각각 일본의 주요 도시 히로시마(Hiroshima)와 나가사키(Nagasaki)에 투하된 원자폭탄으로 별도의 군사공격은 불필요하게 된 것이다.

8월 10일, 일본은 항복에 필요한 사항을 조율하기 시작했으며 그 5일 후, 트루먼 대통령은 전쟁의 종식을 공식적으로 선언했다. 대통령은 맥아더를 일본에 주둔하는 연합군 총사령관(SCAP)[23]으로 임명하고 일본의 항복에 따른 준비사항을 지시했다. 마침내 피비린내 나던 제2차 세계대전은 그 막을 내리게 된 것이다.

일본 점령기

SCAP 임명장에는 다음과 같은 조건이 포함되어 있다.

'일본의 항복 선언 이후 국왕의 권한과 정부의 운영은 맥아더 장군에게 위임되고 이 제도를 유효화하기 위한 방안을 마련

---

23) SCAP는 Supreme Commander for the Allied Powers의 약어이다.

할 의무가 있다.'

맥아더는 사실상 인구 7천 1백만 일본 국민들의 리더가 된 것이다. 1950년에 일본 인구는 8천 3백만 명까지 증가했다.

1945년 8월 30일, 미 육군의 공식적인 전역 나이인 64세를 넘어선 맥아더는 자신이 직접 이름을 붙인 바탄 항공기를 타고 앗수기(Atsugi) 공항에 도착했다. 그는 무장도 하지 않고서 소수의 수행원들과 함께 며칠 전만 해도 적들로 득실거리던 땅에 도착한 것이다. 20마일 거리에 위치한 요코하마(Yokohama)까지 차로는 두 시간 남짓 걸렸다. 도롯가에는 무장한 일본군들이 정렬해 있고 그 뒤에는 모여든 국민들로 가득 찼다. 그야말로 일본인에 대한 맥아더의 권한과 믿음을 보인 대담한 행동이었다. 그래서 처칠은 "나는 맥아더가 앗수기 방문에서 보여준 대담한 용기에 놀라울 따름이다."라고 말한 바 있다.

9월 2일, 맥아더는 미주리(Missouri) 전함에서 항복식을 관장하는 가운데 평화와 협력에 관한 메시지를 강조했다.

"우리는 승전에서 얻은 평화를 유지하기 위해 더욱 노력해야 하는 새로운 시대를 맞이할 것이다."

주요 건물 중 하나인 동경의 다이이치(Dai Ichi)에 본부를 마련한 맥아더는 일본의 상황이 상당히 심각하다는 것을 알게 되었다. 6백만 명 이상의 국민들이 전쟁에서 사망했고 10만 명 이상이 두 번의 원자폭탄과 함께 사라졌다. 1천 5백만 명은 집을 잃어 떠돌아다니는 노숙자로 전락했고 원자탄이 투하된 2개의 도시는 완전히 파괴되어 버렸다. 일본의 제조산업은 전쟁 전과 비교하여 3분의 1 수준이었고 모든 생활필수품은 턱없이 부족한 상황이었다.

맥아더는 무엇보다도 먼저 점령군이 식량을 관리하는 것을 금지하였다. 그는 미 육군 식량의 350만 톤을 확보하여 일본인들에게 배식했다. 미 워싱턴의 하원세출위원회(House Appropriations Committee)는 그러한 행동이 적법한지 해명을 요구했으나 그는 강력하게 "빵을 주지 않겠다면 차라리 총의 방아쇠를 당겨도 좋다."고 주장하면서 점령 초기에 "SCAP는 일본을 강제로 억누르는 것이 아니라 재건할 수 있도록 도와주는 데 목적이 있다."고 강조했다. 6년 동안 일본의 전후 모습을 지켜본 그는 역사상 가장 성공적인 점령국 재건 임무를 수행했다는 평가를 받기도 하였다.

맥아더의 정책은 정치, 경제 그리고 사회 전반의 개혁을 포함했다. 야망에 넘치면서도 광범위한 영역에 걸친 목표를 간결하게 제시하고 있다.

> 군사력을 제거할 것. 전쟁범죄자들을 응징할 것. 대표정부를 건립할 것. 헌법을 현대화할 것. 자유선거를 도입할 것. 여성들에게도 선거권을 부여할 것. 정치범들을 석방할 것. 농부들에게 자유를 줄 것. 자유로운 노동이동을 허가할 것. 자유경제를 장려할 것. 경찰력의 남용을 폐지할 것. 자유롭고 책임 있는 대중매체를 발전시킬 것. 교육을 자유화할 것. 정치력을 분권화할 것. 정치와 종교를 분리할 것.

점령 초기에는 개혁에 집중하고 일본이 보유했던 군사무기를 폐기했다. 항복 후 몇 개월 동안 250만 톤의 총과 탄약, 포 20

만 정, 화학무기 10만 톤, 전투기 8천 대 그리고 탱크 2천 5백 대는 모두 파괴되었다. 일본 해군 함정들은 침몰되었으며 일부는 연합국으로 인도되었다. 약 7백만 명의 일본 군인들도 민간인의 삶으로 돌아갔다.

국가 정치체계도 급격히 변화되었다. 맥아더는 일본 국왕 히로히토(Hirohito)의 민감한 문제를 비교적 현명하게 처리했다. 1945년 6월, 갤럽 여론조사에 의하면 미국 시민들 중 93%는 히로히토가 전쟁 후 정치계에서 물러나야 한다고 생각했고 30% 이상은 전쟁 범죄자로 사형을 선고해야 한다고 주장했다. 그러나 일본인들은 여전히 국왕을 신격화하며 존경했다. 맥아더는 중립적인 선에서 CAP의 권한을 증대시키기 위해 히로히토를 활용하기로 하고 국왕의 역할을 의례담당으로 전환했다.

SCAP는 지금까지 사용되던 영국식 일본 헌법을 개정하는 준비에 박차를 가했다. 제9조에는 일본이 영원히 위협이나 전쟁을 포기하고 국군의 창설도 금지한다고 명시하고 여성 선거권[24], 투표자 개혁 그리고 표현의 자유도 제정하였다.

SCAP의 지원으로 일본은 교육개혁과 함께 5백만 에이커(acres)를 재분배하고 소작 독립농가들의 터전을 마련하는 포괄적인 토지개혁도 도입했다. 일본 경제를 독점하고 세습해온 자이바추(zaibatsu) 재벌의 영향이 감소되고 노동조합은 장려되었다. 2년 후 일본 노동조합 회원들의 수는 1천 명에서 6백만 명으로 기하급수적으로 증가했다.

---

24) 일본은 1946년, 최초로 1천 3백만 명의 여성들이 투표에 참가했다.

1947년, 냉전(Cold War) 속에서 일본의 개혁이 어느 정도 정착됨에 따라 경제회복에 정치적 초점을 맞추어 나갔다. 일본은 극동지역의 중요 연합국으로 변모하는 듯했다. 같은 해 맥아더는 일본의 항복 선언 이후 금지되었던 일장기를 게양하도록 허가했다. 점령정치는 점차 마무리되는 분위기였다. 1947년 3월 17일, 드디어 일본의 독립을 위한 조약을 요구하는 기자회견을 가지게 되고, 1951년 9월 8일에는 마침내 샌프란시스코에서 조약체결이 이루어졌으나 아쉽게도 거기에 맥아더는 참석하지 못했다.

1949년도, 미 정부는 안정된 예산과 물가상승을 방지하면서 일본 경제를 안정시키는 도지라인(Dodge Line)[25]을 설치하기 시작했다. 신경제 프로그램은 일본 은행산업을 구제하여 활성화시켰으나 그 노력의 결과는 그렇게 탐탁치 못했다. 그러나 일본 회사들은 곧 한국으로부터 밀려드는 군수품 구매로 활황기에 들어섰고 국가 경제도 장기적으로 볼 때 긍정적으로 예측되었다.

참전용사의 한계

1950년 6월 25일, 북한군이 38선을 침공했을 당시 70세이던 맥아더는 다시 전쟁터로 복귀하게 되었다. 6·25전쟁은 지금까지 싸웠던 전쟁과 그 성격에 차이가 있었고 군 복무 가운데

---

[25] 전후 일본의 경제안정과 자립을 위하여 일본점령군사령부가 수행한 재정경제정책인데 당시 금융고문인 조셉 엠 도지(Joseph M. Dodge)가 이 정책을 입안하였다.

최상과 최악의 상황을 동시에 복합적으로 경험했다.

이미 제1장에서 전쟁의 발발, 맥아더의 적극적인 방어계획 그리고 인천에서 개시된 반격을 소개했다. 또한 전쟁 중에 맥아더와 트루먼 대통령은 서로 자주 갈등을 빚게 되면서 긴장의 씨앗이 조금씩 싹트기 시작했다.

국무부와 트루먼 대통령은 맥아더가 외국 리더들과 대중매체에 독자적으로 발표하는 행동을 탐탁지 않게 생각했다. 반면, 맥아더는 극동지역의 뛰어난 리더십으로 외부인사로부터 많은 찬사를 받고 있었다.

1950년 8월 초, 맥아더는 대만(Formosa)의 중국 민족주의자들을 만나 미국이 군사적으로 지원한다는 뜻을 전달했으나 이것은 격렬한 비난의 대상이 되었다. 몇 주 후, 뉴욕타임즈(New York Times)와 미 뉴스 & 월드리포트(U.S. News & World Report)에 외국전쟁에 참전한 퇴역군인에 관한 대만의 기사가 전면으로 실리게 되었고 이러한 기사는 트루먼 대통령을 격분시키기에 충분했다. 트루먼은 맥아더에게 철수 명령을 내렸으나 맥아더는 이에 반박함으로써 긴장된 상황은 더욱 악화되고 말았다.

9월에 개시된 인천상륙작전은 북한군을 소탕하는 시작점이 되었는데 이는 궁지에 빠진 맥아더를 일시적으로나마 구제할 수 있었다. 인천의 승리로 하여금 38선을 넘어 한반도를 통일할 수 있다는 승인을 받은 것이다. 맥아더와 대립하여 파생될 수 있는 정치적 악영향을 충분히 고려한 트루먼은 둘의 관계를 보다 긍정적으로 재정립하겠다는 결심도 했다.

1951년 10월 15일, 의회선거 3주 전, 트루먼은 최초로 장군을 만나기 위해 남태평양 웨이크 섬(Wake Island)으로 가는 항공기에 몸을 실었다. 맥아더는 이러한 만남과 회의는 단지 정치적 계산만이 깔린 것이라고 판단했다. 서로 전쟁현황에 관해서 간략히 논의했다. 아울러 6·25전쟁에 중국이나 구소련의 참전 가능성에 대한 질문을 받은 맥아더는 "가능성은 매우 희박합니다."라고 매우 짧게 대답했다.

웨이크 섬을 떠나기 전, 트루먼은 맥아더에게 다섯 번째 전시공로훈장을 수여했다. 한편 30만 명 이상의 중공군은 압록강 국경을 넘어 북한에 집결하고 있었다. 10월 말, 중공군들은 공격 후 단시간에 사라짐을 반복하는 것을 본 맥아더는 단지 작은 병력의 움직임이라고만 생각했다.

맥아더는 중국이 북한의 압록강으로 접근하는 것을 차단하기 위해 폭격명령을 내렸다. 그러나 폭격이 중국과 너무 근접했던 것을 두려워한 트루먼 참모들과 함참의장은 그 작전을 취소하기에 이르렀다. 맥아더는 작전명령을 주장했고 놀랍게도 트루먼은 그를 옹호했다. 결국 급습은 성공적으로 표적을 파괴했고 용기를 얻은 맥아더도 "우리 장병들은 성탄절 이전까지 전쟁을 마치고 모두 귀국할 수 있을 것입니다."라며 자신의 입장을 발표했다.

그러나 중공군은 북한을 떠나지 않고 오히려 11월 25일, 총공격을 개시했다. UN군은 중공군과 맞서 싸웠으나 후퇴하지 않을 수 없었고 맥아더는 합참의장에게 재빨리 '우리는 전혀 새로운 전쟁을 맞닥뜨리게 되었다'는 내용의 전신을 보냈다. 맥아더의 실망감은 대중매체를 통해 표현되었는데 이것은 다시 트루먼의 심기를 건드리게 되었다. 12월 5일, 대통령은 맥아더에게 주의를 주기 위해 전 공무원들에게 기자회견을 할 경우 외교정책에 관한 언급을 자제할 것을 당부했다.

이듬해 1월, 한반도에도 한겨울이 깊어졌다. 몇 주간의 전투 후 UN군은 다시 38선 남쪽으로 후퇴했으며 서울도 함락되고 말았다. 그 자리에서 월튼 워커(Walton Walker) 장군이 전사하고 맥아더는 그 자라에 매튜 리지웨이(Matthew Ridgway) 장군을 UN군 지휘관으로 새로 임명했다. 1월 중순, 병력 철수 문제를 논의했으나 오히려 리지웨이 장군은 공격을 개시하여 영토를 재확보하기 시작했다. 4월에 이르러 다시 중공군을 38선 북쪽으로 밀어내고 옛 지역을 수복했다.

맥아더는 미 정부가 전쟁의 승리에 대한 확고한 의지가 없다는 것을 깨달았다. 3월 말, 트루먼이 조용히 평화회담을 추진하려고 했을 때 맥아더는 대중매체를 통해 중공군은 이제 전쟁에서 패배한 것이나 다름없다고 선언하며 트루먼의 입장을 난처하게 만들자 대통령은 맥아더를 해임해야겠다는 결정을 내리기에 이르렀다.

4월 초, 조 마틴(Joe Martin) 의원은 트루먼의 NATO 지원과 제한전쟁 개념에 관해 신랄한 비판내용이 담긴 맥아더의 편지를 공개했는데 그 유명한 '승리를 대신하는 것은 존재하지 않는다'는 글귀가 그것이다.

그리고 바로 이어 1951년 4월 11일, 트루먼은 71세가 된 맥아더 장군을 미 본토로 복귀하도록 하였다.

맥아더의 해임을 알리는 과정은 매우 서툴렀다. 동경에서 거주하고 있던 참모는 그 사실을 라디오를 통해서 들었다. 관계자는 결례임에도 불구하고 저녁식사 중인 진 여사에게 이 사실을 알리자 그녀가 맥아더에게 귀띔해 준 것이다. 맥아더는 "당신, 이제 우리도 마침내 집으로 돌아갈 수 있게 되었소."라고 하고는 다시 식사를 계속했다. 사실 맥아더는 "가정부나 하인에게조차 그와 같이 무례하게 해임 사실을 통보하지는 않았을 것이다."라는 불편한 심기를 나중에 드러냈다.

소등나팔

    1951년 4월 16일 새벽이 되기도 전, 약 1백만 명의 일본인들은 맥아더 가족을 환송하기 위해 공항으로 가는 길가에 줄지어 서서 장군에 대한 존경과 서운함을 표현했다.

    호노룰루(Honolulu)에 거주하는 10만 명의 주민들이 맥아더 가족을 최초로 맞이하며 환영했다. 1951년 4월 17일, 맥아더는 14년 만에 고국의 땅을 밟게 된 것이다. 50만 명의 샌프란시스코 시민들은 공항으로부터 이어진 퍼레이드에 동참했다.

    4월 19일, 맥아더는 워싱턴으로 가서 의회 합동연설을 했다. 많은 미국인들은 TV를 통해 맥아더의 그 유명한 '노병은 죽지 않는다(Old Soldiers Never Die)'는 연설을 지켜보았다. 의원들은 눈물을 참지 못했고 박수갈채는 계속되었다. 37분간의 연설이 끝나자 25만 명의 사람들은 맥아더가 뉴욕으로 떠나는 것을 아쉬워했다.

뉴욕에 위치한 워돌프-아스토리아(Waldorf-Astoria) 호텔은 맥아더와 아내에게 할인이 된 고급 객실을 제공해주고 그곳에서 여생을 보낼 수 있도록 해주었다. 4월 20일, 뉴욕 경찰은 그의 업적을 칭송하는 색종이 테이프 퍼레이드에 무려 750만 명의 군중들이 모였다고 추정했다.

1951년 5월 3일, 맥아더는 상원 군사 및 외교 위원회(Senate Armed Services and Foreign Relations Committee)의 청문회 첫 증인이 되었다. 청문회는 3일 동안 이어졌고 상급자의 부당함에 대한 소신과 전쟁의 전략에 대해 설명했다.

그 후 1년간 맥아더는 미 전역을 순회하며 각종 연설과 행사에 참가했는데 그가 공화당 대통령 후보로 나온다는 소문이 퍼지기도 했다. 세 차례의 대통령 선거에서 후보자로 고려되었으나 그는 실제로 한 번도 유세를 한 사실은 없다.

맥아더는 임무를 맡으면 최선을 다하는 성격의 소유자이지만 대통령 후보를 위한 유세에는 관심이 없었던 것이다. 사실 그는 로버트 태프트(Robert Taft) 상원의원의 대통령 후보 선출을 지지자들에게 호소했다. 1952년 7월, 맥아더는 다크호스로 평가되었으나 시카고에서 개최한 공화당 전국대회(Republican National Convention)의 기조연설에서 많은 지지자들을 확보하는 데 그리 성공적이지 못했다. 1930년대 맥아더의 부관으로 근무했던 아이젠하워가 후보로 선출되어 결국 대통령으로 당선되었다.

1952년 8월, 맥아더는 일반 기업의 근무를 시작하여 레밍턴 랜드 사(Remington Rand, Inc.) 이사회장으로서 적극적인 역할을 담당했다. 회사의 코네티컷 본부에서 열리는 주간 회의에 네 차례 참석하고 주주자 회의를 직접 주관하기도 했다. 그는 기업의 자유와 산업유치를 지지하는 연설을 하고 거대정부화와 동시에 과도한 세금정책도 공격했다.

 1955년, 회사가 스페리 사(Sperry Corporation)와 합병된 후에도 그는 스페리 랜드 사(Sperry Rand Corporation) 회장으로 일했다. 1960년, 회사는 미화 10억 달러 가치의 회사로 성장했으며 맥아더는 여생동안 회장직책을 유지하였다.

 1961년, 어느덧 81세가 된 맥아더 장군은 제15회 필리핀 독립기념 행사에 초대되어 1백만 명 이상의 필리핀 국민들 앞에서 뜻 깊은 연설을 할 수 있는 기회를 가지기도 하였다.

 1년 후, 미 의회는 '미국에 바친 그의 헌신' 및 '제2차 세계대전에서의 뛰어난 리더십'을 기념하기 위한 합동결의안을 통과시켰다. 또한 그의 명예를 높이 평가하여 금으로 장식된 상패도 수여했다. 존 케네디(John F. Kennedy)와 린든 존슨(Lyndon Johnson) 대통령도 그들의 재임 중 맥아더의 충고를 구하자 그는 둘 모두에게 베트남에서는 어떠한 군사적 개입도 하지 말 것을 당부하기도 했다.

 1964년 2월, 쇠약해진 맥아더의 건강은 더욱 악화되었다. 워터리드 육군의학센터(Walter Reed Army Medical Center)로 입원하여 두어 차례 담낭 제거 수술을 받았으나 그해 4월 5일, 84세의 맥아더는 동맥 혈전증으로 세상을 떠나게 되었다.

 존슨 대통령은 백악관에 조기를 게양하고 국장을 정중히 치르라는 지시를 내리면서 "미국 역사상 가장 위대했던 영웅 한 분이 돌아가셨다. 그러나 미국인 모두의 가슴 속에 그리고 세계 역사 속의 한 페이지에는 그의 용기와 빛나는 업적이 영원히 살아있으리라 믿는다."고 말하며 애도를 표했다.

2

맥아더 전략의 원칙

3장 승리의 정의와 실현
4장 상황 파악
5장 가능한 모든 방법을 동원하라
6장 주어진 환경의 장악
7장 기습작전의 활용성
8장 이동속도를 배가하라
9장 선제공격
10장 적을 포위하라
11장 힘의 집중
12장 융통성 기르기
13장 위력수색의 활용
14장 보급과 지원을 강화하라
15장 공격이 방어다
16장 독립적으로 행동하라

03
승리의 정의와 실현

　모든 조직은 어떠한 방식을 사용하든지 승리를 목표로 한다. 승리란 승전, 시장의 우위선점 또는 목표로 내세운 자금 모금 같은 목적을 달성하는 것을 의미한다. 승리를 정의하는 문제는 모든 조직의 성공을 위해 반드시 해결해야 하는 과정이다. 리더는 승리의 의미를 정의하고 조직목표에 집중하여 결국 조직원들이 승리할 수 있도록 이끌 의무가 있다.
　맥아더는 군 복무 가운데 다양한 방법으로 승리를 정의했다. 웨스트포인트 학교장으로서 승리란 전쟁을 현대적인 방법으로 적용할 수 있는 장교들을 꾸준히 육성하는 것이었고 육군 참모총장으로서 승리는 육군 및 육군 항공군단이 전투태세를 유지하는 것을 의미했다. 군 지휘관으로서 승리란 적군의 공격을 격퇴하고 항복하도록 만드는 것이다. 그러나 맥아더 정신으로부터 배울 수 있는 한 가지 교훈은 항상 동일하다. 바로 '승리의 정의는 전략을 결정짓는 요소'라는 점이다.

　이것은 6·25전쟁에서 승리의 정의이자 기본이 된 군사전략이었다. 트루먼 정부가 주장하는 6·25전쟁의 승리에 관한 정의는 일정하지 않았으므로 전쟁의 상황이 바뀔 때 마다 수시로 변경되었다. 중공군이 참전한 이후 미 정부가 생각한 승리란 수동적이고 방어적인 교착상태에 불과했다.

　사람의 목숨을 담보로 치르는 전쟁에서 맥아더는 제한적인 전쟁을 치르는 것을 이해할 수 없다는 입장을 보였다. 1951년 4월 19일, 의회에서 연설한 그의 연설문을 살펴보면 다음과 같다.

> 전쟁이 시작되면 최대한 빠른 전투전개를 위해 가능한 모든 수단을 사용해야 한다. 전쟁의 목표는 주저함이 아닌 승리하는 것이다. 결국 전쟁에서 승리를 대신하는 것은 존재하지 않는다.
>
> 　다양한 이유를 핑계로 중공군에게 한반도를 양보해야 한다고 주장하는 사람들이 있다. 그들은 역사가 주는 명확한 교훈에 눈이 어두운 사람들일 뿐이다. 역사는 우리에게 양보란 더 잔혹한 전쟁의 연속을 초래한다고 가르쳐 준다. 허위의 평화와 같이 좋은 결과가 반드시 올바른 방법을 의미하지는 않는다. 긍정적인 수요의 배후에는 폭력과 거짓이 숨겨져 있는 것이다. 부하들 중 한 명이 전쟁터에서 군사적 이점을 적에게 양보하는 이유가 무엇인지 질문했으나 나는 다만 짤막하게 '절대 양보하지 않는다.'고 대답했다.

　트루먼 대통령은 맥아더와의 논쟁에서 이겼다. 맥아더는

대통령의 권한을 인정했으며 자신의 해임에 관해 절대 반박하지 않았다. 2년 후 미군의 추가적인 부상자가 속출하자 6·25전쟁은 최초의 38선에서 휴전되었는데 50년 이상의 세월이 흐른 지금까지도 한반도는 분단국으로 남아 있다. 독재자가 통치하고 있는 북한은 핵무기 보유를 주장하며 정치적 및 경제적 특권이 필요할 경우 핵무기로 세계를 위협하고 있다. 다음과 같은 질문은 여전히 존재한다.

'국가가 지원할 수 있는 모든 군사 전력을 동원하는 맥아더식 승리는 트루먼의 제한된 승리보다 더욱 더 비용이 큰 것인가?'

조직의 목적에 집중하는 맥아더의 능력은 탁월하다. 그는 제2차 세계대전 중 남서태평양에서 연합군을 재소집했다. 세계의 이목을 필리핀에 집중시키지 않았다면 전쟁이 끝나기 전에 필리핀이 자유를 얻는 것은 불가능했을지도 모른다. 그가 점령의 목표를 정의하지 않았다면 과거 독일이나 오늘날 한국과 같이 일본도 분단국이 되었을지도 모른다.

맥아더가 그의 부하들에게 집중했던 이유는 자신도 승리의 정의를 끝까지 지키기 위해서였다. 최종적으로 그의 부하들이 승리할 수 있도록 솔선하여 행동했다. 앞으로 제시하는 교훈에서 볼 수 있듯이 맥아더는 부하들이 승리하려는 의지를 스스로 고취시키는 리더십을 발휘했다.

맥아더는 주어진 경기상황 속에서 어느 풋볼 팀의 패배를 승리로 바꾸는 교수의 이야기를 들은 후 웨스트포인트 참모장인 윌리엄 가누(William Ganoe)에게 다음과 같이 신중하게 말한 적이 있다.

"말로만 패배를 승리로 둔갑시킬 수는 없네. 명백하고 치열한 노력을 통해 쟁취하고 어떠한 상황에서도 이길 수 있다는 정신, 그리고 능력을 위해 희생하는 자기헌신이 필요하다네. 무승부는 패배나 다름없다는 것도 명심하게."

승리에 대한 맥아더의 집중은 삶을 마감할 때까지 계속되었다. 1962년, 웨스트포인트의 마지막 연설에서 맥아더는 세계에서 일어나고 있는 급격한 변화를 묘사하면서 다음과 같이 사관생도들에게 말했다.

> 변화와 발전의 물결이 휘몰아치는 가운데 여러분의 임무는 변함없고 결정적이며 거역할 수도 없다. 전쟁은 승리하는 것이다. 군인에게 전쟁의 승리 이외의 것들은 부산물일 뿐이다. 여타의 모든 공공목적, 공공 프로젝트 그리고 공공 수요들은 그 규모에 관계없이 다른 이들이 해결방법을 강구할 것이다. 제군들은 오로지 전투를 하기 위해 훈련하는 프로정신을 지녀야 한다.

★★★★★

"전쟁에서 승리를 대신하는 것은 존재하지 않는다."

생각해보기

- 여러분 조직에서 성공이란 무엇이라고 정의합니까?
- 조직원들이 승리하고자 하는 의지에 관하여 대화를 나눕니까?

04
상황 파악

전략은 검증된 원칙을 기반으로 세울 수 있지만 하나의 원칙에만 의존할 수는 없다. 조직운영에 있어서 환경은 반드시 전략적으로 고려되어야 하는 것이다. 리더들이 무지 상태에서 성공적인 전략을 기대하는 것은 무리가 있다.

맥아더는 제2차 세계대전 중 참모로 근무할 당시 이러한 원리를 이해하고 잘 응용하였다. 프랑스의 최전선 지휘관으로서 명성을 드높이고 있으나 허세 부리지 않으면서 고의로 적의 위험에 노출시키기도 하였다. 1918년 2월 26일, 적군과 최초로 교전했을 때를 다음과 같이 묘사하고 있다.

> 나는 우리 사단이 어떠한 병력과 맞서고 있는지 두 눈으로 직접 확인할 필요를 느꼈다. 승리를 위해 완벽한 계획을 세우고 안전한 원칙에 의해 그 계획을 시행하는 것이 바람직

하다. 만약 그 계획이 아군의 화력, 전투지형 그리고 적군의 대응능력을 고려하지 않는다면 혼동과 함께 실패할 가능성이 높다. 드베즐레어(de Bazelaire) 장군은 독일군들을 포획하기 위해 프랑스 공습군과 합동작전 하기를 주저했다. 나는 그에게 전투 상황을 직접 볼 수 없다면 전투의 패배 가능성이 높아질 것이라고 솔직하게 말했다. 그리고 그는 나를 충분히 이해했고 결국 승인했다.

맥아더의 지휘체계는 상향되었고 정보의 확보는 언제나 우선순위가 되었다. 제2차 세계대전에서 남서태평양 지휘관이었던 그는 정보전략처(OSS)[1] 및 CIA 관계자 윌리엄 와일드빌 도노반(William Wild Bill Donovan)이 은밀하게 제공하려던 정보도 거절했다. 그 이유는 맥아더 스스로 정보원들을 배치하여 자신의 지휘체계 아래 정보 확보가 신속히 운영되도록 통제했기 때문이다.

호주에 도착한 후 유효 정보의 부족함을 발견한 맥아더는 다양한 정보운영체계를 확립하기 위해 노력했다. 그 중 하나가 연합군의 번역 및 통역 업무를 확대하는 것이었다. 1천 4백 명 이상의 일본 전쟁포로들을 심문하고 2천만 장 이상이나 되는 적의 문서를 번역할 통역자나 번역자들이 4천 명으로 크게 증가했다. 연합정보국은 적의 전선 배후에서 250가지 이상의 비밀 임무를 수행했다. 연합지리부는 약 20만 장의 지형연구, 편람 그리고 특별보고서를 작성하여 본부와 야전에서 맥아더의 전투작전을 지원했고 중앙정보부도 일본의 암호를 찾아 적의 문서를

---

1) OSS는 Office of Strategic Services의 약어이다.

판독하는 데 일조를 해주었다.

또한 맥아더는 호주 해양감시국의 폭 넓은 협조를 받았다. 1939년 9월에 확립된 해양감시망은 '정글의 금광산업자, 코프라(copra)[2] 무역업자와 경작자, 선교사, 전신운용자 그리고 행정공무원'들로 구성되었다. 그들은 단독으로 또는 소그룹으로 일본 배후에서 무선전신과 같은 방법을 사용하여 적의 행태를 수시로 보고했다. 1950년, 맥아더는 적의 군사정보를 제공해 주기 위하여 희생한 그들을 기억하면서 다음과 같이 언급했다.

"그들은 과달카날(Guadalcanal)과 툴라기(Tulagi) 지역[3]에서 연합군 승리에 많은 도움이 되었고, 특히 글로스터봉(Cape Gloucester)의 상륙과 함께 뉴브리튼(New Britain) 작전을 위한 결정적 요인이 되었다."

맥아더가 남태평양 섬에서 수행한 많은 작전들이 수많은 정보에 의존했으나 전쟁 후 비밀문서들의 공개까지는 알려지지 않았다. 그러나 비스마르크해 전투(Battle of the Bismarck Sea)[4] 후 일본의 문서로 가득 찬 구명보트가 굿이너프 섬(Goodenough Island)에서 발견되었을 때 보다 많은 정보의 출처를 획득할 수 있었다. 연합군의 번역 및 통역부는 그 문서가 일본 육군장교 4만 명의 목록

---

2) 열대 야자수의 과육을 말린 것

3) 1942년, 미드웨이 해전에서 대패한 일본군은 곧바로 과달카날 섬에 상륙하여 항공작전 준비에 들어갔다. 과달카날은 솔로몬 군도 남단의 가장 큰 섬으로 일본군은 여기서 미군의 아크라인을 차단할 계획이었다. 그러나 미군은 과달카날을 기습상륙[(위치타워(Watchtower)계획], 일본군을 격퇴하였다. 미드웨이 해전과 더불어 과달카날 전투의 승리는 미국이 태평양전쟁의 제해권을 장악하는 전환점이 되었다.

4) 개전 초 일본이 점령한 남태평양 군도(비스마르크 군도와 더불어 솔로몬 군도)의 점령은 아크라인을 차단하는 효과가 있다.

과 태평양에 위치한 적의 부대 위치와 전력을 조사하는 데 사용되었다고 분석했다. 맥아더는 유명한 우회작전(제9장 참조)을 시행할 때 이 자료를 유용하게 활용한 것이다.

비스마르크해 전투는 일본 육군의 수로암호를 판독함으로써 촉진되었다. 1943년 2월 말, 적의 명령을 차단하고 암호를 판독한 결과 뉴기니(New Guinea)에 위치한 전력을 강화하기 위해 적군의 대이동이 전개될 것이라는 정보가 본부로 입수되었다. 감시 항공기는 적군의 호송대 위치를 포착했고 3월 3일, 조지 케니(George Kenney) 장군이 지휘한 공군은 그들을 공격했다. 연합군의 손실은 전혀 없었던 반면에 적의 함정들이 거의 모두 파괴되고 몇천 명의 적군도 사살되었다.

맥아더의 정보사용은 전쟁과 적의 동향을 파악하는 데만 제한되어 있지 않았다. 리더는 조직 내부가 어떻게 운영되고 있는지 항상 인지해야 한다. 웨스트포인트 학교장으로 재직하는 동안 맥아더가 참모장 가누(Ganoe) 장군에게 질문한 것만 보아도 알 수 있다.

> 'P.R.'이 무엇을 뜻하는지 아는가? 바로 '자발적 확인'(Personal Reconnaissance)이다. 야전 지휘관이 부대배치, 무기 설치상태, 그리고 필요한 사항의 유무에 대해 직접 알지 못한다면 직무태만이나 다름없는 것이다. 리더의 자발적인 세부 확인은 군 외의 조직에도 반드시 필요한 사항이다.

★★★★★

"나는 적을 직접 볼 수 없다면 그들과 싸울 수 없다."

생각해보기

- 무지한 상태에서 전략을 세우는 함정에 빠지는 경우가 있습니까?
- 조직의 전략적 계획과정을 더욱 효과적으로 알리기 위해서 어떠한 경쟁력 있는 시장 정보를 활용합니까?

05
가능한 모든 방법을 동원하라

과거 또는 현재의 제한성에 얽매이는 전략은 실패로 이어질 가능성이 높다. 위대한 리더는 과거에서 미래로 가는 경계선을 넘는 비전을 세워 비로소 창조적 도약이 가능하게 되는 것이다. 맥아더는 승리를 위해 '가능한 모든 방법'을 사용하라고 강조하고 있다.

제1차 세계대전에서 맥아더는 자신의 원칙이 확고한 군인으로서 전쟁사의 분수령과 같은 존재였다. 군 리더들이 새로운 전쟁에서 기존의 방법에 얽매일 때 결국 많은 사상자가 발생되곤 했다. 1920년, 그는 웨스트포인트에서 다음과 같이 기고한 바 있다.

> 전쟁이란 한 국가 전체가 무장이 되는 중대사이다. 소규모 전투에서 그동안 성공적이었던 대규모 전쟁 방식을 적용하는

것은 부적절하다. 기본적인 전쟁규칙은 적합성과 즉각 시행이 중요하고 이것은 미래전에도 동일하게 적용될 것이다.

제2차 세계대전 중 남서태평양에서 '종전의 방식'은 제한적이었다. 맥아더는 호주의 전투를 마무리하고 필리핀으로 다시 돌아가고자 했다. 이 두 국가 사이는 미 본토 크기와 거의 동일하고 디딤돌과 같은 여러 섬들로 구성되어 있다. 또한 임무 수행의 장기적인 어려움은 무엇보다도 병력과 장비의 부족을 들 수 있다.

맥아더는 승리를 위해 그가 처한 상황에서 최선의 방법을 찾기 위해 고심했다. 가장 인상적인 전략 중의 하나는 육군, 해군 그리고 공군이 긴밀하게 통합된 '3군 합동작전'의 개념이었다. 이와 관련하여 맥아더는 전후 일본점령기 성공의 원동력을 다음과 같이 밝혔다.

> 지상, 해상 및 공중의 완벽한 통합 개념으로 승리할 수 있다. 서로 다른 전력을 통합하는 각 군의 활용은 적에게 치명적인 영향을 준다. 우리에게 주는 교훈은 전쟁의 성공이 전력의 완전한 통합에 의존한다는 것이다. 전력의 통일이 국방의 강화를 의미하는 이유는 단독 작전이 아닌 팀워크를 발휘할 때 승리를 쟁취할 수 있기 때문이다.

3군 합동작전[5]의 개념은 적의 방어선을 무너뜨릴 뿐만 아

---

5) 합동작전(joint operation)이란 동일국가의 육·해·공군 중 두 개 군 이상의 부대가 공동의 작전목표를 달성하기 위하여 상호협동으로 실시하는 군사활동을 말한다.

니라 전구(戰區)의 자원을 확보할 수 있는 기회도 부여한다. 1942년 말, 맥아더는 뉴기니에서 공격작전을 개시하였으나 북동 해안의 일본군 공격과 함께 오언스탠리 산맥(Owen Stanley Range)[6]에서 대규모 지상수송에 필요한 병력과 장비를 이동하는 데 충분한 함정의 확보가 어려웠다. 결국 맥아더는 군수지원을 위해 조지 케니(George Kenney) 장군에게 도움을 요청했다.

케니가 지휘하는 공군은 효과적인 전투 방법을 사용하였으며 전투 초기상황을 케니는 다음과 같이 묘사하고 있다.

> B-17 항공기는 105mm 곡사포, 트랙터, 사수 8명, 탄약 50발, 공구함과 일본 항공기의 공격으로부터 보호되는 위장망을 싣고 세븐마일 비행장(Seven Mile Airdrome)에 착륙했다. 맥아더 장군은 비장전된 포를 보러 가면서 내게 미소를 보였다. 어떠한 방법으로 1만 파운드의 포, 탄약 등 그 밖의 다양한 장비들을 B-17에 모두 실었는지는 알 수가 없다. 포대용 포 3발을 운반하기 위해 그날 밤 브리스베인(Brisbane)으로 돌아갔다. 다음 날 아침, 2개의 DC-3는 '넘버원에서 도보두라까지'(Number one to Dobodura)라는 이름의 포를 탑재시켰다. 항공기를 활용한 장비운반에 한결 자신감이 생긴 것이다.

낙하산 부대는 나드잡(Nadzab)과 뉴기니 탈환을 위해 지원되었는데 케니는 낙하산으로 활용한 포 인도를 시도하기도 했다.

---

6) 뉴기니 섬 중앙고원의 지대

호주 출신 베시(Vasey) 장군은 나드자브를 맹포격하는 것은 모든 적을 격퇴할 수 있을 것이라고 했다. 착륙하는 낙하산 요원들을 지원하며 포를 사격했다. 우리는 포 공급을 추가적으로 요구했고 낙하산을 사용하여 주요부품을 낙하시킬 수 있는 지도 확인했다. 그날 오후, 몇 차례의 연습낙하 후 실제로 낙하산에 25파운드의 총포를 인도했다.

이와 같이 공중지원의 혁신은 많은 관심을 불러일으켰다. 1943년 2월 16일, 처칠은 맥아더에게 "복잡한 군수조달 문제를 해결하기 위해 수송기 운용에 특별한 관심을 가지고 지켜보았다."는 전신을 보냈다. 목표를 달성하기 위해 모든 수단을 사용하는 것은 제2차 세계대전까지 맥아더의 주요 전략이 되었다. 새로운 전술 개발과 함께 경중전차는 태평양 정글에서도 사용되었다. 새로운 폭발기술과 사용되는 장비는 저단계 및 '도약-폭발'을 가능하게 했다. 찰스 린드버그(Charles Lindbergh)[7]도 전쟁의 승리를 도왔다. 1944년, 맥아더와 케니는 장거리 조종사를 알게 되어 P-38 전투기 거리를 증대하기 위하여 도움을 받았다. 린드버그는 항공기 거리를 400마일에서 최대 850마일까지 증대할 수 있는 방법을 알려주었다. 그 결과 일본군이 사용하는 석유의 40%를 제공하는 발리크파판(Balikpapan)과 보르네오(Borneo)에 위치한 정유공장을 공습하는 효과적인 폭격이 가능할 수 있었던 것이다.

---

7) 1927년, 최초로 대서양 무착륙 횡단에 성공한 미국 조종사이다.

★★★★★
"중요한 것은 즉각 시행하는 것이다."

생각해보기

- 여러분의 전략 계획은 믿음과 주어진 상황에 따라 제한됩니까?
- 조직 목표를 달성하기 위해 현존자원을 어떻게 활용합니까?

06
주어진 환경의 장악

모든 조직은 시장, 경제 또는 군대와 같이 특수하게 주어진 환경의 일부이다. 그 환경 내에서 운영되는 조직력이 성공을 결정짓는 주요 요인이라고 할 수 있다. 리더는 환경을 장악하는 능력을 이해하는 책임을 지니는 것이다.

맥아더는 조직이 운영되는 환경을 '중립적'이라고 이해했다. 즉 본래 환경은 특정한 경쟁 조직에 편향되지 않지만 주어진 환경에 잘 적응하는 리더는 조직을 위해 큰 이익을 창출할 수 있다.

제2차 세계대전에서 맥아더의 첫 번째 업무는 병력을 환경에 적응시키는 것이었다. 특히 전염병을 비롯한 갖가지 질병은 파푸아 뉴기니에서 매우 중요한 문제였다. 보병 장교로 근무했던 전 국방장관 캐스퍼 와인버거(Caspar Weinberger)는 "우리 부대원들 중 70%는 말라리아에 전염되었고 나도 그 중 한 사람이었다.

처음에 우리는 어떻게 이러한 위기를 극복해야 할지 당황스러웠다. 일본군의 공격에 맞서 어떠한 방어전투도 불가능했을지도 모른다."고 술회하고 있다.

말라리아가 병력에 큰 악영향을 끼친다는 것을 간파한 맥아더는 1943년 초, 열대성 기후의 의료, 위생 그리고 예방에 관한 연합고문위원회를 발족시켰다. 이것은 질병퇴치를 위해 전략을 수립하고 대규모 예방 프로그램을 시행한 호주와 미국 출신 의학전문가들로 구성된 조직이었다. 그 결과 15개월 내에 말라리아 전염은 95%까지 감소할 수 있었다.

> 파푸아 전선에서 말라리아 모기는 어느 다른 요인보다 전투력을 감소시킨 원인이 되었지만 우리는 마침내 이러한 위협을 극복했다. 일본의 노력은 그리 효과적이지 못했고 그들의 병력 손실은 상당히 컸던 것으로 예상된다. 전쟁에서 환경은 중립적이지만 적군이 환경적 위험성을 극복하지 못했다면 또 다른 아군을 추가적으로 보유하게 되는 것이나 다름없는 것이다.

맥아더는 태평양전쟁에서 일본 진지로부터 훨씬 뒤쪽에 위치함으로써 전투를 하기 전 적이 정글과 먼저 싸우도록 유도했다. 다음은 1942년 8월, 로버트 화이트(Robert White)가 본부로 보고한 내용이다.

> 맥아더는 '정글을 또 다른 아군으로 만들자'고 주장했다. 우리는 일본군의 발길이 닿지 않는 곳으로 이동하여 경계

선을 구축했고 적이 정글에서 주둔할 수 있도록 했으며 아군을 공격하기 위해서는 멀리 이동하도록 유도했다. 적들이 우리 진영으로 진격했을 시점에는 마치 지상의 깊은 굴에서 나온 것 같은 모습을 했다. 그들은 초췌했고 질병에 시달린 것 같아 보였다. 정글은 우리를 위한 또 다른 아군이었던 것이다.

기상조건은 태평양에서 또 다른 핵심적 환경요인이었는데, 특히 레이테(Leyte) 전투에서 많은 어려움을 겪었다. 특파원 윌리엄 던(William Dunn)은 다음과 같이 설명하고 있다.

게릴라 또는 기상학자조차 이해하기 힘들었던 것은 우리가 예상하여 대비했다고 믿었던 몬순 기후였다. 두 차례의 태풍이 몰아치면서 한번에 50인치의 비가 쏟아져 10주 내에 전투지는 4피트 이상의 빗물로 가득 찼다. 이러한 악조건은 섬의 85%를 점령하는 데 2주 이상이 소요되고 나머지 15%를 위해 거의 2개월이나 기다려야만 했다.

맥아더는 이러한 기상조건도 아군으로 만들기 위해 노력했다. 뉴기니 라이(Lae) 상륙작전에서 조지 케니는 당시의 날씨를 "비티아즈 해협(Vitiaz Straits)의 안개가 너무 짙은 상황에서 라바울(Rabaul)로부터 출격한 일본 항공기들은 시야가 흐린 관계로 아군의 상륙을 저지할 수 없었다."고 기억했다.

맥아더는 태평양 섬들의 지형을 잘 활용했다. 그것은 1930년대 말, 필리핀 방어 계획에 잘 나타나고 있는데 아래와 같은 전략적 원칙에 기반을 둔 것이다.

지리적 요인은 고립된 필리핀인들에게도 방어적 장점으로 활용되었다. 산 모양의 섬에 대규모 병력을 상륙시킨다는 것은 성공률이 낮았고 상당히 까다로운 일이었다. 대략 700만 명의 필리핀인들이 거주하는 루손(Luzon) 지역은 적군이 상륙할 수 있는 두 곳의 유일한 해안가로 이루어졌다. 적이 만반의 준비가 되었더라면 그들의 공격을 막아내지 못했을지도 모르는 이 지역은 아군의 필사적인 방어선에 의해 지켜졌다.

환경은 필리핀 방어에 도움이 되었다. 지형의 60%는 거대한 밀림으로 구성되어 있으므로 어떠한 강한 군대라도 그 침투가 쉽지 않기 때문이다. 산악 지형, 원시림 거기다가 열악한 통신 체계 아래 방어군은 작전 전구를 형성하고 여러 현대 무기들로 무장한 강한 적군과 대치했다.

군도의 여러 섬은 유사한 방어 가능성을 지닌다. 그러나 대규모 병력이 상륙할만한 장소는 존재하지 않는다. 그래서 항상 해안가에 주둔한 병력이 공격부대의 상륙을 저지할 수 있는 것이다.

동일한 조건에서는 더 많은 병력으로 승리할 수 있다는 것을 부정하지 않는다며 다음과 같이 덧붙이고 있다.

"전쟁 상황에서 동일한 조건은 존재하지 않는다. 약체로 보이던 상대가 승리를 하는 놀라운 반전이 생기는 경우를 전쟁사에서도 확인할 수 있다."

★★★★★

"적 이전에 환경을 장악하면 새로운 아군을 획득하는 것과 같다."

생각해보기

- 조직 운영에 있어서 환경의 원칙적인 조건은 무엇입니까?
- 경쟁우위를 확보하기 위해 환경적 조건을 어떻게 사용합니까?

07
기습작전의 활용성

　기습은 전략적으로 매우 효과적인 무기와 같고 조직계획을 성공시키는 결정적 요소가 될 수 있다. 이것은 경쟁자들을 혼동시키고 방어선을 무너뜨리며 적의 무리한 공격도 유도한다. 기업적 측면에서는 고객들을 기쁘게 하고 충성심을 보일 수 있으며 시장점유도 많이 확보할 수 있다. 현명한 전략가들은 계획을 수립할 때 기습의 요소를 포함시킨다.

　기습은 군사 전략적으로 이미 확립되었고 전투적으로도 증명된 사실이므로 맥아더가 기습의 이점을 굳게 믿었다는 것은 그리 놀랄 만한 일이 아니다. 앞에서 살펴본 바와 같이 인천상륙작전 계획은 기습적 요소에 입각한 것이다. 작전 승인을 위한 중대한 회의 중 맥아더는 계획을 반대하는 사람들에게 기습력의 장점에 관해 다음과 같이 상기시켜주기도 했다.

불가능해 보이는 작전이라도 기습의 이점을 통해 가능할 수 있을 것이다. 적 지휘관은 우리가 그러한 무모한 공격을 단행할 것이라고 생각하지 않기 때문이다. 기습은 전쟁의 승리를 위해 가장 중요한 요인 중의 하나가 될 수 있다.

맥아더는 모든 작전계획에 기습을 포함시키려고 노력했다. 1942년 초, 코레히도르 섬 탈출계획을 수립할 때 가장 확실한 수송수단은 잠수함이었다. 그러나 그에게는 전혀 새로운 아이디어가 있었다고 PT보트대대 지휘관인 찰스 버클리(Charles Bulkeley) 제독은 설명하고 있다.

> 맥아더 장군은 정말 천재인 것 같다. 그 어느 누구도 모터 어뢰보트인 PT보트를 타고 탈출한다는 것을 예상하지 못했을 것이다.
> 　PT보트를 사용한 이유는 이것이야말로 그를 포위하여 생포하려는 일본군을 완벽히 따돌릴 수 있는 유일한 방법이라고 판단했기 때문이다. 그 어뢰보트에는 맥아더와 수행장교, 아내 그리고 아이가 탑승하고 있었으나 아무도 그들을 눈치 채지 못했다. 당시 일본군은 해안에 22~27대의 함정을 정박시켜 두었고 해상지뢰와 함께 지뢰밭도 있었다. 감시가 철저한 항구에서 탈출한다는 것은 매우 위험한 일이었지만 적군 중 아무도 예상하지 못했다.

전쟁 종반에 이르러 마닐라에 주둔한 연합군 수가 감소함에 따라 맥아더는 놀랍게도 산토 토마스 대학교(Santo Tomas

University)에 갇혀 있던 4천 명의 죄수들을 석방시켰다. 전쟁포로를 몰살시킨다는 일본군의 실체를 알고 있던 그는 마닐라 북부 기움바(Giumba)에 위치한 제1기갑부대의 지휘관인 버논 멋지(Vernon Mudge) 장군에게 "마닐라로 가시오. 일본군이 있는 곳을 우회해서라도 산토 토마스에 갇힌 죄수들을 석방시키시오."라고 지시했다. 윌리엄 던 특파원은 계속되는 그 작전을 아래와 같이 묘사하고 있다.

> 800명밖에 되지 않는 병력으로 최소한 적 2개 보병사단이 장악하고 있는 1백만 명 이상의 주민이 거주하는 전투지로 보내는 것은 전쟁사 어디에서도 찾아볼 수 없을 것이다. 전투 자체가 불가능하다고 일본군도 동일하게 판단했다. 그러나 이것이 바로 맥아더의 추진력을 보여 주는 일면이다. 오랫동안 동양 문화에 관심을 가지고 연구를 했던 그는 일본군이 아군의 얼마 되지 않는 병력이동을 대수롭지 않게 지나칠 것이라고 확신했다.
>
> 적군은 아군의 제1기갑여단이 도시를 유유히 통과하는 것에 놀라움을 금치 못했다. 일본군의 반격이 시작되었을 때는 이미 진지가 점령되었고 제37보병대가 도시 전체를 장악한 뒤였다.

맥아더는 기습 계획을 세우고 그 성공을 단순히 행운에만 맡기지는 않았다. 여러 방식을 사용하여 적에게 공격의도를 노출되지 않도록 노력했다. 뉴기니의 홀란디아(Hollandia) 공격을 준비하기 위해 제5공군은 한사만(Hansa Bay)과 위왁(Wewak)까지도 중요 목표로 폭격하기 시작했다.

PT보트 급습은 시행되었고 모형 낙하산도 투하되었다. 비밀 임무를 수행하는 가운데 잠수함은 대체 표적으로 구명 뗏목을 방출시켰다.

적은 총괄적인 아군의 공격이 위왁과 한사만 지역으로 집중될 것이라고 믿기 시작했다. 아군의 실제 공격지점을 눈치 채지 못했던 것이다.

1944년 4월 22일, 홀란디아 침투가 시작된 지 4일 후, 이 지역을 성공적으로 점령할 수 있었다.[8] 미군은 160명, 일본군은 3천 3백 명이 전사했다. 적군 7천 명은 정글을 지나 140마일 거리에 위치한 일본진지로 달아났으나 정글의 위험 속에서 단 1천 명만이 생존했다고 기록되어 있다.

★★★★★

"기습은 전쟁의 승리를 위한 결정적 요소이다."

생각해보기

- 경쟁자는 여러분이 미래에 어떠한 행동을 취할 것이라고 예상합니까?
- 조직 목표를 달성하기 위하여 전혀 예상 밖의 행동을 할 수 있습니까?

---

8) 1944년 맥아더가 뉴기니 남단 파푸아의 홀란디아항을 점령함으로써 기존의 일본 방어선을 계속 좁히고 필리핀 탈환에 가까워지는 전투가 된다.

08
이동속도를 배가하라

지난 10년 동안 조직의 이동속도에 대한 필요성은 널리 강조되고 있다. 둔감한 거대 기업들은 결국 불황을 맞이하거나 치열한 시장에서 사라지고 말았다. 사회와 기술변화에 신속히 대응하는 회사만이 자본주의 시장을 선점할 수 있었던 것이다. 성공적인 조직의 리더는 평소 맥아더가 강조하던 이동속도의 중요성을 가슴 깊이 새길 필요가 있다.

맥아더는 속도가 전략적 성공의 주요 요소라고 주장했다. 1935년, 육군 참모총장으로 재직할 때 기동성의 증가에 대하여 다음과 같이 기록한 바 있다.

현대전의 방어력은 매우 뛰어나므로 적의 방어선을 뚫는 것은 쉽지 않지만 기습작전으로 적의 견고한 방어를 무너뜨릴 수 있다. 그 기습공격의 성공의 필수적인 요소는 기동성이다. 현대 사회는 신속한 의사결정의 중요성이 대두되고 있다. 군 조직도 이러한 경향에 발맞추지 못한다면 발전보다는 오히려 퇴보하여 도태될 수 있다.

그는 군에서 수행하는 모든 작전은 신속한 기동성에 기반을 두어야 한다고 생각했다.

군 조직은 반드시 기동성 중심의 화력을 지녀야 한다. 군의 효과성 측면을 볼 때 신속한 이동보다 중요한 것은 없다. 전쟁에 동일하게 적용되는 물리학적 법칙 중의 하나는 힘은 질량에 비례하고 속도의 제곱에 증가한다는 것이다. 제대가 크고 작은 조직, 신속한 기동성을 지닌 전투부대의 개발과 완전성, 수송, 정비, 통신 및 보급선에 있어서 그 목표는 최상의 기동성이어야 한다.

기술의 활용은 병력의 이동속도를 증가시키기 위한 핵심요소다. 대공황기에 감축된 국방예산으로 많은 제약이 있었으나 기갑, 포병 그리고 보병부대의 기계화를 통해 기동력을 재고했다. "미래군의 효율성 측면에서 보면 이동속도의 배가보다 중요한 것은 없다."

맥아더는 전차, 보급로의 자동화 그리고 공군력의 확대도 강조했다. "병력의 이동속도와 유연성에 있어서 공군력의 역할이 매우 크다."

제2차 세계대전 중 맥아더는 전략적 공격에서 속도의 중요성을 설파했다. 1942년 말, 버나(Buna) 전투에서 직면한 어려움을 극복하기 위해 파푸아 뉴기니에 있는 지휘관들을 교체하기에 이르렀다. 맥아더는 신임 지휘관 로버트 아이첼버거(Robert Eichelberger)의 병력 기동성이 저조함을 확인하고 다음과 같이 말했다.

> 시간의 흐름에 따라 위험도 증가하는 법이다. 무엇보다도 기억해야 할 우리의 목표는 버나를 손에 넣는 것이다. 다른 어떠한 사항도 현재로서는 부차적인 것에 불과하다. 이 목표를 달성하는 데 특별한 비법이 있는 것이 아니라 오로지 전투수행으로부터만 얻을 수 있다.
> 장군이 준비가 되었을 때 신속히 적을 공격하길 바란다. 이전에도 언급했듯이 시간이 지날수록 우리는 불리해진다.

1945년, 루손 지역을 재탈환하기 위하여 마닐라로 진격하던 맥아더는 공격 속도를 더욱 증가시켜 나갔다. 워터 크루거(Walter Krueger) 장군이 이끄는 제6육군의 기동력 저하에 실망한 나머지 맥아더는 크루거의 병력보다 마닐라로부터 50마일 가까운 곳에 본부를 설치했다. 그는 참모진의 반대에도 불구하고 지프를 타고 위험전선을 둘러보며 장병들을 격려했다. 1월 30일, 다음과 같은 메시지와 함께 크루거를 지적했다.

"오늘 칼룸피트(Calumpit)로 이동하는 부대원들의 기동력과 적극성은 눈에 띌 만큼 부족해 보인다."

아울러 그는 세 개 부대로 각각 마닐라를 진격하도록 지시했고 과연 어느 부대가 가장 먼저 성공할 수 있을지 지켜보았다. 그 후에 동남아시아 전구 지휘관이었던 마운트배튼 경(Lord Mountbatten)은 "마닐라로 진격하는 병력의 속도와 도시 장악력은 놀라울 정도로 대단했다."고 술회한 바 있다. 맥아더는 신속한 기동력의 중요성을 다시 한 번 강조했다.

> 전쟁사에서 패배는 단 두 단어, '너무 늦다(Too Late)'로 요약될 수 있다. 적의 목적을 이해하는 데 너무 늦는 것, 치명적인 위험을 인지하는 데 너무 늦는 것, 전투를 준비하는 데 너무 늦는 것, 방어를 위한 병력의 소집이 너무 늦는 것, 그리고 전우를 위해 함께 해주는 시간이 너무 늦어버린 것도 의미한다.

★★★★★

"하나님도 신속하지 못한 신도들의 구제에 어려움을 겪을 것이다."

생각해보기

- 제품과 서비스를 신속하게 시장으로 출하함으로써 이윤을 확대할 수 있습니까?
- 신속함의 중요성을 조직 내에서 어떻게 공유할 수 있습니까?

09
선제공격

　기업의 성공은 새로운 시장을 선점하는 장악능력에 달렸다. 그러나 시장 진출을 위해 경쟁하지 않는 기업은 거의 없다고 볼 수 있고 자본주의 아래 이익을 창출하는 시장은 매우 경쟁적인 것이 현실이다. 현명한 리더는 조직의 강점과 경쟁 조직의 약점을 최대한 활용하는 창조적 전략을 도모하지만 경쟁의 전면전은 피하는 편이다.
　제2차 세계대전 중 맥아더는 남서태평양전쟁에서 '방어 시 적극적 공세 행동', '립 프로깅'(leap-frogging) 또는 '우회전략'(bypassing)을 활용했다. 그는 단순하게 적의 굳건한 진지를 직접 공격하는 것을 지양했다. 대신 일본의 섬 기지와 같이 상대적으로 취약한 방어선 뒤로 이동하여 파괴하거나 적의 통신 또는 보급로를 차단시키는 것이다. '3군 합동전투의 개념'과도 유사한데 이러한 전략을 맥아더는 다음과 같이 묘사하고 있다.

전쟁체계에 있어서 실용적으로 적용될 수 있는 것은 다양하다. 아군의 큰 피해가 예상되는 전면전을 피할 것, 일본의 강한 군사구역을 우회하면서 그들의 보급로를 차단할 것, 그리고 적을 고립시켜 그들의 식량배급을 불가능하게 할 것 등이다. 또한 미 프로야구 명예의 전당 회원이기도 한 윌리 킬러(Willie Keeler)가 평소 강조했던 것과 같은 '적보다 먼저 공략하라'는 군의 병력이동과 작전의 기본개념이다.

맥아더는 태평양전쟁에서 전면전은 불가능하다는 것을 재빨리 인식한 나머지 1943년 9월 21일자의 한 신문을 빌어 다음과 같이 설명하였다.

피할 수 없는 대량피해가 예상되고 적과의 전면전을 뜻하는 '섬 폭풍'(island hopping)이라는 개념이 있다. 현명한 선택은 적의 수중으로 넘어간 섬에 주둔한 대규모 병력과 무모한 전투는 방지되어야 하는 것이다. 엄청난 병력손실과 전쟁의 지속성[9]을 지닌 '섬 폭풍'은 그다지 효과적이지 않다. 상황이나 조건의 변화에 따라 정면승부가 아닌 새로운 해결책이 필요한 것이고 신무기가 개발되면 새로운 응용법이 창조되어야 하는 것이다.

영국령 섬 라바울에 위치한 일본군 진지를 우회하라는 합참의장의 지시 이후에 맥아더는 '선제공격하라'의 개념을 적용했다.

---

9) 일부 대중매체는 전쟁에서 승리하기 위해 최대 1949년까지 지연될 것이라고 예상했다.

다음은 부관 시드 허프(Sid Huff)가 맥아더와 나눈 전략에 관해 논의한 사항이다.

한 회의 참석자는 라바울의 성공적인 공격을 위해 과달카날 전투(Battle of Guadalcanal)보다 더 많은 연합군이 필요하고 그만큼 많은 부상자가 속출할 것이라고 예상했다. 항공력 전문가들도 현재보다 더욱 많은 항공기가 필요할 것이라고 지적했다. 과연 어디서 추가적인 항공기, 함정 또는 보병사단을 확보할 것인가? 라바울 뒤쪽에는 또 다른 대규모의 적군 진지가 자리 잡고 있었다.

맥아더는 의자에 앉아 다른 참석자들의 이야기를 듣고 침묵을 지키며 담배 연기만 내뿜고 있었다. 앞으로 몸을 약간 숙이며 "우리의 제한된 병력으로는 이러한 지적을 받아들일 수 있는 방법이 없습니다."라고 단호하게 말했다. 그리고 장군은 침착한 목소리로 천천히 말을 이었다. "글쎄요. 앞서 제안한 방식들을 채택할 수 없다고 하는 것이 좀 더 정확하겠군요." 재떨이 모서리에 태연히 담뱃재를 털어내며 "병력만을 증강하는 단순한 방식이 전쟁에서 결코 효과적이라고 볼 수는 없습니다!"라고 덧붙였다.

초기에 많은 군사 고문들이 적의 각 주둔지가 우선 파괴되어야 한다고 주장하며 맥아더의 입장에 반대했다. 그러나 장군은 그들의 무지함을 무시했다. 대신 적의 약한 방어선을 선택적으로 공격했고 적 병력이 집중한 지역을 우회했으며 고립된 지점을 폭격하여 적의 사기를 저하시켰다.

사실, 라바울은 한 번도 침략되지 않았다. 1943년 12월에서

1944년 4월 사이 '선제공격' 작전 아래 14만 일본군이 고립되었다.[10] 전쟁이 종식될 무렵, 태평양 곳곳에 있던 몇백만 명의 일본군들은 궁지에 몰렸다. 전쟁 이후 일본의 참모장교였던 마스치 주이오(Matsuichi Juio) 대령은 그때 상황을 다음처럼 술회하고 있다.

> 이것은 일본군이 가장 경계했던 전략이었다. 미군은 최소한의 손실로 우리의 약한 방어선을 공격했고 일본 진지로 연결되는 보급로를 차단했다. 우리들은 모두 굶주림에 고통받기 시작했다. 일본군은 독일과 같이 전면전을 선호하지만 미군은 이와 다르다는 것을 깨달았다. 마치 물속으로 함정을 가라앉게 하기 위해 가장 약한 부분을 찾는 것과 같이 우리를 깊은 곤란에 빠뜨렸다.

★★★★★

"난공불락의 일본군 요새들은 하나씩 무력해져 거의 가치 없게 되었다."

생각해보기

- 경쟁사는 시장의 어느 영역에서 가장 취약하다고 판단됩니까?
- 신개발 시장의 안전한 발판을 구축하기 위해 '선제공격하라' 전략을 도입할 수 있습니까?

---

10) 라바울은 과달카날 섬으로 이어지는 비스마르크 군도로 일본군의 최대 전진기지이다. 미드웨이와 과달카날 전투에서 승리한 미군은 맥아더에 의하여 1943년 1월, 호주 북단 파푸아를 점령, 고나와 부나지구를 구축하고 장차 모레스비를 노리면서 라바울에 있던 일본군을 근 1년간의 전투 끝에 고립시켰다.

⑩ 적을 포위하라

'경쟁사보다 먼저 공략하라'의 교훈은 시장에서 입지를 굳히기 위한 경제전략을 가르쳐주지만 더욱 큰 가치는 포위작전을 지원해준다는 것이다. 포위란 표적을 둘러싼 후에 적의 병력 또는 시장을 장악하는 것이다. 위대한 리더는 전략적 포위작전에 집중한다.

맥아더는 '선제공격하라'의 개념을 활용하여 포위에 필요한 측면이동으로 적을 격퇴했다.

'립 프로깅'(leap-frogging)으로 명명된 이 새로운 개념은 전쟁을 위한 신전략으로써 주목 받았다. 실제로는 초기 전쟁방식을 현대적인 개념으로 재해석한 것이라고 볼 수 있고 전통적인 포위 전략을 현대전에 적합하도록 재탄생시켰다.

제2차 세계대전 중 맥아더의 전반적인 공격형태, 즉 호주의 상륙에서부터 뉴기니, 필리핀 그리고 일본에 이르기까지 성공할 수 있었던 원동력은 지속적인 포위 전략의 결과이다. 정보참모인 찰스 윌로바이(Charles Willoughby) 장군은 다음과 같이 설명하고 있다.

일본군과 전면전을 감행하기에는 병력이 부족하므로 적의 방어선에 대한 직접적인 공격은 지양했다. 유일한 희망은 적의 주위 또는 후미에 위치하여 측면공격을 하거나 보급선을 타격하는 것이었다. 기동성에 관한 맥아더의 이론은 과거 나폴레옹(Napole) 장군의 전략과 제1차 세계대전의 여러 전투와도 관련이 깊다.

맥아더는 뉴기니 해안선으로부터 홀란디아까지 구역 500마일을 2중 포위지대로 이해했다. 최초의 포위는 홀란디아를 침략하는 것으로 이루어졌다. 1944년 4월 22일, 표적에서 각각 30마일 떨어진 동편과 서편으로 상륙작전이 동시에 개시되었다. 연합군은 2중 포위작전을 수행했고 일본군은 의지할 곳 없이 전투에서 계속 패배하여 결국 깊은 정글 속으로 후퇴해야만 했다. 맥아더는 홀란디아를 점령하면서 500마일의 전략적 포위지역을 차지했다.

적의 제18육군부대 인근에 형성된 포위 고리는 솔로몬과 비스마르크의 방식과 유사하게 마당(Madang), 알릭스샤픈(Alixshafen), 한사만 그리고 위왁 구역의 뉴기니 해안까지 연결되어 있었다.[11] 동쪽으로는 호주군과 미군이 배치되었고 서쪽으로는 미군만이 주둔해 있었다. 북부 해상은 연합해군이 통제했고 남부는 사람의 발길이 닿지 않는 정글과 산맥으로 둘러싸여 있었으며 영공은 연합 공군이 장악했다. 이제 적군은 완전히 고립된 것이다.

맥아더는 이러한 포위전략을 반복했다. 전통적인 지상기반의 단독 또는 2중 포위전략과 함께 수직적 포위망을 위한 낙하산 부대를 동원했고 합동 포위망을 구축하기 위해 해상공격도 강행했다. 그는 전쟁이 끝난 뒤 포위 전략의 효과성에 대하여 다음과 같은 견해를 밝힌 바 있다.

전쟁 중 외부로부터 식량과 여러 보급품에 의존하는 적군을 완전히 봉쇄하는 것은 또 다른 군사무기로 알려져 있다. 바탄과 코로히도르에 주둔했던 아군은 오랫동안 굶주린 결과 포위하던 적군에게 마침내 항복하지 않을 수 없었다. 동일하게도 일본군은 필수 보급로가 차단당하여 저항 자체도 무의미하다는 것을 깨달았다. 결국 필리핀의 재탈환은 일본에게 치명적인 영향을 미쳤고 전통적으로 외부 자

---

11) 제2차 세계대전에 있어서 일본은 유럽보다 극동 및 태평양군도를 점령하는 데 관심을 두었다. 일본 북부 근해인 쿠릴 열도에서 동으로-미드웨이 및 웨이크 섬-먀살 제도 및 길버트 제도-솔로몬 제도-비스마르크 제도-호주 북부의 뉴기니 섬-필리핀의 서남해 말라야와 브르네오 및 수마트라를 연하는 동인도제도-먀얀마 등에 이르는 동서남북의 큰 활호 모양의 태평양 점령선을 계획하고 있었다. 미드웨이 해전, 과달카날 해전 그리고 일본의 중앙태평양 최대기지인 트럭섬을 내놓으면서(마리아나 해전) 일본군은 마침내 필리핀-대만-유구-본주-북해-쿠일 열도를 연결하는 최종 방어선을 결성하게 된다. 1944년 후반에 접어들면서 일본의 방어선은 매우 좁아진 것이다.

원에 의존하는 일본 본토마저 봉쇄위협을 당하자 전 국가적 위기가 초래된 것이다.

마지막으로 포위 전략을 활용하는 데 특별히 강조할 사항이 있다. 바로 시장 또는 경쟁사의 포위망에 근접하는 것이 전략의 성공 키워드가 된다는 점이다. 맥아더가 합동 포위를 통하여 북한군을 격퇴하기 위한 장소로 인천을 선정했던 이유를 아래와 같이 설명해주고 있다.

인천으로부터 남쪽으로 100마일 떨어진 항구 군산은 부산 방어선과 더욱 근접했으나 환경적 위험요소가 존재하지 않았다. 많은 사람들은 인천을 표적으로 선택하는 것은 그 위험성이 매우 높다고 주장했으나 맥아더는 자신의 소신을 굽히지 않았던 것이다.

실제로 적을 포위하는 것이 아니라 포위를 시도하는 것만으로 끝나버릴 수도 있다. 인천 이외의 장소를 선택한다면 적의 보급로 또는 배급소를 파괴하기 힘들 것이고 본래의 목적에 부합한 작전을 수행하기도 어려울 것이다. 미완성의 '부분적 포위'(short envelopment)는 아군에 무익하므로 차라리 시행하지 않는 것이 더 나을 지도 모른다. 포위망을 쉽게 뚫어버린 적은 굳건한 보급로와 통신선을 기반으로 오히려 반격할 수도 있기 때문이다.

★★★★★

"병력 수는 적지만 신속성이 있다면
전쟁에서 충분히 승리할 수 있다."

생각해보기

- 경쟁사를 제압함으로써 주요 시장의 거점을 효과적으로 구축할 수 있습니까?
- 여러분의 사업영역 가운데 어느 곳이 공격에 취약합니까?

11
힘의 집중

전략을 성공적으로 수행하기 위해서는 적절한 장소와 시간 그리고 노력이 요구된다. 일반적으로 병력의 집중(concentration of force) 또는 집중의 원칙(principle of mass)이라고 한다. 위대한 리더는 자신의 조직원을 언제, 어떻게 그리고 어디에 집중시켜야 하는지 알아야 한다.

맥아더는 전반적인 군사작전에 있어서 집중의 원칙을 최대한 적용했다. 이것은 많은 절대량의 자원을 활용했다는 것을 의미하지는 않으며 훨씬 더 적은 병력과 자원으로 적군의 공격에 성공한 것이다. 한 가지 예로는 그가 필리핀 레이테를 공격하기 위해 떠난 함정에서 다음과 같이 말했다.

역사상 가장 큰 함대는 총 700개의 전함을 보유한다. 가장 훈련이 잘 된 미 전투병 17만 4천 명은 세계의 어느 전사와도 전투할 준비가 되어 있는 것처럼 사기가 높다. 상륙한 병력의 규모는 섬에 주둔한 일본군의 약 절반에 해당되지만 적군은 여기저기로 분산되어 있다. 반면 우리 병력은 모두 하나로 뭉쳐 집중되었다.

실제 전투에서도 맥아더는 기동력과 기습작전을 앞세워 전력의 우월성을 보이고 일본군을 순식간에 격퇴했다.

일본군도 레이테 전투를 좋은 기회로 생각했다. 1944년 10월 20일, 맥아더가 해변에 상륙한지 이틀 후 일본 남부 지휘관 히사이치 테라치(Hisaichi Terauchi)는 '모든 병력을 동원하여 레이트에 주둔한 미군을 완전히 격퇴하라'고 지시했다.

테라치의 명령은 맥아더가 예상한 것과 일치했다. 일본군이 병력 수를 증강시킴에 따라 전투는 12월까지 계속 되었다. 그러나 아무리 수적으로 우세한 일본군이라 할지라도 맥아더를 제압하기에는 역부족이었다. 12월 25일, 야마시타(Yamashita) 장군은 레이트 전투에 더 이상의 병력을 투입할 수 없다고 선언했다. 이미 증파된 일본군과의 전투는 5월까지 지속되었고 그 중 2만 7천 명이 전사한 반면, 미군 사망자 수는 700명에 불과했다.

병력 집중의 원칙을 잘 이해한 맥아더는 여러 상황에서 일본군의 허를 찔렀다. 그는 병력을 집중시키기 어려울 경우 전투를 개시하지 않은 대신 다시 재정비하기 전까지 포위 작전을 펼쳤다. 예를 들면, 제2차 세계대전에서 조지 케니의 공군력을 활용하여 정글을 장악한 경우다.

압도적으로 병력을 집중하지만 전투가 불가능할 경우 유일한 방법은 최대한 신속히 병력을 확보하는 것이다. 그는 6·25

전쟁이 발발했을 당시와 인천상륙작전 바로 전에 이러한 상황을 맞이했다. 전투준비를 할 수 있는 시간적 여유가 충분하지 않았지만 북한군에 맞서 싸우거나 아니면 한반도를 적의 손에 완전히 넘겨주는 위기의 순간에서 병력을 최대한 집중시켜야 한다고 깨달았다.

빠르게 철수하는 한국군 주위에 반격 지점을 구축하기 위해 항공기로 병력을 투입시켰다. 실제로 보유한 아군 병력보다 많은 수가 전투한다는 것을 적이 믿도록 위장했던 것이다. 이러한 전략으로 10일 정도의 추가시간을 확보할 수 있었다.

맥아더는 제24사단 병력을 추가로 투입하는 데 필요한 시간을 충분히 확보했으나 여전히 병력의 집중화와 거리가 있었다. 제24사단이 힘겹게 방어선을 지키는 가운데 합동참모총장에게 제8육군을 한반도에 투입할 것을 요청했다.[12] 8월 말에 이르러서야 비로소 병력의 집중화가 가능했고 북한군의 공격을 부산 방어선에서 저지시킬 수 있었다. 병력을 집중시키기 위해 시간을 확보하는 작전은 큰 효과를 발휘했다. 또한 '선제공격'의 개념을 기반에 두고 공격적인 포위 전략을 수행하면서 다음과 같이 말했다.

---

12) 개전 초 미국은 일본에 주둔하던 미 제24사단을 투입시켰으나 제24사단은 오산-천안-대전 방어에 패배하고 계속 후퇴하였다.

부산 방어선을 수호하면서 희망보다는 잔혹한 희생이 지속되는 나날이 계속되었다. 마치 피비린내 나는 도살장에 끌려가는 동물과 같은 아군 장병들을 그냥 내버려둘 수는 없었다. 이러한 비극에 대한 책임은 누가 질 것인가? 우리는 끝까지 병력을 집중하여 적을 격퇴했다.

결국 3주 후, 병력 집중화가 최고조에 이르렀던 인천상륙작전은 6·25전쟁에 획기적인 변화를 가져오게 된 것이다.

★★★★★

"나는 항상 병력 집중화를 지휘했다."

생각해보기

- 조직은 다양한 목표를 위하여 자원과 노력을 적절하게 집중시킵니까?
- 핵심 목표를 달성하기 위하여 적절한 시간과 장소를 선정하는 노력을 합니까?

12 융통성 기르기

전략적 계획은 미래의 예측을 기반으로 한다. 예를 들면, 기업은 마케팅 계획에서 고객과 경쟁사의 반응을 예상하고자 한다. 그러나 예측한다고 해서 미래를 정확하게 반영할 수 없는 것이 현실이므로 현명한 리더는 예측하지 못한 상황을 대비하기 위해 준비하는 것이다. 계획 단계에서 빈번히 발생하는 두 가지의 함정은 바로 비융통성과 계획의 과도한 의존성이다.

맥아더는 제1차 세계대전 중 미헬(St. Mihiel)을 공격할 때 계획에 과도하게 의존하는 것은 오히려 단점이 된다는 교훈을 얻었다. 이 전투는 매우 치열할 것으로 예상되었으나 아군은 수적으로 우세했고 대부분의 독일군은 1918년 9월 12일, 공격이 개시되기도 전에 이미 철수해버렸다. 제84여단은 끝까지 대항한 일부 적군을 신속히 저지했고 이틀째 되는 날 이미 작전의 최종 목표를 달성한 것이다.

맥아더는 정찰을 하면서 아군의 신속한 진격이 독일의 도시 메츠(Metz)의 요새화를 드러내게 한 계기가 되었다고 생각하며 다음과 같이 결론을 내렸다.

이번 승리는 중요한 힌덴버그 선(Hindenburg Line)을 돌파할 수 있는 좋은 기회가 된다.[13] 성공한다면 독일의 남부를 타 지역과 차단시키는 놀라운 효과가 발생할 것이다. 무방비 상태의 모젤 계곡(Moselle Valley)을 통해 독일 중부의 침략도 가능하게 될 것이다. 메츠에서 값진 승리는 독일 최전선 뒤에 위치한 통신과 보급로를 차단하여 전쟁의 종식도 앞당길 수 있는 계기가 될 것이다.

맥아더는 사단 참모장에게 이러한 기회를 보고하고 공격허가를 요구했다. 그러나 이러한 요청이 상부로부터 거절된 이유는 메츠가 전략적 계획의 목표물이 아니었기 때문이었다. 그는 군단과 육군 지휘부에게 결정의 재고를 희망했으나 여전히 수락되지 못했다.

이러한 기회를 잘 활용했다면 아르곤 숲(Argonne Forest)의 어두움 속에서 잃어버린 많은 미군들의 생명들을 구할 수 있었을 것이다. 이미 설정한 목표에만 집착하여 융통성을 발휘하지 못한 결과였고 불행하게도 이런 문제는 현대전에서 여전히 빈번히 발생하고 있다.

---

[13] 제1차 세계대전 종전을 눈앞에 둔 연합군이 1918년 9월, 뮤즈강과 아르곤 숲을 연하여 총반격하고 장차 올노이에와 메츠를 점령하려는 전선을 말한다.

여기서 많은 교훈을 얻은 맥아더는 제2차 세계대전 중 대체 전략을 포함하는 2~3가지의 계획을 주요 작전에 앞서 준비했다. 예상하지 못한 좋은 기회를 포착할 경우 기본 계획을 수정하는 데 신속할 수 있었다. 케니 장군이 애드미럴티(Admiralty) 군도[14]에 위치한 로스 니그로스(Los Negros)의 취약점을 보고받고 맥아더는 즉시 침공 일정을 1개월 앞당기고 새로운 작전계획을 4일 만에 수정했다.

해군으로부터 필리핀의 중앙 방어가 취약하다는 것을 보고받은 후 필리핀 복귀를 민다나오(Mindanao) 대신 레이테에서 2개월 일찍 시작했다. 이와 같이 신속하게 주요 결정을 내리는 맥아더를 지켜본 윌리엄 리치(William Ritchie) 장군은 다음과 같이 회상했다.

> 맥아더는 미군 역사상 가장 탁월한 전략과 전술적 아이디어의 소유자였다. 비전을 전체적인 작전으로 시각화함과 동시에 작전수행을 위해 모든 전술계획을 적절하게 적용시켰다. 또한 어떠한 계획일지라도 상황의 변화에 적절하고도 융통성 있게 대처하는 능력도 충분했다.

또한 그는 과도한 계획이 오히려 군사행동을 마비시키는 함정에 빠지지 않도록 노력했다. "최종 결정은 실제 전투를 치르는 장병들이 아니라 전장과 멀리 떨어진 곳에 위치한 지휘부

---

[14] 일본의 활호 모양의 태평양방어선상에 있는 최남단 비스마르크 군도, 길버트 군도 등과 연하는 작은 섬들이다.

의 작전 가능성과 잠재성으로 이루어지고 있다. 승리의 핵심은 지휘관이 무리함 없이 계획의 시기와 장소를 명확하게 결심하는 능력에 달려 있는 것이다."

맥아더는 계획단계에서 가능한 융통성을 발휘하려고 노력했다. 태평양전쟁의 마지막 전투지였던 루손에서 신속한 진격이 가능했던 것도 이러한 융통성에 기인한다고 밝혔다.

> 고정된 시간표는 없다. 특별히 시간은 아군 포로의 탈출과 밀접하게 관련된 중요한 요소이기에 최대한 신속히 이동하려 했다. 그러나 작전의 모든 세부사항을 미리 정형화시키는 것은 위험하다고 생각했다. 불확실한 적의 반응으로부터 야기되는 예상치 못한 조건 속에서 내린 지휘관의 결정이 왜곡되는 경우도 있기 때문이다. 따라서 작전개시 당일을 제외하고는 어떠한 경우에도 고정된 일정을 세우지 않았다. 야전 지휘관에게 과도하게 고정된 일정은 매우 큰 위험으로 다가올 수도 있는 것이다. 때때로 지휘관의 고정관념과 독단적인 판단의 장점과 단점 때문에 지휘상 제한점이 존재할 수 있다. 융통성의 결여는 전쟁의 패배와 함께 그 이상의 재앙적 결과를 낳을 수도 있다.

★★★★★

"작전의 모든 세부사항을 미리 정형화시키는 것은 위험하다."

생각해보기

- 여러분이 세운 계획은 전략과 전술을 반영합니까?
- 여러분이 계획한 사업전략은 예측할 수 없는 환경에서도 충분히 융통성을 발휘할 수 있습니까?

13
위력수색의 활용

　가장 효과적인 전략은 명확하고 창조적이어야 하지만 동시에 위험도 포함하는 것이 현실이다. 리더가 선호하는 위력수색(Reconnaissance in force)은 위험에 투자하는 것이 아니라 계획에 존재하는 불확실한 요소를 제거함으로써 실패율을 줄이고자 하는 군사전술이다.

　맥아더는 주요 병력을 위험에 노출시키기 전에 소규모 병력을 실전과 같이 활용하여 적의 위치와 전력을 미리 시험하였다. 기습과 융통성의 장점을 활용하여 다소 위험성이 높은 작전을 재구성한 것이다.

　그의 부친도 위력수색의 유용함을 스스로 배우고 깨달았다. 아서 맥아더는 독립전쟁 중 애틀랜타의 셔먼(Sherman) 작전에 참전한 제24위스콘신군 장교로 근무하면서 위력수색에 관한 다양한 경험을 쌓았다. 이와 관련하여 『보안과 정보의 공헌』(*Service of*

Security and Information)을 저술한 와그너(A. L. Wagner) 대령은 다음과 같이 기록하고 있다.

> 연대 소속 장병들은 그어 놓은 선 앞에서 50야드 떨어져 있는 나무 한 그루를 선택하고 신호와 함께 달려 나가 자신이 선택한 그 나무 뒤에 정지했다. 연대는 전방으로 신속히 진격하여 적과 불과 4분의 3 지점까지 근접해 나아갔다. 이 전략으로 아군은 유리한 위치를 점령했고 정찰 목적도 달성했으며, 단 2명이 전사하고 11명이 부상을 입게 되었다.

맥아더는 제2차 세계대전 중 남서태평양에서 보다 넓은 영역에서 위력수색을 활용했다. 그는 애드미럴티 군도의 로스 니그로스에서 위력수색의 중요성을 참모 군의관 로저 에지버그(Roger Egeberg)에게 말했다.

"위력수색이란 책략을 활용하여 아군 전방에 주둔한 5천 명의 일본군에 대응하는 작전이 성공한다면 6개월의 시간을 확보할 수 있을 것이다."

그리고 일본군의 방어가 약하다고 보고받은 후 1천 명의 병력을 해변에 상륙시키고 실제로 확인한 다음 섬 전체를 장악할 수 있을 것이라고 판단하여 전면전 명령을 내린 것이다.

목표는 신속하면서 기습적으로 공격하는 데 있다. 상륙거점에서 치열한 전투를 막고 사상자 발생을 최소화하는 것이었다. 초기에 병력손실이 불가피하다면 우선 정찰군이 진격하여 근접한 모모트(Momote) 활주로를 장악하면서 점차 전력은 강화될 수 있다. 예측하지 못한 적의 많은 병력과 대치되는 경우 신속하게 후퇴하여 지혜롭게 대처해야 한다.

맥아더는 루손 침공에서도 위력수색을 활용했다. 1944년 1월 9일, 주요병력은 루손 북부에 있는 링가엔(Lingayen) 해변에 도착했다.[15] 1월 31일, 제11항공사단의 소속 연대가 루손 남부의 적 방어선을 확인하기 위해 마닐라로부터 남서쪽으로 45마일 떨어진 나수부(Nasugbu) 해변에 도착했다. 전함 스펜서의 로버트 아이체버거 장군은 적의 대항이 미미하다는 것을 판단한 후, 마닐라로 진격하도록 모든 사단에게 상륙명령을 내렸다. 사단은 니콜스 전역(Nichols Field)에서 일본군의 방어공격이 시작되자 도시로부터 조금씩 철수했다.

한국 인천상륙작전을 앞둔 맥아더는 정확한 상륙지점을 정찰하기 위하여 해군 구축함 6대를 거느리고 서해안으로 출발했다. 로버트 실링(Robert Schelling) 대위는 당시 상황을 아래와 같이 묘사하고 있다.

> 해발 3백 피트의 을미도는 항구의 입구에 위치했다. 이 지역은 이미 적이 요새화한 것으로 판단되며 상륙 이전에 공격 주도권을 장악해야 했다. 북한군은 어떤 종류의 총포를

---

[15] 1945년 초, 일본은 태평양에서 제공권과 제해권을 상실했고 남방자원지대에서 자원 수송이 곤란한 상황이다. 레이테 전투가 진행 중이던 1944년 12월 맥아더는 루손 침공을 준비하고 1945년 정초에 루손 섬의 북부 링가에 만에 상륙하였다. 이후 맥아더는 7개월 여 동안 접전 끝에 1942년에 겪었던 바탄 패배의 보복을 달성하고 루손을 탈환한 것이다.

사용하고 어디에 배치되어 있는가? 이틀 간 여섯 대의 구축함을 투입, 정확한 적 화력 위치를 파악하기 위해 실제사격도 서슴지 않았다. 이러한 임무를 완수하기 위해 떠난 함정의 별명은 '앉아있는 오리'(Sitting Ducks)라고 불리기도 했다.

해군은 용감하게 수색작전을 수행했다. 예를 들면 맨스필드(Mansfield), 디 헤이븐(De Haven), 라이먼 스웬슨(Lyman K. Swenson), 콜렛(Collett), 걸크(Gurke) 그리고 헨더슨(Henderson)은 함정을 정박해두고 마지막까지 치열한 전투를 벌였다. 디 헤이븐의 한 젊은 장교는 우연히 유리잔을 통해 발견한 적을 포착한 후 먼저 발사했고 이어서 전투는 장시간 계속되었다. 아군은 상당한 성과를 수확했다. 본격적인 공격개시일이 되자 적의 요새는 상당히 약화되었고 상륙한 아군 해병대는 성공적인 임무수행과 함께 부상자 수는 최소화했다.

★★★★★

"군의관, 이것은 수색이라고 하는 군사 책략이라네."

생각해보기

- 새로운 전략의 위험성을 방지하기 위해 위력수색력을 발휘합니까?
- 위력수색을 활용하여 신제품 또는 서비스의 시장조사와 동시에 시장 최초라는 이점을 최대화할 수 있습니까?

14
보급과 지원을 강화하라

전략의 성공적인 수행은 보급과 지원에도 크게 의존한다. 전쟁에서 충분한 탄약과 방호지원이 없는 가운데 적을 공격한다는 것은 위험도가 높다. 또한 기업에서도 생산 및 인도할 수 없는 재화와 서비스를 위해 시장에서 경쟁하는 것은 무의미하다. 조직의 리더는 목표 달성을 위하여 충분한 보급과 지원 상황을 반드시 고려해야 하는 것이다.

제2차 세계대전 당시 남서태평양 전구에서 보급과 지원은 매우 중요한 문제였다. 일본의 진주만(Pearl Harbor) 공격[16]으로 극동에 연결되어 있던 미 보급로가 차단되고 맥아더가 요청했던 해군 함대도 모두 파괴되었다. 아군 병력을 위한 보급력 약화는

---

16) 일본은 남방자원지대를 확보, 즉 태평양작전을 지속 성공하기 위하여 하와이를 점령하고자 하였다. 1941년 12월, 일본은 하와이의 진주만에 있는 미국의 전략함대인 태평양함대를 기습 공격했다.

결국 필리핀을 적의 손에 잃고 마는 결과를 낳았다.

맥아더가 호주에 도착하여 뉴기니에 주둔한 일본군의 공격을 힘겹게 막아내면서 참모진은 이것을 '보급소 전투'라고 부르기도 했다. 루즈벨트 정부의 '유럽 우선'(Europe First) 정책은, 곧 맥아더를 위한 미국의 지원이 약화됨을 의미했다. 그러나 그는 호주 국민들에게 여전히 자신감에 찬 목소리로 "승리를 위한 나의 믿음은 변함없습니다."라고 말하면서 다른 한편으로는 "나는 언제나 고독한 희망만을 품는 것은 아닌가?"라고 자문하곤 했다.

호주는 아직 일본군에 의해 완전히 점령되지 않았고 필리핀에는 미발견의 자원이 존재했다. 맥아더는 남서태평양군의 보급과 지원을 위해 그 자원을 활용하기로 했다. 예를 들면, 호주가 미국을 위한 보급을 제공하는 역 차용임대(Lend-Lease) 프로그램이 바로 그것이다. 정보담당 찰스 윌로바이의 설명에 귀기울여보기로 한다.

> 지난 1942년, 6개월 동안 미군이 소비한 모든 보급품의 65~70%는 해당지역의 자원으로부터 생산되어 조달한 것이다. 또한 동일한 기간에 미 본토에서 보낸 것보다 많은 보급품을 남태평양 전구 장병들에게 제공했다. 남서태평양은 100% 자급자족이 가능했고 호주의 국민소득과 생산자원의 15%는 미군의 수요를 위해 사용되었다.

그러나 맥아더는 여전히 열악한 지원에서 벗어나지 못했다. 1943년 8월, 다음과 같이 자신의 입장을 국방부에 밝힌 바 있다.

병력의 유지가 어려운 이유는 적군의 공격을 효과적으로 저지할 수 있는 기동력의 결핍 때문이다. 작전이 지연되면 일본군은 아군의 공격을 먼저 저지하게 되고 이러한 문제의 근본은 모두 부족한 지원으로부터 초래된다.

해군에 대한 지원과 미 태평양 해군력 통제의 부족함으로 맥아더는 공군력에 더욱 의존하지 않을 수 없었다. 뉴기니를 기점으로 하여 육군 항공력도 전략적으로 중추적인 역할을 담당했다.

아군은 뉴기니로 이동했고 각 작전은 지상군을 위한 공군의 완전방호 아래 진행되었다. 적진으로 진격하면서 부대 간 2백~3백 마일 이하의 거리를 유지함으로써 '공중우산'(air umbrella)이나 다름없는 항공력 지원을 받았다.

맥아더는 지원의 원칙에 충실했다. 홀란디아 작전에서 뉴기니 해안으로부터 5백 마일 이상 진격하면서 그는 미 비행장과 홀란디아 사이에 위치한 아이테피(Aitape) 일본 비행장을 동시에 공격하는 계획을 수립했다. 상륙 함정들이 복귀한 후 홀란디아에는 항공 지원이 제공되었다. 항공지원 원칙에 관한 예외는 레이트 지역이 유일했을 뿐 언제나 항공지원 아래 병력을 이동시켰다. 보급과 지원은 태평양전쟁을 승리로 이끈 맥아더의 전략을 돋보이게 했다고 정보참모 윌로바이(C. Willougbby)는 다음과 같이 언급하고 있다.

보급과 지원의 강화는 단순해 보이나 효과적인 전략적 개념이었다. 호주에서 필리핀까지 진격하기 위해 설정한 직선 축은 석유, 고무 또는 주석과 함께 인도와 인도네시아 그리고 말레이시아의 쌀을 지원하는 일본의 보급선을 파괴하기 위함이었다. 이것은 맥아더의 경제적·전략적 시각을 보여주는 단면이라고 할 수 있다.

★★★★★

"우리는 현재 보유한 자원으로 최선을 다한다."

생각해보기

- 조직의 보급망은 여러분의 업무실적에 영향을 끼칩니까?
- 전략계획에서 보급과 지원 조건은 충분히 고려됩니까?

15
공격이 방어다

 조직은 방어가 우선적으로 필요한 경우가 있다. 시장이나 고객이 경쟁사의 공격 아래 놓이거나 군대의 경우 자국 또는 연합국이 적국으로부터 침략을 당하는 경우가 대표적인 예이다. 어떠한 상황이든 위대한 리더는 효과적인 방어란 곧 공세적인 방어라고 이해하고 있다.

 맥아더는 단순히 방어에 급급하기보다는 평소에 준비태세를 철저히 하는 것이 잠재적인 적의 공격을 단념시키는 가장 좋은 방법이라고 했다. 그러나 적으로부터 불가피한 공격을 당하는 경우에는 공세적인 방어를 강조했다. 수세적인 방어는 패배와 동일하다고 생각한 것이다.

 1930년대 초, 프랑스는 독일과 대치하여 방어용 지하도와 주둔지로 이루어진 마지노선(Maginot Line)을 국경선으로 형성했다. 이 전선은 본래 최소의 병력으로 독일의 진격을 저지하기 위해 설계되었고 아군의 측면 이동도 가능했다.

그러나 프랑스는 이 전선을 방어를 위한 목적으로만 사용했다. 1940년, 히틀러는 큰 어려움 없이 기갑부대를 벨기에와 네덜란드로 전진하여 마지노선을 고립시켰는데 결국 프랑스군의 방어선은 무너지고 말았다.

> 전쟁이 발발하여 당황한 나머지 프랑스는 포위를 위한 기동작전을 수행하지 않은 치명적인 실수를 범했고 오로지 수세적인 저항에만 급급했던 것이다. 마지노선은 적의 강한 공격을 당하는 아군의 마지막 방어선이라는 의미를 가지는 대표적인 상징어가 되고 있다.

제2차 세계대전의 첫 해, 맥아더는 수세적이거나 공세적인 방어 중 하나를 선택하는 기로에 놓였다. 일본의 필리핀 공격을 해변에서 저지하면서 공세적인 방어를 취하였으나 그러한 전략을 성공시킬 수 있는 병력이 충분하지 않았다.

1942년 2월, 그는 태평양전쟁 중 코로히도르에서 적의 함정에 빠진 상황에서도 육군 참모총장 조지 마샬(Geroge C. Marshall)에게 공세적인 방어를 취하라고 다음과 같이 지시하고 있다.

"일본군의 거센 공격은 남쪽으로 진행되고 있고 연합군은 병력을 재정비하여 맞서고 있다. 지금까지의 경험을 통해 알 수 있듯이 이러한 수세적 전투방식은 실패로 끝날 것이다."

> 안전에 너무 치중한 수세적 방어전략으로는 일본과 같이 공세적인 병력과 싸워 승리하기 어려울 것이다. 이미 승기

를 잡은 적군은 어떠한 새로운 연합군의 전략도 개의치 않을 것이다. 승리를 위한 유일한 방법은 끊임없이 공세적인 방어전투를 하는 수밖에 없다.

1개월 후, 맥아더는 호주에 상륙했다. 호주군 참모총장은 브리스베인 노선을 중심으로 하는 방어계획을 수립했다. 이 작전계획에 의하면 일본이 침공할 경우 서부와 북부를 포기하는 대신 산업 및 농업단지, 멜버른(Melbourne) 그리고 브리스베인을 둘러싸고 있는 주요 항구에 방어선을 구축하자는 것이 핵심이었다. 그러나 맥아더는 이러한 계획에 대해 반대 입장을 밝혔다.

이러한 작전 개념은 수세적 방어나 다름없고 결국 전쟁의 패배를 가져올 것이라고 직감했다. 전술적으로 성공할지라도 적이 장악한 영토와 해상으로부터 아군은 고립되고 재공격의 기회는 사라져버리는 함정에 빠지게 될 것이다.

맥아더는 뉴기니에서 적의 진격에 대응한 공세적인 방어를 실시하여 결국 성공으로 이끌어냈다. 같은 해, 연합군은 호주 바로 전의 마지막 방어선이었던 모레스비 항구(Port Moresby)를 공격하려는 일본군을 저지했다. 맥아더는 그러한 여세로 버나에서는 최초로 성공적인 지상공격을 개시했다. 1943년 1월, 전쟁의 양상은 뒤바뀌게 된 것이다.

사실 리더가 공격적인 행동을 취할 것인가 방어적인 행동을 취할 것인가의 여부는 큰 문제가 되지 않는다. 어떠한 방법이든 최종 목표는 승리하는 것이기 때문이다.

현재 보유한 전투 병력이 중요한 것은 자명한 사실이나 절대적인 병력 수는 크게 문제되지 않는다. 전투를 한다는 사실은 중요하지만 어디서 전투를 하느냐는 중요하지 않다. 왜냐하면 아군이 전투하는 곳에서 적군도 함께 싸우고 아군이 분열되면 적군도 분산되기 때문이다. 따라서 시간, 장소 또는 병력 수에 구애받지 말고 최선을 다해 전투하라. 승리를 위해서는 오직 한 가지 단어를 기억하면 된다. 공격, 공격 그리고 또 공격하라!

공세적 방어전투를 강조하는 맥아더의 접근법에 관해 아이크 스켈튼(Ike Skelton) 의원은 다음과 같이 기록하고 있다.

맥아더는 카를 폰 클라우제비츠(Karl von Clausewitz)[17]가 118년 전에 내세운 주장을 실제 행동으로 보여 주었다. '복수의 칼날로 싸우는 맹렬한 공격은 곧 방어를 위한 가장 탁월한 방법이다.'

---

17) 19세기 초, 독일군 조직을 체계화하고 군사이론을 확립한 군사전문가이며 명저 『전쟁론』(On war)의 저자이다.

★★★★★
"수세적 방어 개념은
결국 전쟁의 패배를 가져올 것이라고 직감했다."

생각해보기

- 여러분의 기업은 시장과 고객에 대하여 수동적입니까? 아니면 공격적입니까?
- 방어적 행동을 공격적인 전략으로 전환함으로써 경쟁사의 관심을 끌 수 있습니까?

16
독립적으로 행동하라

리더십의 정의에는 임무완수를 위한 업무와 조직 방향의 결정을 포함한다. 주주들과 함께 합의점을 창출하고 조직의 임무 달성을 위해 제휴하는 리더의 능력이 요구되는 것이다. 그러나 이러한 합의점과 제휴 확립을 위한 능력이 부족할 경우 조직의 임무와 목표를 달성하는 데 어려움을 겪게 된다. 리더는 소신을 가지고 독립적으로 행동해야 할 책임이 있는 것이다.

맥아더는 일본 점령기 동안 패전국들의 국정운영과 재구축에 관한 소비에트 러시아 세력을 견제했다. 일본의 항복 후, 러시아는 북쪽에 위치한 홋카이도(Hokkaido) 점령을 요구했다. 이에 대해 미 측이 거절하자 커즈마 디레브얀코(Kuzma Derevyanko) 장군은 미국의 승인 없이 단독적인 행동을 취할 것이라고 위협했다. 여기에 대응한 맥아더는 "구소련 군인들 중 단 한 사람이라도 미국의 허가 없이 일본 영토로 들어온다면 연루된 모든 인원들을 엄정히 처벌할 것이다."라고 강한 어조로 말했다. 그러자 러시아는 그의 굳은 결의를 다시는 시험하지 않기로 결정했다.

전쟁 피해에 관한 보상을 바라거나 복수심으로 가득 찬 여러 국가들에게도 미국의 적극적인 역할이 요구되었다.

> 겨울이 다가옴에 따라 러시아와 영국은 미국이 단독으로 일본을 점령하는 것에 대해 분할할 것을 강력하게 압력해 왔다. 이 두 강대국은 일본이 모든 연합국의 소관으로 분배되기를 희망했다. 그러나 과거 점령지역을 분리하여 결국 서독과 동독으로 분단되었던 독일의 사례가 심각한 실수였다는 것은 이미 증명된 사실이다. 나는 연합국의 점령지역 분할 요청을 단호히 거절했다.

한편, 미 국무부는 동유럽의 철의 장막(Iron Curtain) 구축에 관해 러시아와 협상을 진행하고 있었다. 이 협상에서 트루먼 정부는 유럽에 대한 양보 차원에서 일본의 정책수립을 위한 연합위원회의 결성을 고려했다. 이러한 정부의 입장에 대해 맥아더는 사임 의사를 보이는 등 강력하게 반대 입장을 밝혔다. 참모진도 대중매체를 통해 연합위원회의 결성이 야기하는 부정적 영향을 경고했다.

트루먼은 고심했으나 결국 두 개 조직으로 구성된 연합국 관리자들이 제한된 조건에서 일본 재건에 관한 활동을 시작했다. 다시 말해서 워싱턴에 위치한 극동위원회(Far Eastern Commission)는 정책에 관한 업무를 수행했고 연합위원회는 동경에 주둔한 총사령관의 정책을 보조하는 역할을 담당했다.

맥아더는 일본의 재건을 민주주의 정신에 기반을 두겠다는 결심을 하고 연합위원회의 활동을 중지시켰다. 형식적으로만 최초 회의에 참석했고 그들이 일본 국정운영에 있어서 중대한 역할을 할 수 없도록 견제했던 것이다. 이와 관련하여 1977년, 일본 출신 언론인 이사무 스즈카와(Isamu Suzkawa)는 다음과 같이 밝히고 있다.

> 일본인들은 맥아더 장군에게 진정 감사한다. 그 중 한 가지는 그가 러시아의 일본 점령을 막는 데 큰 공헌을 했다는 점이다. 이것은 일본의 생존에 있어서 가장 중요한 문제였다고 판단된다. 미국뿐만 아니라 러시아, 중국, 영국 등 다른 여러 강대국들의 지배를 동시에 받았다면 일본이 어떻게 변화되었을지 상상할 수 있을까? 본래 한 국가가 둘 이상의 다른 국가들로 분단되었던 독일 또는 지금의 남한과 북한을 보면 충분히 이해가 될 것이다.

6·25전쟁 중 맥아더는 미국이 최대한 독립적으로 행동해야 한다고 생각했다. 중공군이 전쟁에 개입하고 UN군은 다시 38선 아래로 밀리게 되자 영국을 비롯한 UN 회원국들은 트루먼 정부의 전쟁 확장을 막기 위한 종전협상을 요구했다. 물론 맥아더는 승리를 대신하는 것은 없다고 주장하면서 이러한 협상 요구는 단지 유화정책에 불과할 뿐이라고 일축했다. 그는 독립적인 행동에 관해 다음과 같이 언급한 바 있다.

> 미국의 국가정책이 과거 위대한 리더들이 쌓아 온 전통, 용

기, 비전 그리고 정도에서 벗어나는 것만 같아서 매우 놀랍고 염려스럽다. 외국의 시각과 압력을 과도하게 두려워하고 있다. 과거 미국은 결코 국가정책 방향을 결정할 때 소심함과 두려움 없이 독립적으로 행동했던 것이다.

1951년 5월 3일, 맥아더는 의회에서 첫 증언을 하며 다음과 같이 말했다.

나의 희망은 UN이 중국에 대응하여 공격적인 방어 전략의 지혜와 활용도를 높이는 것이다. 비록 현실이 암울할지라도 한반도에 대한 미국의 국익은 여전히 크다고 믿고 있기에 소신에 찬 독립적 행동이 필요한 것이다.

시어도어 그린(Theodore Green) 상원의원이 "독립적으로 행동한다는 것은 무엇을 의미합니까?"라고 질문하자 맥아더 장군은 즉시 다음과 같이 답변하였다.

불가피할 경우 독립적으로 행동한다는 뜻입니다. 세계 여러 국가들 가운데 유화정책이 또 다른 유화정책을 낳게 되어 결국 유럽에서는 제2차 세계대전으로 확대되었다는 사실을 인지하고 있을 것입니다. 현재 아시아의 정세가 어떠한 방향으로 나아가고 있는지 정확히 예측할 필요가 있습니다. 그렇다면 우리는 다른 국가의 눈치를 보는 것이 아닌 미국의 국익을 위해서 독립적으로 행동해야 하지 않겠습니까?

★★★★★
"불가피할 경우 독립적으로 행동하라."

생각해보기

- 독립적으로 행동하기 전에 가능한 모든 협조적 대안을 사용합니까?
- 단독으로 행동하기 전에 필요한 의사결정 요소는 무엇입니까?

3

동기부여의 리더십

17장 지휘체계를 통일하라
18장 롤 모델
19장 외적 가치를 개발하라
20장 이미지 연출법
21장 마음을 움직이는 연설
22장 필요한 결과를 요구하라
23장 최고를 향하여
24장 인간미도 능력이다

17
지휘체계를 통일하라

동기부여의 리더십에 관한 기본적인 교훈은 분명한 리더가 있어야 한다는 것이다. 위원회나 관리부서는 그리 대단하게 카리스마적인 분위기가 느껴지지는 않는다. 고정관념일 수도 있겠지만 이러한 부서는 조직원들의 에너지가 넘치거나 조직에 대한 충성의 동기부여에 큰 관심은 없다. 또한 이러한 조직은 과다한 논쟁의 위험성이 있고 속도와 융통성을 저해하는 둔감한 관료 형태를 지닌다.

맥아더의 부친은 그에게 군사위원회는 소심함과 패배주의만을 낳을 뿐이라고 충고한 적이 있다. 맥아더는 지휘 통일의 원칙에 따라 행동했고 명확하게 정의되고 권한이 주어진 리더를 따르는 지휘체계의 중요성을 강조했다.

제2차 세계대전 중 태평양 전구의 리더십은 통일되지 않았다. 호주로 성공적으로 탈출한 후, 맥아더는 태평양 전구 지휘관으로 적임자였으나 해군은 그에게 함대 지휘권한을 넘겨주지 않았다. 지휘 통일에 대한 강한 신념을 지녔던 그는 다른 리더에게 기꺼이 양보하며 다음과 같이 말했다.

> 아마도 가장 설명하기 힘든 것은 태평양 지역의 지휘통일 체계가 실패한 것이라고 할 수 있다. 가장 기본적인 원칙은 명령의 교리와 전통이다. 다른 지역에서는 한 사람의 지휘관에 의하여 성공적으로 운영되었으나 태평양에서는 그렇지 못했다. 태평양 전구에서 지휘통일의 실패는 논리적이거나 이론적으로도 이해할 수 없는 것이다. 그 결과 노력의 분산, 낭비, 산만함 그리고 병력의 중복을 낳았고 결국 전쟁은 확대되어 부상자와 군비만 늘어나게 된 것이다.

맥아더가 지휘통일의 원칙에 완강했던 한 가지 이유는 어느 부대든지 대립되는 명령을 받을 경우 혼동과 비극이 발생한다는 것을 인지했기 때문이다. 독일군의 철수와 함께 제1차 세계대전이 종식될 무렵, 퍼싱 장군과 참모들은 스당 지역에 최초로 들어가는 것을 매우 감격스러워 했다.

제1군단과 제5군단은 사전에 연합군과 합의하여 설정한 경계지역을 넘어 야간에도 진격을 강행했다. 그러나 평소 전투에서 적극적인 공격을 강조하던 맥아더는 주의를 했다. 다음 날 아침까지 제84여단의 대기를 요청하고 승인도 받았다. 일부 미군 부대는 아군 진영을 수시로 넘나들었으며 이러한 혼란스런 상황을 틈타 미군 정찰대에 의해 포획될 뻔도 했고 미군이 프랑스군 주둔지역으로 들어가서 아군의 포병사격을 받기도 했다.

맥아더는 태평양 전구의 지휘체계에 대한 혼란을 최소화하기 위해 노력했으나 결코 쉽지는 않았다. 지휘부는 두 곳으로 나뉘게 되었는데 그는 더 넓은 지상영역을 가진 남서태평양 전구를 맡은 반면, 체스터 니미츠(Chester Nimitz) 제독은 해군이 관장하는 태평양 전구의 나머지 영역을 책임지게 되었다.

그 결과 이러한 2중 지휘체계는 예상한 바와 같이 라이벌과 경쟁관계로 형성되었다. 동일한 전구에서 서로 다른 전략을 시행하고 자원 확보를 위해 경쟁하는 경우가 빈번했다. 맥아더는 섬에 상륙할 함정이 필요한 경우 어려움을 겪은 반면, 니미츠는 지상병력의 확보가 쉽지 않았다. 이러한 미묘한 라이벌전을 목격한 폴 로저스(Paul Rogers)는 "장군과 제독 간에 발생하는 관례적이고 사소한 대립은 계속되었고 점차 그 절정에 이르고 있었다."라고 언급하고 있다.

지휘권의 분리와 그 실패는 레이테 침공에서도 확인할 수 있다. 유명한 레이테만 전투에서 일본 해군은 미군 함대에 대응하여 함정을 준비했다. 그들은 수송 병력을 미끼로 하여 레이테로부터 멀리 떨어진 제3함대를 성공적으로 유인했다. 일본은 여전히 레이테만에서 대기 중인 제7함대와 해변에 주둔한 지상군을 공격하기 위해 해군을 투입했다. 완전한 패배에서 그나마 유일하게 미군을 구제했던 것은 일본 큐리타(Kurita) 제독이 전투를 중단한 결정적인 실수 덕분이었다. 그는 전투에서 승리하고 있다는 사실조차 미처 인지하지 못했던 것이다.

맥아더는 지휘통일의 교훈을 강조하기 위해 거의 재앙에 가까웠던 레이테 전투를 언급했다. 1944년 12월, 국방부로 보낸 메시지의 일부를 소개하면 다음과 같다.

> 통일된 해군 지휘권의 결여 때문에 야기된 레이테 작전의 재앙 후 이제는 동일한 어려움 속에서 루손 지역에 입성하고 있다. 서로 물리적 거리가 먼 곳에 위치한 지휘관은 둘로 분리된 해군과 함께 전투를 재개한다. 동일한 적에 대항하여 동일한 해상에서 함대가 운용되지만 지휘권은 여전히 둘로 나뉘어 있는 것이다. 이러한 상황에서는 유효 자원이 분산되고 지휘통일의 노력조차 불가능하다. 지휘관의 입장이 상당히 곤란하지 않을 수가 없다.

★★★★★

"단독 지휘관을 위한 책임과 지휘권 이양의 실패는
곧 작전 실패의 결과로 이어진다."

생각해보기

- 여러분은 리더십을 발휘할 권한이 있습니까?
- 조직원은 현 지휘체계를 인정하고 명확하게 이해하고 있습니까?

18 롤 모델

리더는 조직 내에서 가장 영향력이 있는 롤 모델이 되어야 한다. 말보다는 행동을 통해 조직원들에게 자신의 가치, 우선순위와 기대를 보여줄 수 있어야 한다. 위대한 리더는 평소에 강조하는 철학을 기초로 삶을 살고, 조직원들도 그러한 가치를 배울 수 있도록 모범이 되어야 하는 것이다.

맥아더는 참모들과 많은 부하들이 따를 수 있는 롤 모델이 되기 위하여 부단히 노력했다. 지휘관으로서 개성을 지닐 수 있도록 노력했고 스스로도 부하들에게 동기를 부여해야 할 의무와 권한이 있다고 생각했던 것이다.

맥아더는 언제나 긍정적인 사고방식의 소유자로 유명했다. 카를로스 로므로(Carlos Romulo) 장군은 코로히도르에서 일본군의 포위공격을 당하고 마린타 힐(Malinta Hill) 아래의 깊은 터널에서 작전을 펼쳐야만 했던 극한 상황을 기억하고 있다.

맥아더는 마치 좋은 소식을 들려주는 것과 같이 언제나 극동군사령부 표지를 좌우로 흔들었다. 사무실에서 참모 장교의 책상을 지나칠 때면 긍정적인 말로 충고해주고 조언도 아끼지 않았다.

조지 케니 공군 총사령관은 호주에서 맥아더에게 그리 반갑지 않은 소식을 보고했으나 맥아더는 오히려 자신의 힘을 북돋아주었다고 기록하고 있다.

긍정주의는 리더십을 위해 반드시 필요한 정신이다. 어려운 시기에 맥아더의 격려는 새로운 비행대대를 맡게 된 나에게 큰 힘이 되었다.
"조지, 우리는 결국 성공할 것이야."
긍정적인 정신과 태도가 전투에서도 승리와 성공을 낳게 되는 것이다.

맥아더는 리더로서 용기와 승리의 의지를 보여주었다. 1942년 3월 호주에 도착한 후, 정부청사의 저녁 만찬장에서 정신력의 중요성을 다음과 같이 강조했다.

최종 승리에 대한 확고한 믿음과 강한 군인정신이 바로 지금까지 우리를 지킨 원동력이다. 이러한 정신은 오래 전 기사도가 등장하기 전부터 존재했고 세계의 보편적 윤리와 철학으로도 증명된다. 옳은 것은 더욱 강화하고 잘못된 것은 억제하는 것이 순리이며 이것은 군인정신과도 일맥상통하는 것이다. 양보에는 어려움이 따르기 마련이고 승리할 수 없다면 패배를 받아들이는 수밖에 없다. 조국을 위해 흘리는 장병들의 소중한 땀과 피가 헛되지 않도록 지원과 협조를 부탁한다.

맥아더는 자신이 희망하는 방향으로 정책을 변화시키기 위해 리더로서의 위치를 활용했다. 일본에서 민주주의 정신을 도입시키기 위해 다양한 노력을 기울였지만 여전히 대다수의 일본 국민들은 그를 천황과 같이 신격화했다. 많은 사람들은 그가 거주하는 건물 밖에 모여들어 궁금증과 신비로움을 지니고 지켜보기도 했다. 어느 여인 한 명이 맥아더 앞에서 엎드려 절을 하자 그녀를 일으켜 세우며 엎드려 절하는 행동은 불필요하다고 말해야 했다.

한편, 일본의 여러 가지 개혁 과제의 하나로 여성 투표권도 포함하였다. 1946년, 일본 국회에서 최초의 여성 의원이 당선되자 많은 의원들은 그녀를 무시했다. 그러나 맥아더는 첫 여성 의원의 탄생을 축하하는 기념 연설을 하였을 뿐만 아니라 대중매체에도 일제히 보도하도록 지시했다.

그가 리더로서 책임감과 높은 격조의 행동을 보여주었던 한 일화는 마사하루 홈마(Masaharu Homma) 장군의 재판과 관련된다. 홈마는 필리핀 공격을 이끌었던 장본인이다. 8천여 명의 미군과 필리핀 포로들이 비참히 죽어갔던 바탄 죽음의 행진도 그의 지휘아래서 수행되었는데 그 7주가 지난 뒤 2만 8천 명의 아군 장병들은 포로수용소에서 하나씩 죽어갔다. 그리고 전쟁 후, 홈마는 필리핀으로 송환되어 미 군사위원회로부터 사형판결을 받기에 이르자 맥아더는 그 사형선고를 승인하면서 다음과 같이 기록했다.

> 피고는 전투 중에도 상급 지휘권자가 지녀야하는 기본적 인격과 도덕적 용기가 결여되었다. 옳고 그름을 구별할 수 있는 인격이 없는 리더는 세계 어느 누구에게도 인정받을 수 없다.
>
> 조직원들은 지휘관의 태도를 그대로 반영하기 마련이므로 리더의 행동이 중요하다. 비밀리에 이루어지는 약탈은 예외가 되겠지만 공개적이고 지속적인 남용은 최고 지휘권자라도 그 책임을 피할 수 없다.

★★★★★

"조직원들은 리더의 태도를 반영하기 마련이다."

생각해보기

- 여러분의 행동, 진술 그리고 습성이 상대방에게 어떤 영향을 끼치는지 알고 있습니까?
- 조직원들은 여러분의 리더십에 대해 자부심을 느낍니까?

19
외적 가치를 개발하라

　리더의 존재성은 조직원들의 사기와 신용도를 높인다. 리더는 조직의 업무실적과 무관하게 조직원들을 이끌어나갈 수 있도록 신속한 행동을 취해야 한다. 동기부여를 위해 조직원의 눈에 보이는 외적 가치도 관리해야 하는 것이다.

　맥아더는 조직원들과 함께 공유하는 것을 매우 중요하게 생각했다. 지휘관의 동참은 부대원들에게도 긍정적인 영향을 끼친다는 것을 알고 있었다. 1942년 초, 맥아더가 코로히도르로 이동할 당시 섬에서 가장 고도가 높은 지점에 본부와 관사를 세웠다. '전쟁으로 인한 상실, 파괴 그리고 절망으로부터 괴로워하는 장병들을 위로하는 의미로 적의 공격 가능성에도 불구하고 최대한 신속히 본부를 설치했다.' 그러나 예상된 바와 같이 일본군의 기습적인 폭격이 시작되자 본부 건물은 모두 파괴되고 말았다.

본부의 위치는 마린타 터널 내부로 변경되었다. 어느 날 공중기습이 발생했지만 터널을 마냥 지키고만 있지 않았던 이유를 다음과 같이 설명했다.

> 이것은 허세가 아니라 바로 나의 의무였다. 포대의 사격수와 참호 속의 부대원들은 모두 적에게 노출되어 있었다. 나도 그들과 같은 입장에서 동참한다는 것을 일부러라도 보여주고 싶었다. 긴장과 업무로 떨어진 부하의 사기는 리더의 노력으로써 얼마든지 극복할 수 있는 것이다.

당시 육군 중위이던 존 라이트 장군은 적이 사격한 박격포탄이 위관 장교식당을 파괴하여 많은 부상자와 사망자가 속출했던 위급한 순간을 그 30년이 지난 이후까지도 기억하고 있었다.

> 맥아더 장군은 침착하면서도 대담하게 업무를 지시하며 현장을 지휘했다. 그는 지금도 날아들고 있는 박격포탄을 전혀 두려워하지 않는 모습이었다. 위관장교들은 장군 자신의 안전을 전혀 개의치 않고 부하들을 한 명이라도 더 살리기 위해 노력하는 그의 모습을 보고 많은 감동을 받았다.

1943년, 케니 장군은 뉴기니의 나드자브(Nadzab) 전투에서 최초의 낙하 작전을 수행할 때 맥아더는 장병들의 자신감을 고취하기 위해 동행하겠다고 했다. 케니는 위험도가 높을 것이라고 염려했으나 그는 여유 있게 "솔직히 가장 걱정이 되는 것은 상공에 다다를 때 멀미가 날지도 모른다는 것이네. 부하들 앞에서 구토를 하면 낯부끄럽지 않겠나?" 하고 조크를 던졌다. 그는 이 작전의 참전으로 항공훈장(Air Medal)까지 받게 된다.

눈에 보이는 이미지는 리더의 메시지를 전달하기 위한 핵심적 역할을 한다. 그는 웨스트포인트의 교장으로 재임하면서 강의 내용을 수정하고 기존의 낡은 지식을 지양했으며 교수들과 함께 강의 평가도 했다. 1928년 개최한 올림픽에서도 코치와 선수들을 자주 만나면서 그들을 경기장으로 직접 데려가 훈련하기도 했다. '그는 어느 종목의 경기가 시작되면 직접 현장에 나와 대표선수들을 응원했다.'

자서전을 쓴 크레이튼 제임스(D. Clayton James)는 맥아더의 열정적인 동기부여를 다음과 같이 칭송하고 있다.

"맥아더는 선수들과 마찬가지로 경기결과에 따라 기쁨과 실망을 함께 표현했다. 우승권에 근접한 10km 육상경기가 종반에 이르자 맥아더는 너무 신이 난 나머지 대기실에서 뛰쳐나와 피니시 리본이 있는 곳까지 달려가기도 했다. 캘리포니아 주립대 출신 선수들이 슬로튼 강(Sloten River)에서 여덟 개의 노가 달린 보트 경기에서 우승했을 때는 경기가 아직 진행 중인 데도 운전사와 함께 강둑을 힘차게 달리기도 했다."

맥아더는 드러나는 이미지가 때로는 자신의 명성과 직위에 해가 된다는 것을 숨기지 않았다. 후버 대통령은 1932년 7월, 워싱턴에서 제1차 세계대전 참전용사들의 상여금을 회수하는 문제를 놓고 고민했다. 당시 장군의 참모였던 아이젠하워 소령은 맥아더에게 상여금 문제를 마무리하도록 조언해주었지만 맥아더는 다음과 같이 답변했다.

> 부하들과 함께 호흡하는 가운데 하급 지휘관이 자신의 책임을 넘어서는 중요한 판단을 해야 하는 가능성도 염두에 둔다. 장병들의 활동을 세부적으로 관찰하면서 그들에게 익숙해지기 위해 노력한다.

제2차 세계대전 중 부족한 병력과 보급 때문에 일정한 기간의 복무를 마친 장병들이라도 미국으로 귀국하는 규정이 중단되기에 이르렀다. 맥아더는 각 부대에 지시한 명령서와 함께 부대원들 개인 명령서에도 추가적인 글과 서명을 덧붙이는 세심함을 보였다. 그것을 본 오브리 뉴먼(Aubrey Newman) 대령은 다음과 같이 말했다.

> 장군은 부하들이 규정의 변화가 무엇을 의미하는지 알고 있다는 사실을 깨달았다. 그는 부대원들이 군인으로서 따라야 할 적절한 행동에 대해 이해하고 있다고 자신했다. 어느 누구도 이전에 장군의 개인 서명을 본 적은 없었다. 그는 이러한 결정의 배경을 계급별로 설명해주었다. 장병들은 전쟁의 열악한 현실을 받아들였고 그들의 사기가 감소될지도 모른다는 걱정을 조금이나마 줄일 수 있었다.

★★★★★

"리더십은 사람들에게 보이는 이미지도 포함한다."

생각해보기

- 탐 피터스(Tom Peters)와 휴렛 페커드(Hewlett Packard)의 창시자들이 사용했던 현장순회경영법(MBWA)[1]을 활용해 본 적이 있습니까?
- 어려운 시기에도 조직 리더는 최전선에서 리더십을 발휘합니까?

---

1) MBWA는 Management By Walking Around의 약어이다. 이는 관리자가 현장을 직접 확인하고 실무자와 긴밀한 접촉을 유지해나가는 경영방식이다. 공동체 문화를 조성하고 개방적인 의사소통과 팀워크 능력을 향상시키는 데 유효하며, 조직원이 새로운 과업에 도전하도록 한다.

⑳ 이미지 연출법

    리더는 조직을 대표하는 특징적인 역할을 담당한다. 드러나는 외형만이 사람의 인격을 정확히 반영하는 것은 아니지만 제3자가 그 리더를 어떻게 받아들이는가는 매우 중요할 수 있다. 카리스마를 갖는 리더는 끊임없이 자신의 이미지를 개발하고 관리한다.

    맥아더는 이미지 관리의 전문가였다. 그는 복장, 연설 그리고 행동과 같은 외형적 요소를 완벽에 가까울 만큼 권위와 자연스러운 이미지를 보였다. 제2차 세계대전 중 동남아시아 전구를 지휘했던 영국의 마운트배튼(Mountbatten) 의원은 대중 지지도가 높은 맥아더의 능력에 놀라워하며 다음과 같이 말했다.

    그는 그 유명한 모자를 착용하기 전까지는 위엄이 있거나 심지어 지휘관처럼 보이지도 않았다. 함께 사진을 촬영하고 난 후에 모자를 다시 착용한 그의 이미지는 180도로 변했다. 턱은 앞으로 나오고 공격적이며 거칠게 보였다. 모자를 벗으면 다시 인상 좋은 노신사가 되었다.

맥아더가 소품을 상당히 아낀 이유는 즉시 드러나는 이미지를 관리하기 위해서였다. 제1차 세계대전의 여러 전투지역과 웨스트포인트에서 항상 지녔던 말채찍도 좋은 예이다. 때로는 말채찍 대신에 지팡이도 필수품이 아닌 소품으로 사용했다. 이러한 이미지 관리의 습관은 제2차 세계대전까지 계속되었다. 장군을 가까이 보좌했던 시드 허프(Sid Huff) 대령은 많은 사람들로부터 질문을 받곤했다.

"사람들이 저에게 질문하는 것 중 하나는 장군이 지팡이를 항상 손에 들고 다니는 이유입니다. 혹시 약한 체력 때문인지 의문스러워 합니다."

그 후 맥아더로부터 지팡이를 다시 볼 수 없었다. 한편, 그가 늘 사용하던 담배파이프와 조종사용 선글라스는 일반인에게도 유명한 액세서리가 되었다. 제2차 세계대전 이후에도 사용했던 이러한 소품들은 맥아더가 전투에서 생기는 긴장을 해소하는 데 조금이나마 도움이 되었다고 지인들은 회고한다. 이러한 액세서리는 퇴역할 나이가 훨씬 지났음에도 불구하고 활발한 맥아더의 젊음과 열정적인 이미지를 유지하는 데 도움이 되었던 것이다.

실제로 맥아더의 제복과 액세서리는 리더로서 메시지를 전달하는 데 효과적이었다. 에드윈 시몬스(Edwin Simmons) 해병대 장군은 1950년 9월, 인천에 상륙한 맥아더를 다음과 같이 묘사하고 있다.

> 눌린 모자, 선글라스, 가죽재킷과 다림질이 잘 된 카키색 바지 등 맥아더의 복장은 그야말로 맵시가 넘쳤다. 주변에는 외형적으로도 멋지고 뛰어난 장교들이 많았지만 그는 단연 두드러진 리더의 매력을 발산했다.

필리핀 국민들이 맥아더의 입성을 환호할 때 장군은 육군원수로서 품위에 맞도록 제작된 세련된 정복을 입고 그들을 맞이했다. 자서전 저자인 클레이튼 제임스에 따르면 맥아더의 정복은 검정 바지와 흰 상어가죽으로 제작되었고 끈과 모조 보석으로 고급스럽게 꾸며졌다고 한다. 제2차 세계대전 중, 전투가 계속될 때 그는 간편한 복장을 즐겨 입었으며 현란한 제복을 착용하지 않았다. 대신 목이 드러나는 상의와 바지와 함께 카키색 군복을 입었다.

또한 챙 장식에 끈이 달린 장교용 모자를 착용했다. 그는 평소 즐기던 액세서리를 일체 사용하지 않고 깃 양쪽에 계급 기장만 달아 두었다. 이것은 함선 미주리호에 승선하여 일본의 항복문서를 승인하던 당시의 복장과 동일하다. 혹자는 상대방에게 보이는 이미지에 관한 과도한 관심이 어리석다고 하겠지만 여기에는 무시할 수 없는 힘이 존재한다. 이미지의 힘을 증명하는 데는 일본 점령기의 가장 유명한 사진, 맥아더와 히로히토 천황의 처음 만난 사진이 도움이 될 것이다.

그 회의는 맥아더의 이미지 형성에 있어서 매우 효과적이었다. 그는 일본에 도착한 이후 황제와 만남을 먼저 요청하지 않으면서 점령국의 지휘자 권위를 살릴 수 있었다. 일본 의전사상 맨 처음 히로히토가 먼저 맥아더와 만남을 요청했던 것이다.

맥아더는 회동할 복장을 바꾸지 않았다. 평소 즐겨 입던 카키색 군복을 입고 겉옷 상의나 장식 또는 모자도 착용하지 않았으며 단지 5성 장군 계급장만 달았을 뿐이었다. 회의를 시작하기 전 두 사람은 함께 사진을 촬영했다. 맥아더는 뒷주머니에 손을 넣고 편한 모습으로 서 있었고 히로히토보다 훨씬 큰 키와 가벼운 복장에서 자신감이 드러났다. 반면, 히로히토는 어깨가 쳐지고 그의 손은 양 다리에 밀착되어 차렷 자세와 같은 경직된 모습에다 어두운 정장을 입은 것이 대조적이었다.

대중매체에 보도되고 일본전 지역에 알려진 이 사진의 메시지는 극명했다. 일본 역사가와 작가로 활동하는 린지로 소데이(Rinjiro Sodei)는 "이 한 장의 사진으로 일본인의 심리는 뒤바뀌어졌다. 일본인이라면 이제 그들의 주인이 누구인지 명확히 알게 된 것이다."라고 말하고 있다.

맥아더와 히로히토의 대화 내용은 그리 큰 의미가 없었다. 마샬 맥루한(Marshall McLuhan)이 언급한 바와 같이 그들이 최초로 만남을 가졌다는 사실 그 자체가 하나의 메시지였던 것이다.

★★★★★

"나는 맥아더 장군과 7년 동안 근무하면서
이미지 연출법에 관해 배울 수 있었다."

– 아이젠하워

생각해보기

- 자신의 외모와 태도가 이미지 개발에 도움이 됩니까? 아니면 오히려 저해됩니까?
- 여러분의 조직에 최초로 방문한 사람이 느끼는 첫 인상은 무엇입니까?

21
마음을 움직이는 연설

일반적으로 사람들은 대중 앞에서 연설하기를 두려워한다. 놀랍게도 한 통계에 따르면 연설의 두려움은 죽음에 대한 두려움보다도 높다고 한다. 리더 또한 자신의 연설에 만족하지 못하는 불안감을 지닌다. 리더는 조직원과 밀접한 관계를 맺고 그들의 행동이 실제로 변화하도록 마음을 움직이는 달변가가 되어야 하는 것이다.

맥아더는 역사상 가장 위대한 연설가들 중 한 명으로 기억되고 있다. 그의 연설은 오늘날 보다 100년 전에 더욱 각광을 받았던 표현기법을 사용했다. 그는 효과적인 연설가였다. 연설 내용은 루즈벨트나 처칠과 함께 20세기 중반의 연설 교과서처럼 그 가치가 존속되고 있다.

1951년, 트루먼 대통령이 한국에 있던 맥아더를 해임시킨 후 미 의회에서 실시된 '노병은 죽지 않는다'는 연설을 약 2천만 명의 미국인들이 시청했다. 맥아더의 연설은 트루먼의 무미건조한 해임 발표가 관심을 받지 못했던 것과 너무나 대조적이었다고 클레이튼 제임스는 다음과 같이 말했다.

> 청중이 기립박수를 보내는 동안 거의 3분간 마이크 앞에 조용히 서 있던 맥아더는 미국 현대사에서 가장 감동적인 명연설을 37분간 진행했다. 연설은 서두르지 않으면서 강한 어조로 했고 목소리는 깊게 울려 퍼졌으며 각 어구와 문장에서 전쟁을 통해 얻은 고귀함과 성실함이 묻어났다. 감정의 풍부함과 세대를 초월했던 이 연설은 평소 그의 논리와 제안이 부적절하고 위험하기까지 하다고 생각했던 청중들조차 마음을 움직였다.

연설을 통해 6·25전쟁을 승리하기 위해 세웠던 전략을 설명했고 트루먼 정부의 전쟁에 대한 제한성과 유화정책에 반대하는 입장도 주장했다. 더욱 놀라웠던 것은 그가 청중들과 감정적으로도 소통했다는 점이었다.

그는 연설을 마무리하면서 전쟁의 값비싼 대가를 치르고 있는 한국인들과 미군들을 대변하기도 했다. 그리고 다음과 같이 풍부한 감성을 보이며 연설을 끝맺었다.

"노병은 죽지 않는다. 다만 사라질 뿐이다."

그러자 의회 내에 있던 의원들과 청중들은 흐느끼기 시작했다. 조 마틴(Joe Martin) 하원의장은 마지막 기록이었던 맥아더의 편지를 기자단에게 넘겨주면서 "내가 할 수 있는 말은 단 한가지이다. 공화당원들의 눈가에는 눈물이 마르지 않았고 민주당원들의 자리에는 의원들이 흘린 눈물로 범벅이 되었다는 것이다."라고 말했다.

맥아더의 뛰어난 웅변술에는 청중들과 소통하는 능력도 포함되었다. 자신도 호소력을 담은 연설 속에 깊이 빠져드는 것이다. 가장 대표적인 예는 라이테 전역을 공격하면서 필리핀 국민들을 향해 방송하였던 연설인 '내게로 오라'(Rally to me)를 들 수 있다. 그 연설문의 일부를 보자.

> 나는 돌아왔다. 하나님의 도우심으로 우리 두 민족의 피를 바친 필리핀 땅에 다시 선 것이다. 우리는 필리핀 국민들을 억압했던 모든 흔적을 지우고 힘과 자유를 되찾기 위한 임무에 헌신할 것이다.
>
> 마뉴엘 케손의 뒤를 이을 세르지오 오스메나(Sergio Osmena) 대통령은 의원들과 함께 우리를 도와줄 것이다. 따라서 필리핀 정부는 이제 확고하게 재정립되고 있다고 해도 과언이 아니다.
>
> 구제의 시간이 찾아왔다. 선조들은 인류 역사의 한 페이지를 장식하며 자유를 위한 확고한 태도로 열심히 투쟁했다. 이제 여러분의 노력이 필요한 시점이다. 우리의 뜨거운 열정을 무력만을 앞세우는 적군에게 당당하게 보여주자.
>
> 내게로 오라! 바탄과 코레히도르가 이끌었던 불굴의 정신을 발휘하자. 전투가 개시되면 작전 지역으로 들어가서 힘껏 싸우자! 사랑하는 가족을 위해 싸우자! 여러분의 아들과 딸들의 후손을 위해 싸우자! 우리를 위해 목숨 바친 선조들을 위해 싸우자! 강한 심장을 가지고 강한 무기로 무장하자! 우리의 하나님이 길을 인도할 것이다. 진정한 승리

를 위해 그분의 신성한 이름으로 앞으로 나아가자!

맥아더는 그에게 주어진 권한과 힘으로 필리핀 수호를 위해 최선을 다하겠다고 약속했다. 또한 적에 대응하는 강한 정신력도 고취시켰다. 일본군은 필리핀군과 미군의 게릴라 작전에 어려움을 겪었다. 필리핀에만 약 18만 명의 게릴라군이 존재했고 실체를 드러내지 않는 이들은 공격 명령을 받으면 그대로 수행하기도 했다.

연설에서 '싸우자'란 용어가 반복적으로 사용되었다. 특히, 연설 마지막 문단에서 네 문장의 마지막 단어를 동일하게 사용함으로써 강조되는 효과도 있었다.

맥아더 화법 연구자들은 그의 전달법에 대해서도 언급을 한다. 아이젠하워 대통령도 "맥아더는 연설문을 따로 준비하지 못했을지라도 대중을 위한 연설을 마치는 데 1시간 이상 걸리는 경우도 빈번했다. 그러나 그저 즉흥적으로 이야기한 것이 아니라 연설문을 항상 기계적으로 암기한 덕분이었다."라고 말한 적이 있다. 연설 내용을 완벽하게 암기했기 때문에 단순하고 무미건조한 인용이 아니라 제스처와 목소리에도 변화를 주는 역동적인 연설을 할 수 있었던 것이다.

★★★★★
"맥아더 장군의 연설은 곧 자유의 음성과도 같다."

생각해보기

- 즉흥연설을 위해서는 어떻게 해야 합니까?
- 자신의 연설에 심취하는 가운데 청중과도 친밀한 관계를 형성할 수 있습니까?

22
필요한 결과를 요구하라

　리더십은 단순히 조직원들의 인기를 얻기 위한 경쟁이 아니다. 리더는 조직의 성과에 대한 최종 책임이 있고 그 이전에 조직원들에게도 세부적으로 업무를 부여할 의무가 있다. 책임의 소지는 조직의 일상에서 반복적으로 나타난다. 그러나 희망했던 결과가 부정적이거나 그 미래조차 밝지 않는 경우가 있기 마련이다. 리더는 희생과 결과를 모두 요구해야 하는 것이다.
　맥아더는 리더가 결과를 미리 요구해야 하는 경우가 많다는 것을 개인적인 경험을 통해서 알고 있었다. 1918년 여름, 맥아더와 레인보우 사단은 작전 종료명령을 받았다. 이들은 프랑스 제4육군에 배속되었는데 헨리 고라우드(Henri Gouraud) 장군은 독일의 공격을 저지하라는 임무를 내렸다.
　"적의 폭격은 여전히 거세지만 더욱 강하게 버텨야 한다. 아무도 뒤를 돌아보지 말고 한 발자국도 물러서지 말라. 오직 적을 사살하여 전멸하는 것, 이 한 가지만 생각하라. 독일의 공격을 막아내면 우리 앞에는 행복한 나날이 펼쳐질 것이다."

마침내 독일군의 공격을 저지했다. 전쟁의 양상은 뒤바뀌게 되었다. 같은 해 뮤즈-아르곤(Meuse-Argonne) 공격에서 맥아더가 이끌던 여단은 코트 디 채틸론(Cote de Chatillon) 지역에 있는 독일군 요새를 파괴하라는 임무를 받았다. 그는 표적을 연구했으나 사단 지휘관에게 이 작전이 과연 성공할지 확신이 서지 않는다고 말했다. 공격 전날 밤, 군단 지휘관 찰스 서머올(Charles Summerall) 장군은 맥아더의 지휘소로 들어와서 "채틸론을 함락하고 적군 5천 명을 사살한 목록을 주시오."라고 하자 놀란 맥아더가 "알겠습니다. 채틸론 공격에 총력을 다하겠습니다. 실패할 경우 그 목록 첫 장에 제 이름이 적혀 있을 것입니다."라고 대답했다.

그리고 그는 3일 동안 험난한 전투를 치루고 마침내 채틸론을 정복했다.

맥아더는 요청하는 식의 명령을 하달하고 필요할 경우 미리 그 결과를 요구하기도 했다. 1942년 12월, 한 야전 지휘관이 파푸아에서 장기간의 힘겨운 버나 전투에서 고전하자 로버트 아이첼버거 장군을 본부로 불러서 다음과 같이 타이르듯이 말했다.

> 밥, 나는 자네에게 버나 전투의 지휘권을 맡겼네. 하딩(Harding)을 해임하게. 나는 장군에게 전투의 기회를 다시 주는 것이고 싸우지 않는 모든 장교들은 해임시켜도 좋아. 연

대와 대대 지휘관들을 교체하게. 싸우고자 하는 의지가 충분하다면 병장을 대대장으로 상병을 중대장으로 직책을 변경해도 좋아. 시간이 충분하지 않네. 일본군은 언제든지 증강된 전력으로 야간 지상전투를 개시하여 한순간에 우리를 무너뜨릴 수도 있어. 버나를 함락시키지 못하면 살아서 돌아올 생각을 하지 말게나.

다음 달, 아이첼버거의 노력으로 전쟁의 양상은 뒤바뀌게 되었다. 그는 야전지휘를 맡아서 지휘체계의 부활과 함께 조직을 재개편했다. 적군의 방어선을 뚫기 위해 필요한 전차와 총포와 같은 무기도 지원받았다. 1943년 1월 2일, 버나의 함락은 일본과의 전투에서 최초로 얻은 값진 승리였다.

평시에도 맥아더의 접근법은 유사했다. 일본 점령기 때 그의 정책은 이미 일본 정부에 권위가 확립되어 있었다. 그러나 그가 중요하다고 판단한 문제를 해결하고자 할 때 일본 정부의 협조가 부진하면 그는 즉시 행동을 취했다.

1945년 말, 맥아더는 일본 정치인들에게 새로운 민주적 헌법안을 제정하라고 요청했다. 예상한 대로 일본인들은 이러한 문제를 연구하기 위해 위원회를 결성하기도 하였으나 그 결과는 미미했다. 1946년 2월, 새로운 헌법은 위원회를 거쳐 상정되었지만 그 내용은 거의 종전 것과 별 차이가 없다고 언론에서 밝히자 맥아더는 단호하게 조치를 취했다.

맥아더는 연합군 최고사령관(SCAP)[2] 예하 조직이 일본의 헌

---

2) SCAP는 Supreme Commander of Allied Powers의 약어이다.

법제정을 담당하라고 지시한 것이다. 일본에서 미 해외근무 장교로 근무했던 리처드 핀(Richard Finn)은 "2월 4일부터 3월 6일까지 일본의 새로운 헌법 초안이 만들어진 이 시기는 일본 점령기의 가장 특별한 기간이었다. 미 군사 지휘부는 점령국의 기본 헌법을 비밀리에 제정하여 일본 정치가들로부터 일부 수정을 받아 승인했다."고 그 당시의 상황을 기록하고 있다.

그로부터 7일 후, 일본의 새 헌법이 제정되었다. 2월 12일, 헌법 제정에 적극적인 역할을 했던 맥아더는 그 최종안을 승인하고 마무리 지은 것이다. 이튿날, 위트니(Whitney) 장군과 참모진은 요시다(Yoshida) 일본 총리와 헌법개정 위원회장에게 헌법 최종안을 제출했다. 일본인들은 새 헌법의 채택을 강요 받았고 추가적인 수정의 노력이 무산된 후 3월 5일, 마침내 헌법이 공표되었다. 맥아더의 대변인은 "일본 천황과 국민들은 최종적으로 다듬고 새롭게 발전된 일본 헌법을 사용하도록 결정한 것에 깊은 감사와 만족감을 느끼고 있다."고 말했다.

☆☆☆☆☆

"버나를 함락시키지 못하면 살아서 돌아올 생각을 하지 말라."

생각해보기

- 여러분은 반드시 필요한 최후 통첩을 내리는 경우가 있습니까?
- 조직원들은 성과의 중요성을 구별할 수 있습니까?

23
최고를 향하여

심리학자는 자기암시(self-fullfiling prophecy)라는 용어를 즐겨 사용한다. 정신과 의사들은 플라시보 효과(placebo effect)라고 말하기도 한다. 이 명칭의 정확성 여부를 떠나서 이러한 개념은 이미 증명된 것이 분명하다. 다시 말하면, 사람들은 자신이 기대한 만큼 그 결과를 얻는다는 것이다. 조직원들의 동기를 부여하는 리더들은 믿음으로 그들의 자신감을 북돋아주고 실적을 향상시킬 수 있도록 격려하는 것이다. 리더는 조직원들과 대화를 통해서 믿음을 구체화하고 그 예상하는 결과를 정확하게 성취하는 경우가 많다.

맥아더도 이러한 이론을 강하게 믿었다. 존 퍼싱(John J. Pershing) 장군은 제1차 세계대전 당시 전투를 치르기 전에 일어났던 일화를 들려주었다.

맥아더는 선봉대로 나아가서 부대 지휘관인 어느 소령에게 "포격 사거리가 늘어나면 자네는 부대원들과 전진하여 최전선에 위치하게. 뒤로 물러나지 말 것을 명심해야 하는 이유는 다른 장병들이 자네를 따를 것이기 때문이야. 지휘관이 뒤로 물러나면서 부하들만 전진하라고 명령할 수는 없지. 직접 전진한다면 최종 목적지까지 나아갈 수 있을 것이네. 작전을 성공하면 자네는 청동무공 십자훈장(DSC)[3]을 받는 명예도 누릴 수 있을 것이야."라고 말했다.

그리고 맥아더는 한 발 뒤로 물러서면서 그를 보고 "나는 자네가 정말 해낼 것이라는 믿음을 가지고 있네. 벌써 이렇게 훈장도 받았지 않았는가?"라고 하면서 계속 말을 이어나갔다. 포격 사거리증가 준비를 마친 그에게 맥아더는 자신의 훈장을 떼어내어 그의 가슴에 달아주었다.

이것이야말로 내가 지금까지 목격한 가장 지능적이고 고도의 심리를 활용한 리더십이었다.

맥아더의 기대는 부하들에게 자신감을 고취시키는 데 도움을 주었다. 1936년, 그가 필리핀 군대를 훈련시킬 때 시드 허프 장군에게 해군 고문직을 승낙했다. 그리고 첫 번째 회의에서 맥아더는 허프에게 모터가 탑재된 어뢰보트와 PT보트를 요청하면서 10년 내 얼마만큼의 수량이 인도될 수 있는지 질문했다. 허프가 어뢰보트를 본 적이 없다고 답변하자 맥아더는 다시 "괜찮소. 아마도 곧 보게 될 것이오. 장군은 해군 소속이니 이제 무엇을 할지 잘 알지 않겠소?"라고 기대어린 격려를 해주었다.

---

[3] DSC는 Distinguished Service Cross의 약어이다.

허프도 맥아더와 함께 근무한 기억을 떠올리며 다음과 같이 기록하고 있다.

"나도 할 수 있을 것이라고 생각했다. 왜냐하면 맥아더 장군이 그렇게 지시했기 때문이다. 스스로 헤쳐 나가서 맡은 임무를 잘 완수한다면 끝까지 지원해줄 것이라는 신뢰가 있었다. 시간이 지나면서 이러한 나의 느낌은 확신이 되었다."

조직원들에 대한 맥아더의 기대는 많은 동기를 유발했다. 웨스트포인트의 참모장이었던 윌리엄 가누(William Ganoe)는 다음과 같이 설명하고 있다.

맥아더는 상대방의 동기유발을 위해 최소한의 말로도 큰 힘을 주는 능력이 있었다. 그는 한 개인의 능력의 한계까지 재능을 확장시키는 힘이 있었다. 그에게는 제한이란 단어가 존재하지 않았고 언제나 확신에 차 있었다. '나는 이것을 조심하겠다.' 또는 '이러한 목적을 달성하기 위해 이렇게 하라.'와 같은 말은 전혀 하지 않았다. 긴장, 예상되는 상황의 염려 또는 문제를 반드시 해결해야 한다는 부담감도 찾아볼 수 없었다. 그의 머릿속에는 '어떻게', '왜', '만약' 또는 '아마도'와 같은 불확실한 단어보다는 단순하면서도 확실한 '무엇'만이 존재했던 것이다. 혼란만 주는 부차적인 영향에서 벗어나 자유로운 상태에서 무엇을 해결할지에 집중했던 것이다.

지엽적인 것, 주의와 주저, 방해와 간섭과 같은 단어들로 묘사할 수 있는 지휘관 아래서 근무한 경험이 있는 장병들은 맥아더와 함께 일하는 것이 큰 해방이자 기쁨이었다. 표준화된 일정수준에 도달하지 못할지도 모른다는 두려움이 없었고 모든 것을 자신의 부족함으로 돌려버리는 유혹에서도 벗어날 수 있었다. 예를 들면 대표선수를 확보하기 위해 해당 대학교와 계약을 맺을 때 선수 대리인을 활용했고 많은 자금으로 진행되는 건축 사업의 프로젝트 담당을 어느 보급 장교에게 맡기기도 했던 것이다.

맥아더의 부하들은 그의 기대와 자신감을 곧 열정과 존경으로 해석하고 감정적 유대관계 형성의 계기로 삼았다. 제2차 세계대전에서 함께 싸웠던 공군 사령관 조지 케니는 "개인적으로 많은 도움이 되었던 것은 맥아더가 나를 전적으로 신뢰했다는 것이다. 그는 나를 끝까지 믿어주었고 나도 그를 실망시키지 않기 위해 노력했다."고 술회하고 있다.

맥아더와 기자회견을 할 때 신선한 자극을 받은 경험은 신문에도 종종 보도된다. 먼저 기자 한 명이 질문했다.
"공군은 현재 어떤 역할을 하고 있습니까?"
그러자 맥아더는 대답했다.
"글쎄요, 잘 모르겠군요. 케니 장군에게 물어보는 것이 어떻겠습니까?"
다시 기자가 질문했다.
"항공기의 포탄이 어디로 투하되는 것입니까?"
그는 기자를 향해 미소를 지으며 능청스럽게 말했다.
"포탄 투하지점은 정확하게 적군이 있는 곳입니다. 투하지점을 보다 구체적으로 알고 싶다면 케니 장군에게 물어보는 것이 가장 빠를 것입니다."

케니는 맥아더의 기대는 스스로 실적을 쌓는 유대관계를 형성시켜 준다면서 "맥아더는 조직원들을 이끌지만 강요하지 않는다. 그를 위하여 근무하는 부하들 스스로 각자 맡은 명령을 수행하기 위해 채찍질 할 뿐이다. 그들은 장군을 실망시켜서는 안 된다고 굳게 믿고 있었다."고 회고하였다.

☆☆☆☆☆

"그 임무를 완수할 수 있는 적임자는 바로 여러분이다."

생각해보기

- 조직원들이 최고에 도달할 수 있다는 것을 기대합니까?
- 자신의 기대가 조직원들의 자신감을 고취시킵니까? 아니면 그들은 업무수행을 그저 두려워하고 주저하기만 합니까?

24
인간미도 능력이다

리더십은 개인의 능력이다. 리더는 각 조직원과 인간관계를 형성하는데 그 정도에 따라서 관계가 강화되거나 약화된다. 동기부여형 리더는 긍정적인 인간관계를 확립하고 유지하는 인간미의 전문가라고 할 수 있다.

때때로 오해의 탓으로 차갑고 멀게 느껴진다는 비판을 받는 맥아더도 사실은 상대방에게 개인적 관심이 퍽 많은 리더다. SCAP 본부의 정부 담당 부서에서 근무했던 프랭크 리조(Frank Rizzo)는 "나는 맥아더가 루즈벨트와 흡사하다는 것을 느꼈다. 이 둘은 모두 자신이 하는 일이 상대방에게 특별하다는 느낌을 주는 능력이 있었다."라고 기억하고 있다.

조직원에게 업무를 지시하고 그 일을 수행하는 가운데 명예심을 고취시키는 것도 리더의 능력이다. 예를 들면, 어디선가 우연하게 나를 만난 리더가 '일을 잘 해결해주어서 너무나도 고맙네.'라고 한다든가 나를 부를 때 성보다 친숙한 '프랭크'라고 이름을 부른다면 리더는 조금 더 인간적인 방식으로 상대를 이해하는 것이다. 또한 개인마다 감사의 덕목을 보여주는 것이다.

제2차 세계대전 중에 브리스베인(Brisbane) 본부에서 정보장교로 근무했던 전 국방장관 캐스퍼 와인버거(Weinberger)는 맥아더로부터 깊은 인상을 받았다. 당시 대위였던 와인버거는 지휘부와 다소 거리가 있었으나 맥아더를 두 번이나 만날 수 있는 좋은 기회가 있었다.

와인버거의 자서전 『격전지에서』(*In the Arena*) 소개된 한두 가지 일화를 살펴보기로 하자. 어느 날 와인버거는 맥아더가 엘리베이터 안으로 들어간 뒤에도 문을 닫지 않고 계속 서 있는 것을 보았다. 맥아더는 다음 차례를 기다리고 있는 그를 보고 침착하면서도 중후한, 마치 오르간 소리와 같은 목소리로 "와인버거 대위, 어서 들어와서 같이 타고 가세."라고 말했다. 그리고 두 번째 경우는 공격 전날 밤 중요한 정보가 도착한 때문이다. 일과 후 실내복을 입어도 위엄이 느껴지던 맥아더에게 와인버그는 그 정보를 직접 보고했다. 문서를 다 읽고 난 맥아더는 "와인버거 대위는 어떻게 생각하는가? 자네가 내 입장이라면 어떻게 하겠나?"라고 되물었다. 그가 작전을 수행하는 데 큰 위험이 따르지 않을 것이라고 대답하자 장군은 "맞아, 나도 그렇게 생각하네."라며 맞장구를 쳤다.

레이건 대통령 재임 시절 국방부 장관이 된 와인버거는 스스로 동기부여를 하기 위해 맥아더 흉상을 사무실에 놓아두기도 했다. 1981년, 국방부에 맥아더 회랑을 설치하는 데도 큰 도움을 준 그는 "흉상의 맥아더를 직접 보니 인상이 좋고 친절하며 친숙하다는 것을 느낄 수 있었다."고 회고 하기도 하였다.

맥아더는 유머감각이 그리 뛰어나지는 않았지만 인간적인 관계를 형성하기 위해 직접 배운 유머를 활용하기도 했다. 코레히도르에서 관사가 폭파되었을 때 시드 허프는 맥아더와 함께 새로운 숙소의 가구를 찾던 기억을 떠올렸다.

> 하워드 스미스(Howard Smith) 대령과 함께 안락의자에서부터 기관총 탄환구멍이 생긴 냉장고까지 필요한 물건들을 찾기 위해 섬 전체를 돌아다녀야만 했다. 우리는 사용할 수 있는 물건들을 모았고 며칠 후 관사는 제법 그럴듯한 가구로 채워졌다. 장군은 우리가 모아 온 물건들을 본 후 별 말이 없었다. 그러나 얼마 후 그를 터널에서 만났을 때 재빨리 내 옆으로 비켜서고는 마치 내가 무엇인가 빼앗는 것을 두려워하는 것처럼 양 주머니에 손을 올려두고 웃으며 외쳤다. "어서 가시오. 여기는 가져갈 물건이 하나도 없소……."

맥아더는 부하들에게 개인적인 관심을 기울이면 그들과의 관계를 훨씬 향상시킬 수 있다는 것을 알았다. 또한 동료나 상급자와 좋은 관계를 유지하는 방법도 동일했다. 그가 웨스트포인트 학교장으로 근무할 때 방문객위원회(Board of Visitors)라고 하는 정기적인 의회방문단과 좋은 인간관계를 유지하면서 가누에게도 다음과 같이 인간관계의 기술을 강조하기도 하였다.

> 방문자와 안내자 모두 이러한 의원들의 방문을 허드렛일이라고 생각하고 있다. 의회대표단을 군대의 분대와 같은 한 부대라고 가정한다면 좋고 싫음을 떠나서 가장 총애를 받는 사람들에 의해 특정한 결과를 얻을 수 있을 것이다. 이제 우리는 고루한 방식에서 탈피해야 한다. 입법자들은 웨일스 왕자와 같이 각각 개인적으로 독립성을 인정받을 권리가 있다. 이 사람들은 서로 다른 주 출신의 장교와도 같다. 의회 주소록을 참조하면 어느 주와 어느 선거구에서 온 의원들인지 확인할 수 있다. 다양한 의원들 중에서 개인적으로 가장 가까이 다가갈 수 있는 의원을 찾는다면 언젠가 우리 사관학교에 필요한 도움을 구할 수 있을 것이다.

★★★★★

"와인버거 대위, 어서 들어와서 같이 타고 가세."

생각해보기

- 조직원들과 친밀한 관계를 형성하기 위한 기회를 가집니까?
- 다른 조직원들은 여러분에게 가까이 다가갈 수 있고 쉽게 대화할 수 있다고 느낍니까?

맥아더식 조직관리

25장 점령의 원칙 세우기
26장 신중함 속에서 변화하라
27장 조직 구조화
28장 실현 가능한 계획을 세워라
29장 훈련에 투자하라
30장 관리자의 역량 개발
31장 가능하면 위임하라
32장 긍정의 힘과 조직원 관리
33장 맥아더 방식
34장 부족하면 더욱 분발하라
35장 인적 손실의 최소화
36장 상급자도 관리한다

25 점령의 원칙 세우기

점령지의 관리는 가장 어려운 리더십 임무라고 할 수 있다. 정치와 군의 리더들은 외국 영토를 점령하면서 많은 도전에 맞서 싸우게 된다. 기업이나 다른 조직의 리더들도 인수·합병과 같은 형태로 점령의 개념을 직접 또는 간접적으로 경험한다. 국가나 조직의 점령은 그만큼 실패할 확률이 높다고 볼 수 있다.

맥아더는 점령국 일본을 이끌게 될 책임자로 선정되었을 때 앞으로 겪게 될 어려움을 이미 인지했다. '역사를 보면 현대의 군사적 점령이 성공하기 쉽지 않다는 것을 명확히 알 수 있다.' 그의 시각으로 볼 때 예측되는 어려움은 다음과 같은 것을 포함했다.

군사적 권위에 대응한 민간집단의 반응, 국민들의 자기존중과 자신감의 결여, 지역 대표제를 대신하여 지속적으로 증가하는 중앙 독재 권력의 우세, 외국군의 무력과 통제로 국민의 정신적 사기저하, 직위를 남용하는 점령군으로 인한 피해상황 등이다.

맥아더는 위와 같은 악재를 최소화하면서 비교적 성공적으로 점령국을 관리했다. 45년간 분단되었던 독일과 비교해볼 때 일본은 여전히 하나의 통일 국가로 유지되고 있다. 1952년에 주권이 회복된, 그 25년 후의 일본은 세계 경제대국의 하나로 대표적인 선진국이 되었다.

다음에는 맥아더가 수행했던 점령국 관리의 원칙 다섯 가지를 소개하기로 한다.

① 조직원들과 함께 감정을 교류하라

맥아더는 전쟁에 대해서 일본에게 적적으로 책임이 있다고 생각했지만 과도하게 그들을 비난하거나 전쟁 리더의 행동을 처벌하려 들지 않았다. 오히려 그들의 고충을 조금이나마 덜고자 노력하고 자유를 되찾아 주고자 했다. 그는 높은 직위에 있었지만 인정이 많은 리더였던 것이다.

그는 일본인의 마음을 이해하고 정신적 교류를 촉진해 나갔다. 일본과의 친교를 제한하는 국방부의 지시를 모른 척 하면서 미군들이 일본인과 만나서 어울리도록 격려하였는가 하면 "미군들은 재일 미국대사와도 같은 훌륭한 군사외교 역할을 하고 있다."고 강조하기도 하였다.

② 국민들을 통해 변화를 선도하라

맥아더는 히로히토 천황의 직위를 유지해 주는 등 여러

가지 지원에 대해서 비난을 받기도 하였지만 그것은 결국 성공적인 점령에 도움이 되었다. 지금까지 일본에서는 '천황'이란 직위가 가장 높고 존경받는 권위의 상징이었다. 그의 신변을 보장해 주고 협조해줌으로써 맥아더는 일본 국민들로부터 많은 신뢰를 받았다.

물론 맥아더는 일본을 근본적으로 변화시키기 위해서 노력하고 작은 부분에 이르기까지 관심을 기울였다. '근본적으로 일본 국민들로부터 개혁되어야 한다는 기본 가정이 지켜지지 않는다면 전체적으로 일본 점령은 실패로 돌아갈 것이다.'라고 믿었다. 일본 정부가 스스로 새로운 입법과 정책체계를 확립할 수 있도록 미군이 지원하면 국민들도 비로소 변화되리라 판단한 것이다.

③ 국가질서를 확립하고 유지하라

맥아더는 점령 단계에서 폭력적인 저항이 없는 것에 안도했으나 사회 전반의 성공적인 변화를 위해서는 국가질서가 확립되고 유지되어야 한다고 생각했다. 가장 중요하게 여겼던 것은 일본을 무장해제시키는 것이었다.

일본 국민들에게 많은 것을 요구하지 않았지만 국가질서 유지에 반하는 경우는 매우 엄격하게 다스렸다. 1947년, 300만 명의 근로자들이 파업을 하겠다고 위협했으나 맥아더는 노동조합의 지원을 아끼지 않았다. 하지만 원칙적으로 파업은 금지되었고 노조의 무력사용도 억제시켰다. 그는 또한 언론의 자유를 지지했지만 공산주의 성향의 신문사는 폐쇄했다. 국민들을 위한 국가질서 유지에 가장 큰 관심을 둔 것이다.

④ 전문가의 도움을 구하라

리더의 능력을 넘어선 지식과 기술이 필요한 경우가 있다. '지금까지 내가 배운 전문적인 군사적 지식은 더 이상 중요한 요소가 아니었다. 경제학자, 정치학자, 기술자, 제조업 임원, 교사 그리고 심지어 신학자가 되어야만 했다.' 맥아더는 일본의 재건 문제를 연구하고 해결책을 찾기 위해 외부 전문가들의 도움이 필요하다고 인식했다. 본부에 근무할 수 있는 민간 전문가를 영입하고 세부영역으로 나눈 전문가위원회를 미 본토에 요청했다.

⑤ 점령기간을 최대한 짧게 하라

역사는 점령기가 길수록 실패할 확률도 높다는 교훈을 준다. 맥아더도 점령 기간이 3년 이상 지속되는 것은 바람직하지 않다고 믿었다. 1947년, 일본이 항복을 선언한 후 채 2년도 되지 않았을 즈음, 평화협정의 체결과 함께 일본의 완전한 독립에 대하여 논의하기 시작했다. '평화협정이 마무리 되면 무력에 의한 일본의 통제는 무의미해질 것이다.'

점령기간을 종료하는 조건과 제반사항을 준비하는 단계에 들어갔다. 군사, 정치 그리고 경제에 관한 논의들이 포함되었다. 1947년, 맥아더는 군사적인 목적은 이미 달성했다고 보았다. 아울러 사회적 안정을 구축하는 데에 몇 년이 더 소요될 것으로 예상된 정치적 기반도 일정 수준으로 형성되었다고 판단했다. 최종 목표는 일본이 주권을 회복하고 세계 여러 국가와 국제무역을 통해서 경제적 활성화와 안정화를 달성하는 것이었다.

★★★★★

"점령기가 길어지거나 초기부터 주의 깊게 살피지 않는다면
한 국가는 노예국이 되고
다른 국가는 주인국이 되는 양상이 벌어질 수 있다."

생각해보기

현존의 조직에서 명령에 관한 아래의 질문에 답해보자.

- 조직의 문화와 전통 등 문화적인 측면을 고려할 때 중점적인 요소는 무엇입니까?
- 기존의 리더의 지시를 받는다면 어떠한 목표를 더욱 효과적으로 달성시킬 수 있습니까?

26
신중함 속에서 변화하라

조직은 변화를 피할 수 없지만 변화의 시기를 적절히 선택하는 것은 중요한 리더십의 문제이다. 일부 리더는 변화 과정에서 실수를 하고도 지속적인 변화가 이익을 창출한다는 맹목적인 믿음을 갖기도 한다. 그 결과 새로운 유행에 따라 매월 바뀌는 프로그램 때문에 고생할 뿐만 아니라 조직의 우선순위조차 불명확하게 되어 결국 혼란에 빠지게 되는 것이다. 따라서 신중하게 분석되지 않은 변화는 지양되어야 한다.

맥아더의 리더십은 도전적이다. 끊임없는 변화에 대응하는 노력과 아울러 어려움을 극복해나갔다. 예를 들면, 1920년에 웨스트포인트 학교장 때 맥아더는 사관생도를 보다 준비된 장교로 양성하기 위해 혁신적인 교육 프로그램이 필요하다고 판단했다.

그는 변화로부터 야기될 수 있는 이점을 체계화했다. 전시에는 민과 군의 많은 병력이 필요할 것이라고 지적하면서 "우리가 지금까지 교육한 웨스트포인트 생도들은 민간인의 훈련과 리더십에 적절하지 않다. 우리는 교육수준을 하향조정해서는 안 되며 세계의 급격한 변화에 적극 동참해야 한다."고 강조했다. 동시에 그는 웨스트포인트에서 시행하는 변화에 따른 잠재적인 비용도 제시하였다.

> 이러한 문제를 해결하기 위해서는 변화에 대한 절실하고도 충분한 이해가 필요했다. 100년 또는 그 이상 확고하게 자리 잡은 기존의 지위와 체계를 수정하려는 시도는 결코 쉽지 않는 것이다. 명확한 이점이 없는 재건의 탈을 쓴 변화는 실패할 가능성이 높다.

맥아더는 오랫동안 지켜온 학교의 가치와 전통을 실추시키거나 필요 이상으로 내부적인 격변을 일으키고자 하는 의도는 전혀 없었다. '효과적인 개혁은 혁명이 아닌 발전적이어야 한다는 것을 깨달았다.' 변화의 위험을 최소화하기 위해 단계적으로 임무를 달성하도록 해나간 것이다.

변화는 한순간 일어나지는 않다는 것을 이해한 맥아더는 어느 정도 정착될 때까지 변화된 프로그램을 관심 있게 지켜보고 필요할 경우 추가적으로 지원해야 한다고 주장했다. '그러나 프로그램 자체적으로는 외형만 있을 뿐 내용이 존재하지 않았다. 우리는 살과 피를 채우고 생명을 불어넣기 위해 지속적으로 노력했다.'

변화의 유용성과 실용성을 결정하는 것은 어려운 일이다.

맥아더는 하나의 잘못된 결정을 내린 적도 있다. 육군 참모총장으로 재직할 때 도입한 많은 변화가 조직의 효율성을 제고시켰으나 육·해·공군의 통합적인 국방부를 창설하는 법안을 반대하여 기각되는 데 일조한 것이다.

사실 통합군의 효율성과 경제성은 1940년대까지 크게 주목받지 못했다. 1947년, 국방부 장관의 보직이 신설되었으나 공군의 최상위 보직은 별도로 존재했으며 1949년에 들어 마침내 국방부가 그 모습을 드러냈다.

맥아더는 종전에 있었던 자신의 실수를 깨달았다. 1942년, 케니 장군이 서더랜드(Sutherland) 참모총장과 조직 구조에 관하여 논의하였는데 케니는 그 당시를 기억하면서 "맥아더는 놀랍게도 우리의 대화에 동참하여 단독 조직결성이 바람직할 것이고 공군은 별도로 육군과 해군과 같은 동일한 자율성이 부여되어야 한다."고 술회하였다.

1932년에는 전혀 다르게 믿었던 것을 상기시키자 그는 바로 "그 당시 모든 권한을 동원하여 독립적인 국방부 탄생에 반대했는데 이것은 나의 군 생활 가운데 가장 큰 실수였다."고 대답했다.

급변하는 1960년대에 들어서자 맥아더는 오늘날에도 여전히 적용되는 변화에 관해 다음과 같이 덧붙여서 말한 바 있다.

> 무모한 생각이 변화를 선도하는 경우가 있지만 변화는 그 자체가 목적이 되어서는 곤란하다. 사회의 발전을 위해 필요로 하고 시행착오를 겪은 후에 증명되고 일관성이 존재

할 때 비로소 변화는 이득이 되는 것이다.

헌법은 정치적 편의성을 위한 도구로 전락되어서는 곤란하다. 가장 극단적인 형태로는 정신의 몰락, 정치력의 과도한 중앙집권화, 개인의 자유를 억압하기 위해 나타나는 변화 등등은 모두 적절하지 않다고 볼 수 있다.

★★★★★

"변화는 그 자체가 목적이 되어서는 곤란하다."

생각해보기

- 여러분은 변화에 소요되는 희생을 충분히 이해합니까?
- 조직 내부의 변화에 대한 압력은 어떤 방식으로 나타납니까?

27
조직 구조화

　일반적으로 조직 구조는 리더에게 도움이 되지만 악영향을 줄 수도 있다. 형식이 기능을 따른다면 조직의 성과는 최대화될 수 있겠지만 구조적 형태는 조직의 효과적인 기능에 대한 장애물로 작용할 수도 있는 것이다. 이러한 개념을 설명하기 위해 '사일로 효과'(Silo Effect)[1]를 예로 들 수 있다. 이 개념은 전문화된 조직이 상위 조직의 수요를 고려하지 않은 채 그들의 수요만을 충족할 때 발생된다.

　맥아더는 대규모의 조직 관리자로 널리 알려져 있다. 아이젠하워는 그와 함께 근무하면서 제2차 세계대전 중 유럽 전구를 지휘하기 위해 필요한 기술을 모두 익혔다고 말했다. 맥아더는 공병학을 연구한 것 이외에 참모 직무를 위한 전문학교나 대

---

[1] 사일로 효과란 조직 전체의 이익보다는 자기 부서의 이익만을 추구함으로써 타 부서와는 협조와 의사소통의 장벽이 생기는 현상을 말한다.

학교에 재학한 적이 없고 조직 설계에 관한 공식적인 교육을 받은 적도 없다. 조직 구조에 관한 그의 시각과 통찰은 바로 현장에서 직접 근무하면서 터득한 것이었다.

1945년, 일본에서 SCAP의 발족과 함께 최대 5천 명의 군인과 민간인이 동원 된 독특한 준정부 조직을 창설했다. 이 조직의 특이한 점은 '특별참모부'(Special Staff Sections)가 존재한다는 것이다. 이 부서는 점령지에서 미국의 다양한 목적이 달성되도록 하는 임무와 함께 책임을 부여 받았다. SCAP는 그 고유의 기능을 수행하고 다른 업무도 지원하였다.

1930년대, 맥아더가 육군 참모총장으로 근무할 당시 직접 설계하고 시행했던 '네 개 군 조직'(four-army organization)은 일본의 본부 설계에도 그 영향을 끼쳤다. 또한 기존의 육군은 행정적으로 독립 운영권을 가진 아홉 개의 군단으로 나누어져 있으나 전시를 대비하여 "완벽한 전술통제체계는 불가능하므로 모든 부대의 즉각적이고 통일된 소집은 쉽지 않을 것이다."라고 우려한 바 있다.

이 문제를 해결하기 위해서 맥아더는 네 개의 군을 창설하고 각 군 조직은 아홉 개의 군단 지휘체계를 포함하는 넓은 영역에 위치하도록 했다. 즉, 미국의 중동부, 5대호 지역, 남부 및 남서부 그리고 서부지역과 그 해안으로 나뉘는 것이다. 더욱 중요한 것은, 전술적 지휘구조가 대통령까지 도달하는 지속적인 지휘체계로 확립되었다는 점이다. 국방부는 참모진과 본부가 임시적으로 비협조적이고 비효과적인 방식으로 운영되는 것이 아니라 마치 견고한 '통합된 기계'와 같이 위급상황에 잘 대처할 수 있도록 한 것이다. 다시 말하면, 형식이 조직의 최고 기능을 따른 것이다.

맥아더는 조직설계 과정에서 통일된 명령, 조직적 반응 그리고 방해받지 않는 정보의 유입에 관해 지속적인 관심을 두었다. 또한 맥아더 참모총장은 제1차 세계대전 이후 다섯 개 사단으로 분할되어 있던 참모진을 대거 교체했다. 그는 사단간의 심리적 경계가 마치 콘크리트 벽과 같이 너무 경직되어 있다는 것을 발견하고 나서 "중요한 업무를 하면서도 서로 합의하지 못하고 비협조적인 행동이 난무했다. 빈번하게 규정을 어기는 사단 때문에 행정업무가 조정됨으로써 실제로 중요한 업무가 추진되지 못하는 상황이 벌어지기도 했다."고 지적하였다.

맥아더는 이 문제를 해결하기 위하여 전체 의회를 결성하고 고문을 담당할 총의회에는 다른 조직의 리더들과 함께 각 사단장을 포함시켰다. 그리고 '모든 주요 국방부 업무를 검토하고 적절하게 협조할 수 있도록' 정기적으로 회의를 실시했다.

맥아더는 제2차 세계대전 중 호주군과 함께 미 육·해·공군의 총지휘권을 맡게 되었다. 육군과 해군은 전통적인 라이벌 관계라는 사실을 감안하여 열린 대화와 통일된 분위기를 조성하는 데 힘을 기울였다. 당시 본부에서 근무했던 폴 로저스(Paul Rogers)는 다음과 같이 그때를 회고하고 있다.

> 맥아더는 모든 상위 지휘구조를 하나의 부대와 같이 인식했다. 각 군의 분산을 방지하기 위해 동일한 명령권을 미군 지휘관 아래 두고 공군 및 해군 본부를 하나의 장소로 통합

시켰다. 블레이미(Blamey)는 연합 지상군 지휘관으로서 호주군도 지휘했으므로 서로 다른 본부 건물을 사용했다. 다른 인원들은 멜버른의 401 콜린스 가(Collins Street)에서 함께 모여 근무했고 이후 브리스베인에 위치한 에이엠피 건물로 이동했다. 함께 근무하는 것이 언제나 편리한 것은 아니었지만 맥아더와 서더랜드와 같은 주요 지휘관의 접근성이 용이하게 되는 장점이 있었다.

블레이미 장군도 다음과 같이 기록하고 있다.

대표 본부와 각 연합 육군과 해군 및 공군 본부를 서로 근접한 거리에 위치시킴으로써 파생되는 장점은 정보의 즉각적인 공유라고 할 수 있다. 모든 중요한 메시지는 그 출처에 관계없이 육·해·공군을 위하여 동시에 활용할 수 있고 또 즉각적인 유효 정보로 공유할 수 있는 것이다. 각 작전을 담당하는 참모는 이러한 장점과 함께 수령한 메시지를 신속하게 분석하고 재해석할 수 있다.

★★★★★

"군의 효과적이고 전술적인 전개는 적절하게 고안된 지휘 및 참모의 정보망이 없다면 거의 불가능하다."

생각해보기

- 여러분은 조직원들 간의 협조와 대화를 유도합니까?
- 장기적인 목표를 적절하게 반영하기 위하여 조직 구조를 어떻게 혁신할 수 있습니까?

28
실현 가능한 계획을 세워라

모든 리더는 계획자이다. 우연히 성공하는 것 그 이상을 바란다면 행동하기 전에 반드시 계획을 세워야 한다. 리더는 성공률을 최대화하기 위해서 실현 가능한 계획을 만들고 발전시켜야 한다.

맥아더는 단호하고 야망으로 가득 찬 계획자였다. 그가 세운 계획이 대부분 성공으로 연결되었던 이유는 가정, 목표 그리고 지극히 현실적인 실행이 뒤따랐기 때문이다. 참모총장으로서 맥아더는 1931년도 국방연례보고서를 작성하고 육군의 동원계획을 소개한 후에 다음과 같이 설명했다.

> 동원계획에 관한 우리의 책임은 매우 막중하다. 다만 성공적으로 작전을 수행할 수 있다는 방심은 금물이다. 물론 우리의 계획은 진실된 노력의 결과로 이어질 것이다. 계획은

경험을 통해 배운 조건과 함께 발전되는 경향이 있다.

1931년, 맥아더가 참모진에게 전쟁 동원계획을 지시한 것은 그가 계획자로서 뛰어난 능력을 지닌다는 것을 보여준 좋은 예이다. 조직의 단기적인 수요를 넘어서 장기적인 필요성도 생각하는 선견지명을 보였다. 제2차 세계대전 중 본부에서 근무했던 로버트 화이트(Robert White)는 다음과 같이 맥아더에 관해서 언급하고 있다.

"그에게는 큰 비전이 있었다. 그는 다음 단계가 무엇인지, 어떻게 일본군의 허를 찌를 것인지, 적군의 강점과 약점이 무엇인지와 같은 생각을 하면서 언제나 미래를 예측하고자 했다."

맥아더는 최소한 한 단계는 앞서 있는 것처럼 보였다. 1945년 초, 필리핀 전투는 여전히 치열한 가운데 참모는 아직 일본의 공격에 대한 계획도 세우지 않은 상황이었다. 그는 일본이 1년 내에 항복할 것이라고 믿었고 점령에 필요한 제반사항을 미리 생각하고 있었다. 또한 6·25전쟁이 발발한지 며칠 내에 그는 벌써 인천상륙작전을 위해 군사전략 계획자들에게 관련 업무를 지시했다.

필리핀과 호주에서 홍보 장교로 근무했던 리그란데 딜러(LeGrande Diller) 장군은 맥아더가 지나칠 정도로 세심한 계획자였다고 회고하면서 다음과 같이 말한 바 있다.

> 나는 맥아더를 전에 만나본 적이 없지만 그의 사무실로 호출되었을 때 남다른 계획성을 발견할 수 있었다. 그는 곧

전쟁의 발발과 함께 현역으로 재복귀하여 새로운 지휘권을 맡게 될 것이라고 예측했고 실제로도 그렇게 이루어졌다. 육군 장교명부(Army Register)를 보면 장교들의 이름과 메모를 담은 많은 기록을 찾을 수 있는데 맥아더는 루즈벨트 대통령으로부터 현역복귀 명령을 받은 이튿날 나를 비롯한 여섯 명이 본부로 호출되었다는 세부 기록을 남기고 있다.

그는 작전을 개시할 때 전략적 계획의 속도를 중요시했다. 완벽한 계획을 만들거나 많은 분량의 교범을 작성하는 데 불필요한 시간을 소요하는 것에 관심을 두지 않았다. 불가피한 상황이 발생할 경우 언제든지 조정할 수 있는 합리적이고 시행 가능한 계획을 세우는 데 집중했던 것이다. 효율적인 계획으로 한정된 물자를 유지하고 속도감 있는 작전을 개시했다.

치밀한 계획으로부터 얻을 수 있는 좋은 사례는 대공황기에 선보인 민간보호단체(CCC)[2]를 들 수 있다. 민간보호단체는 루즈벨트 대통령의 가장 성공적인 뉴딜 프로그램 중의 하나다. 이 단체는 1933년과 1942년 사이에 340만 명의 젊은 근로자들에게 공원, 도로, 공공시설 그리고 재해통제 프로젝트 등의 일거리를 제공했다.

1933년 7월 1일까지 25만 명의 실업자들에게 취업의 기회를 제공했던 루즈벨트는 민간보호단체의 동원에 맥아더의 도움을 받았다. 미 육군은 3월 31일, 입법을 승인 받기 1주일 전에 그 계획을 고안했다. 새로운 회원을 등록하고 2주간 훈련 프로

---

[2] CCC는 Civilian Conservation Corps의 약어이다.

그램을 실시했으며 인원들을 지정된 캠프지로 인도했다.

5월 12일에서 7월 1일 사이, 육군은 27만 5천 명의 민간보호단체 근로자들을 47개 주의 분산된 근무지로 인도했는데 클레이튼 제임스는 그 당시를 다음과 같이 말했다.

> 대규모 작전을 위해 200대의 기차와 3천 6백 대의 육군 차량을 사용했다. 젊은 근로자들은 군 보급소로부터 122만 5천 벌의 바지와 170만 장의 수건을 지급받았다. 근무지는 말끔히 정리되었고 건축물도 1천 330개의 캠프지역에서 완공되었다.

제1차 세계대전 중 육군의 병력동원과 비교해 보면 당시보다 3분의 2 가량인 10만 명의 인원을 추가적으로 전개한 것이다. 민간보호단체의 성공은 맥아더가 주관한 동원계획의 효과를 그대로 증명한 것이다.

1930년대 초기의 동원계획은 한 가지 교훈을 제공해 주고 있다. 동원계획은 제2차 세계대전이 발발함으로써 더 이상 유효하지 않았다. 1930년대 말과 1940년대 초, 표준이 된 신기술과 기계화된 장비는 고려되지 않았다. 여기서 얻을 수 있는 교훈은 바로 계획도 시간의 구애를 받는다는 것이다. 조건이 변경되면 계획도 반드시 바뀌어야만 한다.

★★★★★

"우리의 계획은 진실된 노력의 결과로 이어진다."

생각해보기

- 장기 목표를 설정하기 위해 시간을 투자합니까?
- 여러분의 조직은 계획수립과 그 정확성을 향상시키기 위해 어떠한 방법을 사용합니까?

29
훈련에 투자하라

    리더는 조직원들에게 준비토록 하는 책임이 있고 훈련은 그 준비를 위한 기본요소가 된다. 훈련은 전략을 성공적으로 수행할 수 있도록 하는 매우 중요하지만 일부의 리더는 단지 부수적인 활동이라고 여기는 실수를 범하기도 한다. 예산이 충분하지 않을 경우 훈련 빈도는 감소하고 심지어 무시되기도 한다. 그러나 훈련의 중요성은 아무리 강조해도 지나치지 않다.

    1930년대 초에 엄습한 대공황기의 국방은 국가 지도자들에게 그리 중요한 사안이 아니었다. 그러나 맥아더 참모총장은 혹독하게 훈련을 실시하면서 다음과 같이 경고했다.

> 전문적인 기술과 훈련은 전투의 승리 또는 패배를 결정짓는 주요 요소이다. 누구나 전쟁과 같은 불확실한 상황에서는 훈련의 필요성을 깨닫는다. 그러나 평시가 되면 외국의

전쟁뿐만 아니라 우리가 직접 경험한 이 교훈을 유감스럽게도 망각하고 만다. 미 육군의 역사를 돌이켜보면 전시를 제외하고는 적절한 훈련 기회가 터무니없이 감소하고 있다는 사실을 확인할 수 있다.

맥아더는 3단계 훈련의 중요성을 강조했는데 가장 중점을 둔 것은 리더십 개발이었다. 1934년, 그는 "효율적인 훈련체계를 위해 첫 번째로 중요한 것은 탁월함이 검증된 강한 장교단이다. 장교의 자질이 부족하면 자신은 물론 부하들의 생명도 위험에 빠뜨리게 된다. 훈련된 리더가 없는 군은 곧 자기모순이나 다름없다."고 기록하고 있다.

웨스트포인트 학교장으로서 재임할 때 맥아더는 장교단의 발전을 위해 모든 관심을 쏟았고 참모총장으로 근무할 당시에는 육군의 교육체계와 교육기관의 확립에 철저했다.

"미군의 교육과정은 진보적이고 실용적이며 종합적이다."

맥아더는 장교들은 각자의 임무를 완수하는 데 기본적으로 필요한 기술교육을 받은 후에 기본군사학교 또는 육군대학을 통해서 상급 지휘를 할 수 있는 폭 넓은 교육의 필요성을 주장했다.

맥아더의 두 번째 중점사항은 육군에 입대한 장병들의 훈련이었다는 것을 다음의 기록을 통해 알 수 있다.

> 국방부의 중점사항은 지속적으로 전문 군인들로 구성된 강한 부대를 확보하는 것이다. 현대전은 복잡한 요소 가운데 견고하게 설계된 첨단무기를 사용하며 효과적인 무기 사용

을 위해서 기술적인 요소를 필요로 한다. 장병 개인의 잠재적인 전투력이 배가되면 전장에서도 그 효과가 자연스럽게 드러나기 마련이다. 소규모의 군대는 과거 전투에 나타난 특징적인 요소지만 개인적 접촉에 의한 근접 통제는 더 이상 가능하지 않다. 각 장병은 기술적으로 훈련되어야 하는 것이다. 상대적으로 고립되거나 독립적인 조건에서도 평소 정확한 전술교육과 훈련을 받았다면 두려울 것이 없다.

맥아더는 민간인 훈련에도 관심을 기울였다. 경영학적인 용어로 설명한다면 구직자를 채용하는 인사담당의 통합적인 능력을 중요시한 것이다. 국가 전시에는 민간과 군인, 양자가 서로 구분하지 않고 의존하므로 소집명령이 하달되면 맥아더는 모든 병력이 전투준비가 되었는지를 확인했다.

맥아더는 잘 훈련된 국가방위 및 장교예비군을 위해 필요한 자금지원과 추가병력을 의회에 요청하고 있는데 다음과 같은 기록에 잘 나타나 있다.

이 조직은 위급한 상황일 경우 정규군을 위해 신속하게 지원하는 목적을 지니므로 엄격한 규율과 체계적인 기본 군사훈련이 뒷받침되어야 한다. 또한 방위군도 능숙하게 다룰 수 있는 최신 무기와 장비들을 활용하여 최대한 신속히 무장되어야 한다. 그러나 방위군의 특별한 조건을 고려해 보면 정규군 훈련과는 상당한 차이점이 있다. 방위군 훈련의 소요기간은 기본적으로 전투가 가능한 부대를 육성한다는 원칙에 입각하여 산출되어야 하는 것이다.

리더는 교육자의 역할도 다해야 한다는 것을 간과해서는 안 된다. 자신의 태도와 행동은 조직원들이 기술을 개발하는 데 도움이 될 수 있다. 찰스 웨스트(Charles West) 장군은 참모진 앞에서 장시간 분석적인 독백을 하는 맥아더의 습관을 다음과 같이 기록했다.

> 이것은 맥아더의 습관이라고 생각했지만 아이젠하워와 같이 뛰어난 젊은 장교들을 훈련시키는 프로그램이 다만 습관의 일부였는지 궁금했다. 군사적인 문제를 해결하기 위해 어떻게 판단하고 논리적인 결론에 도달하는가? 고위 장교들이 어떤 방식으로 연구를 하고 특정한 결론을 내리는지에 대해 결코 단순히 교육하는 것이 그 전부가 아니었다. 맥아더가 무의식적으로 독백했던 것은 주어진 문제를 접근하는 그의 사고과정이 어떻게 전개되는가를 직접 보여주려고 했던 것이다.

★★★★★

"훈련은 군대와 무장폭도를 엄밀히 구분하는 핵심 요소이다."

생각해보기

- 각 조직원은 직급마다 훈련의 필요성이 정의되고 있습니까?
- 여러분이 지닌 중요한 기술은 무엇입니까? 그 기술을 조직원들에게 어떻게 교육시킬 수 있습니까?

30 관리자의 역량 개발

최근 중간급 관리자들은 불안정 속에 놓이게 되었다. 그들은 조직 내에서 불필요한 존재로 인식되었고 직급 수도 감축되었다. 대규모 조직의 리더는 관리자들이 실무 전략을 작성하고 수행한다는 것을 망각하는 경우가 있다. 관리자는 조직에서 최전선 리더십을 발휘하는 것이다.

맥아더는 관리자들이 조직에서 가장 중요한 부분이라는 것을 이미 알고 있었다. 1930년대 초, 현역 장교들은 월급이 절반으로 삭감되고 강제적으로 휴무를 실시한다는 법안에 대응하여 군사위원회에 문제점을 제기하였다.

> 국방체계의 기본은 정규군이고 정규군의 기초는 장교이다. 이들은 국방체계의 가장 핵심이 되는 인력이다. 만약 국가방위법에 관련된 모든 내용을 제거한다고 가정해도 장교

단은 가장 마지막 항목이 되어야 할 것이다. 또한 모든 군인들을 전역시켜야 하는 상황이 올지라도 1만 2천 명의 장교들은 계속 유지되어야 하는 것과 같이 그 중요도가 높다. 그들은 군 조직의 기둥이다. 전쟁이 발발하면 한 명의 장교는 1천 명의 병사와 동일한 가치를 지닌다. 장교는 서로 다른 장병들을 하나로 뭉칠 수 있는 유일한 자원이다.

맥아더는 참모총장으로 재직할 때 군의 관리자격인 장교단을 잘 유지하면서 성공적으로 전투에 임했다. '효율적이고 수적으로 충분한 장교의 보유는 곧 전쟁의 승리와 패배를 결정한다.' 전시에 군인으로 징집되는 많은 민간인들을 훈련하고 지휘하는 장교가 없다면 효과적인 전투력 창출은 거의 불가능할 것이다.

맥아더는 관리자가 가장 중요한 업무로 생각하는 최전선의 리더십을 다음과 같이 정의하고 있다.

전투선을 통제하는 어려움은 지속적으로 증가하고 있다. 그러나 이러한 통제는 모든 지휘관들의 기본적인 임무를 요약하는 것이다. 복잡한 통신체계 아래서 단순하게 메시지만 전달하는 것은 부족하다. 지속적이고 에너지가 넘치며 용기를 주는 리더십의 임무를 달성해야 하는 것이다. 적용 가능한 방식으로 지속적으로 훈련하고 교리를 발전하는 것은 조직의 효율성을 제고하는 데 반드시 필요하다.

1930년대, 맥아더는 장교의 진급율과 급여의 인상을 지지했다. 이와 같은 정책의 변경은 양질의 장교를 확보하고 유지하는 데 목적이 있었다. 실력을 갖춘 장교라면 전역 날짜가 다가와도 대령 또는 장군으로 진급할 수 있었다. 고위급 직위에서 근무하는 기간을 늘려 그 활용성을 최대화했고 급여액을 증가하여 양질의 장교들을 보유할 수 있었다.

맥아더는 관리자의 경력관리와 보수체계에 대한 관심과 더불어 부하 장교들이 많은 스트레스에 노출되어 있다는 것을 발견했다. 제2차 세계대전 중 케니 장군은 적진 정찰임무 비행을 마치고 본부로 복귀하여 "나는 일본군이 있을지도 모르는 위험한 곳을 비행한 것 때문에 맥아더 장군으로부터 10분간 고함소리를 들어야만 했다. 그는 공군 지휘관으로서 나를 필요로 했지만 이제 나는 맥아더로부터 직접 허가를 받지 못한다면 오웬 스탠리(Owen Stanley) 산맥의 남쪽지역을 벗어나지 않기로 결심했다."고 술회했다.

로저 에지버그(Roger Egeberg) 군의관은 부상치료 그 이상의 중요한 임무를 맡았다. 맥아더는 에지버그를 고용할 당시 다음과 같이 말했다.

> 나는 본부에 근무하는 장교들을 잘 알 수 있는 군의관이 필요하다. 그들은 상상할 수 없는 많은 긴장 속에서 나날을 보낸다. 전투지에서 그 긴장감을 해소할 수도 있겠지만 이것은 성격이 다른 문제이다. 그들의 문제는 해결하기가 쉽지 않을 것이므로 변동 상황을 잘 지켜보아야 하는 것이다. 군의관은 어느 장교가 휴식이 필요하고 또 임무 변경을 희망하는지 살펴보고 내게 조언해줄 수 있어야 한다.

맥아더가 그의 부하 장교들을 위해 아낌없는 관심을 보인 이유는 승리를 위해 최고의 전투능력을 지닌 장교를 원했기 때문이다. '잘 훈련되고 희생정신이 투철한 장교의 노련한 리더십 없이는 효율적인 전투준비는 물론 실제 전투에서도 승리의 희망이 없다.'

승리와 더불어 참모들에게도 많은 일을 요구했다. 업무를 하면서 필요하면 언제든지 그들을 활용할 수 있기를 원했다. 고도의 지식, 완벽한 충성심 그리고 진취적인 기상을 요구했으며 이러한 기대에 못 미치는 장교는 누구든지 다른 근무지로 배속되어 새로운 임무를 받았다.

★★★★★

"관리자는 조직체계의 핵심역량이다."

생각해보기

- 관리자에게 통제범위(Spans of Control)[3]는 적절합니까?
- 조직 관리자는 전략을 실행하는 주요 업무에 집중합니까?

---

3) 전통적인 조직관리 원칙으로서 한 사람이 효율적으로 관리할 수 있는 조직원의 수를 의미한다.

31
가능하면 위임하라

지나치게 세부적인 관리자가 뛰어난 리더가 되는 경우는 드물다. 세부사항에 과도한 힘을 소모한 나머지 나무를 보기 위해 숲을 놓치는 어리석음을 경계할 필요가 있다. 특히 대규모 조직에서는 리더가 모든 일을 한다는 것은 불가능하다. 훌륭한 리더는 해당 임무를 적절하게 위임하는 지혜를 배움으로써 이러한 함정에서 벗어날 수 있다.

대규모 조직의 리더십에 반드시 필요한 위임은 다양한 이점을 제공한다. 위임함으로써 보다 고부가가치의 업무에 시간과 노력을 쏟을 수 있다. 조직원들에게 권한을 부여하면서 리더에 대한 신뢰를 보여주는 계기가 될 수도 있다. 위임자로 선택받은 관리자들은 리더십의 잠재력과 기술 그리고 자신감을 향상시킬 수 있다. 또한 크고 작은 다양한 목표를 동시다발적으로 달성하며 조직의 성장을 꾀하고 업무실적을 향상한다.

맥아더는 위임하는 것에 능숙했고 그와 함께 근무한 부하들로부터 얻은 자신감과 신뢰에 감사했다. 아이젠하워 대통령은 "장군과 함께 일하는 것은 보람이 있었다. 그는 업무를 위임하면 다른 질문은 전혀 하지 않았다. 임무 완수를 위해 얼마나 오랜 시간이 소요되는지도 크게 신경을 쓰지 않았다. 오직 그가 요구했던 것은 위임된 업무를 정확하게 진행하여 완수하는 것이었다."라고 회고한 바 있다.

또 일본 점령기에 맥아더와 함께 근무했던 로렌스 번커(Laurence Bunker)는 "장군에게는 책임과 함께 권한을 위임하는 특별한 능력이 있었다. 부하는 업무를 받으면 그 일을 수행할 수 있는 충분한 권한을 부여 받고 그 일을 처리하기 위해 사용한 방식과 결과에 대해서도 책임을 지는 것이다. 그는 부하에게 불필요한 잔소리를 하지 않았다. 이미 상대방을 믿고 일을 맡긴 것이므로 그 일을 완료할 수 있기를 기대하는 것이 전부였다."라고 언급했다.

맥아더는 위임능력은 고위급 리더가 반드시 배워둘 필요가 있는 기술적 리더십이라는 것을 강조하면서 어느 날 번커에게 다음과 같이 말했다.

> 어느 장교든지 사단장이 되기까지 경험하는 다양한 계급을 통해 부하들을 모두 알게 된다. 그들의 개인적인 문제는 물론 일정한 방식으로 행동하는 이유도 이해하고 있다. 사단장에서 군단장으로 진급하면 업무와 관련하여 매우 많은 사람들을 상대해야만 한다. 더 이상 개인적인 관심과 복지 등 특정한 문제에 관해 신경 쓸 여력이 없는 것이다. 고

위급 인사들과 업무를 추진해야 하므로 사소한 문제를 위해 시간과 정신적 에너지를 소모할 수 없는 것이다. 따라서 리더는 개인과 관련한 일정한 문제는 하위 계급자가 담당하도록 위임하는 능력이 필요하다. 위임의 기술을 통해 정상적인 사단장의 역할을 하면서도 군단장이 된 리더들이 많이 배출되었다.

리더의 효과적인 위임은 할당받은 업무를 성공적으로 달성케 할 수 있고 조직원들을 스스로 준비토록 한다. 제2차 세계대전 중 본부에서는 '간부 업무편람'(Doctrine of Completed Staff Work)을 사용하여 위임자에게 필요한 여러 내용을 배울 수 있었다. 1942년, 군 조직에 회람되었던 메모를 소개하면 다음과 같다.

간부 업무편람

'간부 업무편람'은 현 부서의 교리이다.

'간부 업무편람'은 참모가 문제를 제기하고 해결책을 제시하도록 작성한 것이다. 일종의 간부 행동양식이다. 사단장 또는 지휘관은 간부 행동양식을 승인하거나 불허한다. 간부 행동양식이 강조되는 이유는 어려운 사안일수록 지휘관에게 충분히 보고되지 않는 경향이 있기 때문이다. 세부적으로 일을 처리하는 것은 참모 장교의 역할이다. 아무리 복잡한 사안이라도 세부사항을 결정하기 위해 지휘관과 의논하는 것은 지양할 필요가 있고 다른 참모들의 의견을 수렴해야 하는 것이다. 새로운 제안 또는 이미 구축된 내용을 기반으로 하는 결과물은 지휘관이 결재하거나 기각하기 전에 최종형식으로 작성하여 보고해야 한다.

　업무 경험이 부족한 참모는 어려운 문제일 경우 지휘관에게 많은 질문을 하려는 충동을 느끼고 정도가 심한 경우 좌절감을 느끼기도 한다. 상관에게 업무 방식에 관해 단순히 질문하는 것은 매우 쉽고 답변을 찾는 것도 용이해 보인다. 그러나 이러한 충동을 극복하라. 자신의 업무지식이 부족하다면 곧 전장에서 적군에게 굴복하는 것이나 다름없다. 자신이 무엇을 해야 할지 상관에게 물어보는 것이 아니라 오히려 상관이 어떻게 판단해야 하는지 조언해주는 것이 중간 간부의 일이다. 상관은 질문이 아닌 답변을 원한다. 여러분의 역할은 가장 적합한 하나의 제안을 도출할 때까지 연구하고, 기록하고, 반복하여 공부하고 또한 문서를 작성하는 것이다. 상관은 단지 결재하거나 기각하면서 그 도출된 제안을 판단한다.

　장문의 설명과 메모도 필요하다. 방대한 내용의 메모를 작성하는 것이 완성된 간부업무를 의미하는 것은 아니지만 상관을 위해서 메모를 작성하는 것은 바람직하다. 중간 간부의 견해를 완료된 형식으로 상관에게 제시하고 결재자가 서명함으로써 곧 상관의 의견서가 완성되는 것이다. 대부분 완성된 간부업무는 별도의 의견이 없이 상관의 서명을 위해 준비된 하나의 결과물이다. 지휘관의 요청에 의해 추가적인 의견이나 부연설명이 포함될 수도 있다.

　간부 행동양식 모델의 '1차 초안'이 미완성의 아이디어에 지난다면 곤란하다. 정리된 모든 내용을 포함시키는 것은 어렵겠지만 일정한 완성도는 필요하다. 그러나 초안 작성의 부담을 상관에게 넘겨버리기 위한 도구로 사용되어서는 곤란하다.

'간부 행동양식' 모델은 참모 장교가 많은 업무를 담당하고 지휘관은 그만큼 많은 자유를 누릴 수 있다고 설명한다. 이것은 어느 정도 적절한 방식으로서 아래 두 가지의 목적을 달성한다.

① 상관은 미완성의 아이디어, 방대한 메모 그리고 미숙한 구두진술의 위험성으로부터 보호된다.
② 좋은 아이디어를 가진 참모는 업무 진행을 위해 적극적으로 준비할 수 있다.

'간부 행동양식'을 이해하면 다음과 같은 질문을 할 수 있다. 만약 자신이 상관이라면 하급자가 작성한 이 문서에 기꺼이 서명하고 책임질 수 있는가? 부정적인 대답을 할 수밖에 없다면 문서를 수정하라. 아직 완성된 '간부 행동양식'이라고 보기에는 부족하기 때문이다.

이 교리는 위임과 관련하여 최종 결정을 강조한다. 맥아더의 위임방식은 의사결정을 포기한다는 의미가 수반되는 것은 아니다. 리더는 여전히 조직의 행동에 대한 전적인 책임을 지는 것이다. 자유롭게 세부적인 업무를 위임해야 하지만 조직 전체에서 중대한 결정을 검토하고 승인하는 권위는 굳게 지켜야 한다.

★★★★★

"개인적인 노력 없이
완성된 '간부 행동양식' 능력을 지니기는 결코 쉽지 않다."

생각해보기

- 하급자에게 위임함으로써 중요한 업무에 더 많은 시간을 투자할 수 있습니까?
- 위임자는 성공적인 임무완수를 위해 필요한 기술과 자원을 보유합니까?

32
긍정의 힘과 조직원 관리

위대한 리더는 동기부여의 전문가이다. 동기부여의 방식으로는 긍정적·부정적 또는 둘 모두 혼합하는 방법을 선택할 수 있다. 현재 이끌고 있는 조직의 종류와 관계없이 동기가 뚜렷하고 의욕이 넘치는 조직원들을 채용하고 유지해야 한다.

맥아더는 전문적인 인사 관리자였다. 그가 성공적인 인사 관리를 했다는 사실을 알 수 있는 것은 그와 가까이 일할수록 그를 더욱 좋아하고 존경했다는 것이다. 맥아더의 열렬한 지지자들은 참모들이었던 반면, 장군을 비판하는 경우는 대부분 그를 전혀 몰랐거나 친밀감이 적은 사람들이었다.

그가 성공적인 인사 관리자라고 말하는 한 가지 이유는 조직원들의 필요를 이해하는 능력을 가졌기 때문이다. 제2차 세계대전 중, 장군의 사무실에서 사무국장으로 근무했던 폴 로저스(Paul Rogers)는 "맥아더는 부하들의 마음을 움직이는 데 뛰어났다.

평소 지니는 마음을 알아내기 위해 각 부하들의 성격을 간파하고 대화를 나누며 야망, 자기실현, 영광 그리고 의지와 같은 가치를 강조하기도 했다. 부하들의 능력에 차이를 두는 것이 아닌 개인의 성격과 행동양식에 따라 활용했다."고 말했다.

때로는 부하들을 독려하기 위해 채찍을 들기도 했지만 항상 칭찬하기를 좋아했다. 제1차 세계대전 때 많은 전투를 지휘했던 그의 경험은 긍정적인 동기부여법이 다양한 사람들로 구성된 군 조직에도 효과가 높다는 교훈을 주고 있다.

웨스트포인트 학교장으로 재직하면서 다음과 같이 언급하였다.

> 더 이상 극단적인 방식으로 훈련하지 말라. 인간은 실패의 결과가 주는 두려움과 압박 이상으로 그저 부정적인 결과를 듣는 것만으로도 충분하다. 전투공간이 넓지 않아서 상당히 효과적이던 예전의 방식은 이제 그 활용 자체가 불가능하게 되었다.

그래서 맥아더는 "장교는 인간의 감정체계를 이해하고 세계의 변화와 조국에 대한 총체적인 인식을 지니며 상관의 명령 가운데 자유와 변화를 수용해야 한다."고 제안하고 있다. 다시 말하면 딱딱한 권위주의와 종전의 군대에서 볼 수 있던 부정적인 동기부여 방식은 낡아버린 구식이 된 것이다.

맥아더의 인사관리 방식 역시 이러한 개념이 적용된 것을 여러 곳에서 확인할 수 있다. 그는 일찍이 리더와 조직원들의 관계의 중요도를 보여주는 상호의존성을 인지하며 다음과 같이 기록한 바 있다.

> 조직원들의 자신감과 존경심 그리고 충성심은 상급자뿐만 아니라 하급자에게도 확장되어야 한다. 지휘관과 부하 사이의 '쌍방향' 원칙은 생각과 실행에 있어서 최고 지휘부로부터 병사들까지 동일하게 적용되는 것이다.

맥아더는 조직원 관리의 긍정적인 힘을 향상시키기 위해 뛰어난 기억력을 활용했다. 부하들의 이름과 개인적인 사소한 사항까지 기억했고 언제나 따뜻하게 맞이해줌으로써 그들의 마음을 얻었다.

많은 리더는 전혀 비용이 들지 않는 칭찬의 위력을 간과하고 있지만 맥아더는 동기부여의 전략으로써 칭찬을 적극 활용했다. 예를 들면 1944년 12월, 제11공수부대의 이등병 두 명이 자신들이 소속된 사단의 업무 실적이 언론의 관심을 받지 못하는 이유를 알고 싶어 했다. 맥아더는 그들을 직접 만나서 부대의 위치가 대중에게 과도하게 노출되는 것을 방지하기 위함이라고 친절하게 설명해주었다. 또한 그 사단의 모든 장병들과 지휘관에게 격려의 메시지도 전달했다.

또한 그는 편애와 차별은 동기부여의 적과 같은 요소라고 생각하고 실적본위제(merit system)를 최우선하였다. 제2차 세계대전에서 케니 장군이 32세의 폴 워트스미스(Paul Wurtsmith)을 준장으로 진급을 추천하자 많은 사람들은 그가 너무 젊다는 이유로 불만을 토로했지만 맥아더는 "군인은 나이가 아닌 업무실적을 근거로 하여 진급한다."고 단호하게 결정했다.

칭찬은 훈장과 포상의 결과로 이어지지만 편애와 특권은 경계해야 한다. 1943년, 맥아더는 어느 명예훈장 후보자를 다음과 같은 이유로 승인을 보류한 적이 있다.

'고위급에서 편애와 특권이 빈번히 일어난다는 믿음은 장병들의 사기 면에서도 해롭다. 올바른 지휘체계를 피하려고만 하는 조직원의 행동은 비난받아야 마땅하다. 국방부는 군기를 저해하는 군인의 행동을 단호히 억제시켜야 하는 것이다.'

투명한 조직원 관리는 부하들이 최고의 성과를 낼 수 있도록 도움을 준다. 맥아더가 웨스트포인트 학교장으로 근무할 때 생도대장이었던 로버트 댄포스(Robert Danforth)는 다음과 같이 술회하고 있다.

> 맥아더는 상관으로서 일정한 거리감을 유지하면서도 동시에 조직원들을 아끼고 존중해주는 타고난 리더였다. 나는 그에 대한 충성심과 감동 그리고 존경심을 가졌으며 일생 중 그 어느 때보다도 열심히 근무했다.

그리고 맥아더는 생도대장이 처음 부대를 지휘했던 방식에 대해서 다음과 같이 짧게 말한 바 있다.

> 조직원들에게 일을 잘하면 칭찬하고 부족하면 지적했다. 또한 언제나 긍지와 자존심으로 그들이 세계 최고라는 생각을 주입시켰다.

★★★★★
"장군은 부하들의 능력과 상황에 따라
구분된 지휘방식으로 접근했다."

생각해보기

- 여러분은 조직원들을 지적하는 만큼 칭찬하는데도 시간을 투자합니까?
- 조직원들에게 동기를 부여할 수 있는 무비용의 포상방식이 있습니까?

33 맥아더 방식

웨스트포인트에서 맥아더의 참모장 윌리엄 가누(William Ganoe)는 1960년대 초, 40년간의 군복무에 대한 기록을 남기면서 저명한 군 역사학자가 되었다. 그는 최초로 육군의 역사를 정리하고 육군대학에서 강의를 했으며 제2차 세계대전 때는 역사 고문으로서 유럽에 머무르기도 하였다.

가누는 '맥아더 방식'(The MacArthur Tenets)이라고 불리는 열일곱 가지 질문으로 구성된 목록을 작성하여 조직원 관리 전략을 소개하고 있다. 군사 전략가 제이콥 데버스(Jacob Devers) 장군도 함께 동참하여 그 목록을 작성하였다.

> 런던에 있던 데버스 장군이 전장의 부하들이 들려주는 패전소식에 염려하자 내가 그에게 맥아더 방식을 알려주었더니 그는 새로운 아이디어로 재적용하여 대령과 중령들

에게 전달했다. 우리는 그것을 설교와 같이 보이는 것을 지양하고 질문형식으로 작성하였다.

데버스는 이러한 질문을 접한 장병들의 사기가 놀라울 정도로 상승했다고 말했다. 가누 자신도 유용성에 대해 인정하고 다른 리더들의 기록도 참고하여 연구를 거듭했다. '고대 중국의 손자(Sun Tzsu) 장군과 코닥(Kodak) 기업의 조지 이스트만(George Eastman) 회장의 리더십에서도 이와 유사한 아이디어를 찾아낼 수 있었다.'

또 가누는 웨스트포인트에서 맥아더의 리더십을 관찰하면서 다음과 같은 질문 목록을 작성하여 보고서로 발간했다. 아래 열일곱 가지 질문은 그 목록의 일부이다.

1. 부하들을 조롱하며 하대하는가? 아니면 강해지도록 격려하는가?

2. 자신의 능력이 부족하다고 의심하는 부하들이 없도록 사기를 증진시키는가?

3. 수행능력이 다소 부족한 조직원들을 격려하고 그들에게 동기를 부여하기 위한 역량을 발휘하는가?

4. 자신이 책임져야 하는 부하들의 성명과 성격을 잘 알고 있는 인원은 최대 몇 명인가? 그들과 실제로도 친밀한 편인가?

5. 업무에서 요구되는 기술, 필요성, 목표 그리고 행정사항을 충분히 숙지하고 있다고 할 수 있는가?

6. 특정한 개인에게 화를 내는가?

7. 부하들이 나를 따르도록 행동하는가?

8. 자신의 업무를 타인에게 위임하는가?

9. 모든 업무를 직접 처리하고 위임하지 않는 우를 범하는가?

10. 각 조직원의 능력에 적합한 업무와 책임을 부여함으로써 그들이 발전할 수 있도록 최대한 지원하는가?

11. 부하들을 가족원과 같이 생각하며 그들의 생활여건이나 복지에 관해 충분히 관심을 가지는가?

12. 침착한 목소리로 자신감을 심어줄 수 있는 태도를 보이는가? 아니면 그저 성격이 급하고 쉽게 흥분하는가?

13. 성격, 복장, 행동 그리고 예의 면에서 부하들의 롤 모델이 되는가?

14. 상급자에게 공손하지만 하급자에게는 무례한가?

15. 조직원들을 대할 때 열린 태도를 지니는가?

16. 업무보다 직위를 더욱 중요하게 생각하는가?

17. 다른 조직원들이 있는 곳에서 특정 인원을 지적하는가?

맥아더 방식은 리더와 조직원들과의 관계형성에 있어서 인도주의적인 접근법을 강조하고 있다. 존경, 관심 그리고 충성을 기반으로 하여 감정의 교류를 적극 반영할 수 있도록 하는 것이다. 동시에 조직원들은 실적과 결과를 위해서 스스로 맡은 바의 의무를 다하는 것도 포함한다. 만약 그들의 의무를 충분히 수행하지 않는다면 리더는 그 부족함을 채우기 위해 노력해야 한다. 서로의 요구사항을 분석하고 균형감이 있는 조직발전을 위하여 맥아더 방식을 도입하여 활용해 보라.

34
부족하면 더욱 분발하라

조직의 목표를 달성하기 위해서는 자원이 필요하다. 예를 들면, 제조회사는 최종 생산품을 만들기 위해 노동력과 원자재를 요구한다. 비영리단체는 그들의 서비스를 제공하기 위해 헌신과 자원봉사자들을 필요로 한다. 또한 군대는 전투의 승리를 위해 강한 군인들과 무기가 필요하다. 그러나 리더는 목표를 달성하기 위해 필요한 모든 자원을 보유하는 경우는 드물다고 할 수 있다. 열악한 상황이라면 더욱 분발하여 최선을 다해야 하는 것이다.

제2차 세계대전과 6·25전쟁 초기에 맥아더는 병력과 장비의 극심한 부족으로 어려움을 겪었다. 그는 이에 대응하는 창조성을 발휘하여 상대적으로 열악한 군수지원 속에서도 전투를 승리로 이끈 리더로서 명예를 드높였다.

맥아더에게 가장 심각했던 문제는 오늘날 많은 조직에서도 공통적으로 겪고 있는 인력의 부족이었다. 1950년 8월에 열린 회의에서 에버릴 해리만(Averill Harriman) 대사, 합동참모총장 대리자 그리고 맥아더는 서로 심도 있는 논의를 했다.

"가장 큰 문제점은 병력지원에 관한 것이다. 간부 수에 비해 전투병 공급이 충분하지 않다. 전투 경험이 많은 장병들은 소총 한 자루면 충분하겠지만 우리는 그 나머지 인원들을 교육해야 한다. 장병들의 교대체계는 구식이 되어버렸고 보다 융통성을 발휘할 수 있도록 체계 변환이 필요한 것이다."

맥아더는 두 가지 방법을 사용하여 아군 전투 병력을 증강토록 했다.

첫째, 그는 정예 요원들을 최전선으로 이동시켰다. 그들은 전쟁 초기부터 일본에 주둔하던 잘 훈련된 군인들인데 그들을 전방으로 이동시켰다.

일본 점령 중에 지속적으로 사회 질서를 유지하기 위해 일본 경찰력의 확장을 지시하면서 병력의 부족함을 채웠다. 제2차 세계대전 때 호주의 상황과 흡사하게도 비전투요원의 확보를 위해 민간인을 모집하여 지원군을 돕도록 했다. 미 육군은 일본인 근로자들이 없었다면 6·25전쟁을 위해 25만 명의 추가병력이 필요했을 것이라고 예상했다.

맥아더는 인천상륙작전을 계획하면서 동일한 전술을 사용했다. 작전의 성공은 첫날에 달렸다고 판단했으므로 자신의 부대 이외의 병력도 활용했다. 그는 국가 예산감축으로 해병대가 축소될 위기에 처했고 그들의 가치를 증명할 기회를 모색하고 있다는 사실을 알았기 때문에 그들의 도움을 요청했다. 그에 따라 미 해병대 1사단은 즉각 인천 상륙에 중요한 선봉적인 역할을 담당했다. 그들은 과달카날(Guadalcanal)과 오키나와(Okinawa)에서 전투한, 세계에서 가장 전투 경험이 풍부한 상륙작전 병력으로 구성되었던 것이다.

둘째, 맥아더는 전투 경험이 풍부한 군인과 다소 경험이 부족한 신병들로 혼합 구성하여 한국 전투부대를 강화했다. 이것을 전우체계(Buddy System)라고 이름을 붙이기도 했다. 전쟁 초기에 북한의 맹공격을 저지하는 데 어려움을 겪은 맥아더는 한국 정부에게 참전 가능한 젊은 청년들의 징병을 요청했다. 1950년 8월과 9월에 약 9천 명의 한국인 청년들이 일본에서 훈련을 받았다. 카투사(KATUSA)[4]는 기존의 제7사단 장병들과 함께 부산 방어선을 수호하기 위해 싸웠다.

맥아더는 6·25전쟁에 일본인들을 활용했지만 다행히도 '전쟁금지'(no war)를 명시한 헌법조항을 피할 수 있었다. 그는 항구와 철도를 운용하는 데 일본의 수송요원들을 활용했다. 일본의 군사 전문가들도 연합군 총사령관 본부와 제8육군의 자문위원으로 근무하면서 도움을 주었다.

맥아더는 장비의 수요를 충족하기 위해 남다른 창의성을 발휘했다. 일본의 항복 이후, 미군의 국방예산은 예상한 바와 같이 감축되었고 태평양 지역에 주둔한 맥아더 병력을 위해서 새로운 군수품은 존재하지 않았다. 1947년, 그는 롤업 작전(Operation Roll-up)을 개시하기에 이르렀다.

---

4) KATUSA는 Koreans Attached to the US Army의 약어이다.

롤업 작전은 제2차 세계대전 후에 태평양 전역에 버려진 많은 군 장비들을 수집하여 재활용하는 데 그 목적이 있었다. 이러한 장비들은 먼저 지역보급소에서 보관하였다가 다시 일본으로 보냄으로써 두 가지 목적을 달성할 수 있었다. 우선 장비 재활용을 위한 업무를 담당하는 일본 근로자들이 일자리를 다시 얻고 공장이 재운용되면서 침체에 빠졌던 경기를 되살리는 데 큰 도움을 주었다. 또한 동시에 네 개 사단을 위한 물자지원이 가능했다는 점이다. 롤업 작전으로 그들이 현재 보유한 무기의 90%와 차량의 75%가 제공된 것이다.

6·25전쟁이 발발한 후에도 롤업 작전은 가속화되었다. 미 육군의 공식적인 전쟁사 자료에 따르면 전쟁이 시작된 후 4개월 내에 롤업 작전은 소형화기 48만 9천 개, 총포 1천 418발, 사격통제 장비 3만 4천 316개, 전투용 차량 743대 그리고 일반차량 1만 5천 대를 확보할 수 있다고 한다. 클레이튼 제임스는 "맥아더의 지상군을 위해 제2차 세계대전에 사용되었던 동일한 차량, 총기 그리고 다른 여러 무기장비들이 지원되었다."고 덧붙였다.

✭ ✭ ✭ ✭ ✭

"예산이 충분하지 않으므로 무기 종류의 다양화는 지양되어야 한다.
따라서 실용적이고 간단하며 상대적으로 저가인 장비들은
고가이면서 성능이 좋은 다양한 장비들보다 오히려 선호된다."

생각해보기

- 신규채용 없이 현존의 인력을 재배치함으로써 새로운 사업을 시작할 수 있습니까?
- 조직에서 사용하지 않는 자원이 있습니까? 이러한 자원은 어떻게 새로운 목적을 찾아 활용할 수 있습니까?

35
인적 손실의 최소화

　인적자원은 이윤, 전투의 승리 또는 자원봉사 등 조직이 추구하는 목적을 달성하기 위해 가장 필요한 요소이다. 조직의 측면에서는 인적자원의 비용 소요가 높기 때문에 모든 리더는 그 비용의 최소화를 위해 노력한다.

　맥아더는 강한 군인이 없이 전쟁에서 승리하는 것은 불가능하다고 강조했다. 전쟁의 인적비용은 병력의 전사자 수와 부상자 수로 기록된다. 제2차 세계대전 중에 맥아더는 이러한 병력의 손실을 염려했고 사상자와 관련된 보고서를 자세히 살펴보는 것으로써 하루 일과를 시작했다. 케니 장군은 "맥아더는 항상 24시간마다 간격을 두고 사상자 목록을 보고받았다. 한 명의 전사자가 확인될 때마다 그의 뺨에는 조용히 눈물이 흘러 내렸다."고 술회한 적이 있다. 그는 제2차 세계대전과 6·25전쟁 당시 전사한 장병의 가족들에게 직접 작성한 편지를 보내기도 했다.

맥아더는 장병들의 전투명령을 주저한 적이 없었던 불굴의 전사이지만 불필요한 부하의 죽음에 대해서는 강경하게 반대했다. 1944년, 진주만 회의 중에 루즈벨트 대통령이 필리핀 자유작전으로부터 초래되는 사상자가 늘어나는 것을 매우 걱정스러워하자 맥아더는 다음과 같이 대답했다.

> 아군의 인적 손실은 과거와 비교해볼 때 그리 심각한 수준이 아닙니다. 최전선의 공격은 이제 종료될 것입니다. 현대 보병무기의 위력이 상당히 향상된 만큼 사상자 수는 앞으로 크게 늘지 않을 것입니다. 일류 지휘관은 부하들의 목숨을 생명과 같이 지키고 그들의 죽음을 결코 간과하지 않습니다.

맥아더는 자신의 주장을 행동으로 실천했다. 남서태평양 전구의 지휘권을 맡은 이래 발생한 총 사상자 수는 벌지 전투(Battle of Bulge)[5]보다 적었다. 윌리엄 던(William Dunn) 특파원은 그 내용을 다음과 같이 기록하고 있다.

> 맥아더 장군의 지휘 아래 적과 싸웠던 많은 장병들이 가족의 품으로 돌아갈 수 있었다. 그들은 피가 전투복에 흠뻑

---

[5] 1944년 6월, 연합군은 독일의 대서양 방벽을 넘는 노르망디 작전에 성공, 유럽 교두보를 확보하였다. 독일군은 점차 본국으로 압박해드는 연합군을 저지하기 위하여 벨기에 아르덴 산림지역에서 1944년 12월부터 1945년 정월까지 아이젠하워의 미군과 대격돌이 벌어졌다. 벌지 전투는 미군의 승리로 끝났지만 병력손실은 독일군보다 훨씬 컸다.

젖는 잔인한 전쟁 이야기를 가족과 나누었지만 불필요한 인명손실은 최소화했다.

장군은 인적 손실을 최소화하는 전략으로써 병력을 보호할 수 있었다. 언제나 충분하게 공급되지 않는 인력은 조직에서 가장 중요한 자산인 것이다. 조직원들은 현장에서 리더의 명예와 공로를 위해 빛을 발산한다. 제2차 세계대전 중에 제11공수부대에서 맥아더를 보좌했던 헨리 버게스(Henry Burgess) 대령의 설명을 들어보자.

> 맥아더 장군이 부하들의 부상을 지켜주기 위해 노력하는 모습을 보고 자신감을 얻었다. 적군의 강한 진지를 우회하여 맹공격하는 작전과 이러한 개념의 도입은 일맥상통했다. 태평양 전역에 걸쳐서 뉴기니에서 필리핀까지 이러한 작전은 성공적으로 수행되었다.

제2부에서도 언급한 바와 같이 맥아더는 아군의 사상자 수를 최소화하기 위해 노력했다. 1948년에 작성한 편지에 그의 생각을 잘 기록하고 있다.

> 전쟁사의 교훈은 공통적으로 두 가지의 오류를 포함한다. 즉, 승리를 위해서 군사무기에 과도하게 의존하는 것과 인적 또는 물자비용으로 승리를 판단하는 것은 곧 실패한다는 것이다. 진정한 승리는 각 장병들의 정신력과 함께 헌신하는 리더십에 의존하는 것이다. 사랑하는 이들의 생명을

앗아감으로써 발생하는 비극의 비용과 전투에서 무모한 진격으로 야기되는 미래의 전투력 약화도 큰 문제가 있다.

예상되는 병력의 사상률은 맥아더의 전략적 계획에 있어서 중요한 고려사항이었다. 본부에서 근무했던 필리핀 출신 카를로스 로무로(Carlos Romulo) 장군은 다음과 같이 술회하고 있다.

맥아더는 군사작전 이전에 항상 참모들에게 던지는 한 가지 질문이 있다.
"이 작전을 통해서 얼마나 많은 사상자가 발생할 것이라고 생각하는가? 그리고 희생자 수는 몇 명으로 예상되는가?"
참모들은 상당히 많은 수가 될 것이라고 답변하자 그는 바로 대답했다.
"예상되는 사상자 수가 너무 많소. 다른 작전을 강구해 봅시다."

또한 맥아더는 잠재적인 병력 손실을 방지하기 위하여 다양한 정보를 활용했는데 폴 로빈슨(Paul Robinson) 박사는 다음과 같이 언급하고 있다.

적군과 대치한 최전선에 많은 병력을 배치하는 지휘관은 예외 없이 큰 인적 손실을 경험할 것이다. 지휘관이 정확한 정보를 알고 있다면 그러한 손실을 조금이나마 최소화할 수 있을 것이다. 맥아더 장군은 유용한 정보를 얻기 위해 적극적으로 노력했다.

맥아더는 부하 장교들이 병력 손실을 최소화하는 노력을 기울이는지 확인했다고 로빈슨은 계속하여 말을 이어 나갔다.

그는 사상자 발생 보고를 받으면 몹시 괴로워했다. 레이테(Leyte)에 오기 전에 많은 병력을 잃어버린 어느 장교는 사단 지휘부에서 해임되기도 했다.

조셉 스윙(Joseph Swing) 장군은 맥아더가 자신에게 말한 것을 다음과 같이 기억하고 있다.
"조셉, 우리는 해병대가 유럽에서 보여준 전투방식을 따라 해서는 곤란하네. 상식적으로 생각해보아도 얼마나 많은 아군 장병들이 죽어갈지 보이지 않는가? 승리를 위해 그저 많은 병력을 투입하여 전투하는 것은 무모한 짓이야. 누구라도 그렇게 싸울 수는 있지."
맥아더의 메시지는 명확했고 스윙 장군도 병력손실을 최소화하면서 전투에 임했다.

★★★★★
"성공은 돈이 아닌 인적자원에 달렸다."

생각해보기

- 여러분은 행동하기 앞서서 준비하고 있는 전략과 전술 아래 예상되는 인적손실을 고려합니까?
- 조직원들의 희생을 간과하는 관리자가 있습니까?

36
상급자도 관리한다

모든 리더에게는 자신을 따르는 조직원들이 있다. 기업이나 비영리단체의 책임자들은 이사회의 지시를 따르고 군 참모총장들은 국가원수의 명령을 수행한다. 조직의 목표를 달성하는 가운데 승진이나 진급을 바란다면 리더는 조직원의 관리뿐만 아니라 상급자도 관리해야 한다.

맥아더는 본의 아니게 트루먼 대통령과 좋은 관계를 유지하는데 실패한 대표적인 경우로 기억되고 있다. 그러나 트루먼에게도 악영향을 끼친 이 역사적 사실은 사뭇 다르게 전해지고 있다. 사실, 맥아더는 상급자와 좋은 관계를 유지하는 데 전문가였다. 상급자와 좋은 관계에서 근무하는 것이 곧 부하들을 관리하는 것만큼 중요하다고 생각했다. 전투에 필요한 자원 지원도 상부 지휘체계와 얼마나 원만하게 협조관계를 유지하는가에 따라서 결정된다.

클레이튼 제임스는 맥아더와 상급자와의 관계에 대해 다음과 같이 조사한 바 있다.

> 1950년, 웨이크 섬[6]에서 단 몇 시간동안 무의미한 대화를 나누었던 트루먼을 제외한다면 맥아더 장군의 인간관계는 양호했다. 1930년부터 1951년까지 미국, 필리핀, 호주 그리고 일본의 원수들과 끈끈한 친밀도를 형성했는데 이러한 협조관계의 조화는 자신과 참모진과의 밀접한 관계 그 이상이었다.

후버 대통령[7]은 일생동안 맥아더의 친구이자 후원자였다. 맥아더는 루즈벨트 대통령의 정치에는 반대했지만 그로부터 전폭적인 신뢰를 받았고 함께 일하는 가운데 전혀 문제는 없었다. 또한 매뉴엘 퀘손(Manuel Quezon) 필리핀 대통령과 존 커튼(John Curtin) 호주 총리도 맥아더를 매우 존경했다.

맥아더는 부하들과의 관계와 유사하게 상관과 업무를 추진할 때도 채찍보다는 당근을 선호했다. 상관에 대한 단순한 아첨이 아닌 그 이상의 화술을 사용했다는 것을 보여주는 많은 사례들이 있다. 예를 들면, 제2차 세계대전 중에 헨리 스팀슨(Henry Stimson) 국방부 장관이 호주 정부와 협력관계를 훌륭하게 구축한 맥아더를 칭찬했을 때 맥아더는 "국방부 장관님으로부터 칭찬

---

6) 미드웨이 섬과 함께 중앙태평양에 있는 전략적 요충지로서 태평양전쟁 당시 일본 점령선내에 위치한 섬이다.
7) 미국의 제31대 대통령으로 극심한 경제공황의 극복과 군비축소 정책을 수행하였고 라틴아메리카 등 여러 나라와 우호관계를 유지하였다.

을 듣는 것은 내 삶의 원칙 중 하나입니다. 개인적으로 큰 영광이고 장관님에 대한 깊은 존경과 감격도 느낍니다."고 말했다.

윌리엄 베이더린덴(William Beiderlinden) 장군은 맥아더가 일본을 방문한 세 명의 미 상원의원들을 성공적으로 수행했다는 것을 기록하고 있다.

장군은 임페리얼 호텔(Imperial Hotel)로 가서 그들을 모셔왔다. 다이 이치(Dai Ichi) 건물로 가던 중 한 의원이 먼저 "이제 함께 의논해봅시다. 우리는 맥아더 장군의 과도한 예산 소모를 당장 중지해야 한다고 알려야 합니다. 정부에 세금을 지불하는 미 국민들은 일본인들을 위해 하루 미화 100만 달러를 내어 놓기가 이제는 곤란할 것입니다. 일본에 주둔한 미군은 이미 많은 예산을 소비했으며 장군도 국방예산을 줄여야 합니다."라고 말을 꺼내자 나머지 의원들은 모두 동의했다.

나는 의원들을 맥아더 장군에게 소개시켜주었다. 그는 항상 어느 누구라도 만나기 전 이미 모든 것을 파악하는 습관이 있었다. 아니나 다를까 맥아더는 의원들에 대하여 알고 있는 내용을 잘 말했고 심지어는 그들의 지인들까지 언급했다. 약 2시간 또는 그 이상의 화기애애한 시간이 흐른 후에 다시 의원들을 맞이하기 위해 엘리베이터로 갔을 때 그들은 맥아더를 바라보면서 "우리는 지금까지 실제 상황을 잘 알지 못했군요. 맥아더가 옳습니다. 장군은 적정한 수준의 국방예산이 필요하고 오히려 지금보다 더욱 많은 자금이 필요할 수 있다고 판단됩니다."라고 말했다.

맥아더 장군은 세 명의 의원들에게 완벽한 최면술을 걸었던 모양이다.

맥아더는 부하들에게 사용했던 방식과 같이 상관으로부터 원하는 것을 얻지 못했을 때 '채찍'의 사용도 주저하지 않았다. 그와 관련된 문서는 모두 '부연설명 요구'라는 메모로 가득 채웠다. 그는 동의하지 않는 명령을 받게 되면 상관의 마음을 바꾸기 위해 지시된 세부사항까지 설명을 요구했다.

사태가 긴박한 가운데 여전히 상관을 설득하지 못했을 경우 외부의 압력을 활용하는 것도 서슴지 않았다. 앞으로 제48장에서 확인할 수 있겠지만 기자회견을 열어서 여론수렴의 방식도 활용했다. 물론 이것은 위험한 도박과도 같은 행동이었다. 그러한 방식은 결국 트루먼-맥아더 논쟁의 발단에 불을 지폈고 해임되는 결정적인 이유가 되기도 했다.

맥아더는 항상 독립적으로 사유했고 상관의 불의한 행동에 도전하기 위해 적극적이었지만 불복종하지는 않았다. 그의 도전이 실패로 끝난다면 명령을 그대로 수용했다. 후버 대통령이 '보너스 시위자들'(Bonus Marchers)을 제재하라고 했을 때 그대로 순종했고 루즈벨트 대통령의 필리핀 철수명령에도 두말없이 수용했다.

트루먼과의 관계에서는 대통령 명령에 불복종한 것은 사실이다. 그러나 트루먼은 자신의 행동을 정당화하기 위해 정부에 대한 맥아더의 불만을 간접적으로 지적했다. 트루먼이 명확하고 직접적이며 최종적인 명령을 내렸다면 맥아더의 불복종은 부적절 하였지만 실상은 차이가 있었을 것이다.

★★★★★

"52년간 군 복무를 하면서 주어진 모든 명령을
최선을 다해 수행했다고 자부한다."

생각해보기

- 상급자와 더욱 효과적으로 일할 수 있는 비결이 있습니까?
- 하급자는 상급자의 명령이나 결정에 반박할 수 있는 정형화되고 명확한 절차를 알고 있습니까?

5

리더의 개인적 특성

37장 자신의 가치는 소중하다
38장 이상의 실현
39장 용기는 행동으로 증명한다
40장 솔선수범
41장 성공하려면 준비하라
42장 끊임없이 배우고 습득하라
43장 역사는 미래의 거울
44장 자신감을 발산하라
45장 운동의 중요성
46장 화술에 능통하라
47장 정서적 유대관계 형성
48장 미디어의 활용
49장 조직 혁신
50장 위험도 수용하라
51장 평화를 사랑하라
52장 애국자

37
자신의 가치는 소중하다

'의무, 명예, 조국'은 웨스트포인트의 유명한 세 가지 교훈이다. 이 표어는 맥아더가 입교하기 바로 1년 전인 1898년에 채택되었다고 전해지고 있다. 그는 생도로서 이러한 가치를 지키고 구체적인 실현을 위해 일생동안 노력했다.

1962년 5월 12일, 맥아더는 웨스트포인트의 유명한 마지막 연설에서 이러한 가치들을 다시 한 번 강조했다.

"의무, 명예, 조국. 신성한 이 세 단어는 제군들이 어떠한 인물로 성장할 것인지에 관하여 깊은 가르침을 줄 것이다."

그리고 이러한 가치의 특별함과 함께 맥아더는 리더로서 균형감 있는 행동에 관하여 설명하기 시작했다.

이것은 제군이 자부심을 가지고 정직한 실패에도 담대해질 수 있는 가르침을 준다. 동시에 성공에 있어서는 겸손하고 신사적이어야 하며 행동이 수반되지 않는 말은 삼가고 손쉬운 것만을 추구해서는 안 된다. 주위의 압박을 견뎌야 하고 어려움과 도전에 맞서야 하는 것이다. 폭풍이 몰아치면 똑바로 서서 살아남는 법을 배워야 하지만 주위의 넘어지는 이들을 위해서도 동정심을 잊지 말아야 한다. 상대방을 섬기기 위해서는 자신이 먼저 주인의식을 가져야 한다. 정결한 마음을 지키고 원대한 목표를 세우며 웃음을 보이는 여유를 가져야 하지만 슬픔을 잊어서도 곤란하다. 미래 지향적이어야 하지만 과거의 교훈을 무시해서는 더욱 곤란하다. 매사에 신중함이 중요하나 과도한 염려는 바람직하지 않다. 현명함, 열린 사고의 지혜와 함께 진실의 힘을 기억해야 할 것이다.

맥아더는 어릴 적부터 인생의 중요한 가치에 대하여 배웠다. 그의 부모님은 애국심과 함께 결과에 관계없이 정도의 길을 선택할 것을 강조하면서 인생의 기본가치를 강조했다. 군 기지 내에서 성장한 그가 가족으로부터 습득한 가치관은 장교로서 지녀야 할 덕목과 크게 다르지 않았다.

그것은 지휘관 맥아더에게 전시나 평시의 의사결정에도 도움이 되었다. 대일본전 승리를 위한 노력으로 필리핀을 제외하는 계획에 반대했던 것도 그러한 가치관과 관련이 있었다. 1944년 7월, 루즈벨트 대통령은 일본에 접근하는 데 가장 좋은 방법을 찾기 위해 맥아더의 의견을 들어보기로 하였다. 그때 맥아더는 전략적인 이점에 관해 논의한 후 '도덕적 의무'를 언급하면서 윤리성을 강조했다. 명예의 가치를 소중히 생각한다면 일본군에 포위된 1천 7백만 명의 필리핀 국민들과 미군 포로들을 그저 포기할 수만은 없었던 것이다. 3일 후, 루즈벨트는 기자회견에서 "우리는 필리핀을 반드시 되찾을 것이고 그 일에 맥아더 장군이 중요한 역할을 할 것임에는 의문의 여지가 없다."고 발표했다.

결정한 일이 실행되지 않을 경우에도 위의 세 가지 가치는 큰 힘이 되었다. 한국전 당시 연합군 최고사령부 본부에서 근무하고 국무장관을 역임한 알렉산더 헤이그(Alexander Haig) 장군은 "맥아더 장군의 뛰어난 능력 중에 한 가지는 강한 신념에서 뿜어져 나오는 대단한 자신감이었다."고 말하였다.

맥아더는 위의 가치가 개인에게만 한정되는 것이 아니라고 언급했다. 조직 내에서도 서로 중요한 가치를 공유하기 위해 많은 노력을 기울였다. 그가 직접 제정한 웨스트포인트의 유명한 명예 규약이 좋은 예라고 할 수 있다.

"군인이라면 명예가 자신이 추구해야 할 최고의 가치가 되어야 한다. 동료, 사회 그리고 가장 중요한 조국에 대한 책임감과 함께 각자의 품위를 유지하는 행동 규약인 것이다."

어려운 상황에 놓일지라도 의무의 가치는 변함없었다. 제2차 세계대전 중에 본부에서 사무국장으로 근무했던 폴 로저스는 맥아더를 감수성이 풍부하고 조용한 성격의 인물로 기억하면서 "그러나 의무와 관련된 사항이라면 그는 전광석화 같이 민감해졌고 필요할 경우에는 장병들의 죽음을 각오하고서라도 의무를 위해 싸우는 정신력을 요구했다."고 덧붙이고 있다. 또한 직접 부하들에게도 "제군은 의무를 다하도록 행동하라. 그렇게 하면 과거의 잘못을 덮어주고 상을 줄 것이다. 잘못을 고치는 의무를 다하지 않으면 부끄러움과 창피함을 줄 것이다. 언제든지 그리고 어디서든지 각자 맡은 의무에 목숨을 걸어라."라고 한 것을 기억하고 있다.

맥아더는 자신의 가치를 소중히 하는 것이 곧 뛰어난 리더십이라고 생각했다. 그는 육군 지휘참모학교에 재학 중인 한 장교에게 "진정한 리더십인 도덕적 용기는 기본적인 철학에 그 기초를 둔다. 대중적인 인기에만 흔들리는 잘못된 판단을 해서는 곤란하므로 언제나 정도의 길을 가야 한다. 인간은 결정에 있어서 오류를 범하기 쉽다는 것을 주의하라."라고 말했다.

물론 위의 가치가 올바른 결정의 근거가 된다.

21세기를 맞이한 후 연이어 터지는 기업 금융스캔들에 대해 맥아더가 생존했더라면 그는 과연 어떤 반응을 보일까? 1951년 12월 12일, 구세군(Salvation Army) 앞에서 한 연설은 다음과 같은 경고를 주고 있다.

"역사는 국가의 도덕적 타락이 정치와 경제적인 하락으로도 이어지기 마련이라는 것을 말해준다. 도덕적 해이를 극복하기 위한 정신이 널리 알려진 반면, 국가적 재앙을 불러오는 타락도 공존해 왔다."

★★★★★
"자신의 가치는 제군이 어떤 인물로 성장할 것인지
깊은 가르침을 줄 것이다."

생각해보기

- 어떠한 개인적 가치가 여러분의 행동을 결정합니까?
- 조직이 나아가야 할 방향을 결정하는 가치가 있습니까?

38
이상의 실현

 많은 사람들은 이상주의가 젊은이들에게만 주어지는 특권이라고 생각한다. 이것은 마치 현실주의자가 바라보는 세계적인 관점에서 이상주의는 존재하지 않는다고 잘못 이해하고 있는 것과 같다. 또한 이상주의는 과도하게 이상적인 개념으로 치부되는 동시에 실패주의와 결부시키는 등 폄하되기도 한다. 전쟁의 최전선에서 목숨을 걸고 싸웠던 맥아더는 강한 자만이 살아남는 극단적인 현실주의를 경험했다. 그러나 그는 이상적인 사회의 실현이 가능하다고 믿었던 이상주의자였고 인생의 마지막 날까지 이러한 가치를 고수했다.

 그는 다음과 같은 문장을 액자로 제작하여 동경의 사무실에 걸어두고 인용하기를 좋아했다.

 "젊음은 인생에서 한 순간의 시간이 아니다. 무엇이든지 마음먹은 대로 할 수 있는 시기다. 어느 누구도 많은 세월을 살았다고 해서 나이가 드는 것은 아니다. 사람은 바로 그들의 이상이 사라져버리면 늙게 되는 것이다."

이것은 앨라배마 주 출신의 시민운동가이자 교육자였던 사뮤엘 울먼(Samuel Ullman)이 1900년대 초기에 썼던 산문시에서 인용한 것이다.

맥아더는 자신의 75회 생일을 축하하는 재향군인회 연회장에서 울먼의 시를 인용하며 연설을 했다.

여러분은 믿으면 젊어지고 의심하면 늙습니다. 자신감을 지니면 젊어지고 두려워하면 늙습니다. 희망을 가지면 젊어지고 절망하면 늙습니다. 우리 가슴의 중심에는 기억을 하는 방 하나가 있습니다. 아름다움, 희망, 활기와 용기의 메시지를 보내면 사람도 젊어지는 것입니다. 생기 없는 심장이 비관적인 눈뭉치와 냉소적인 얼음으로 둘러싸인다면 여러분은 늙어가는 것입니다. 그리고는 결국 멀리 사라져 버립니다.

이것은 맥아더가 일생동안 그토록 열정적이고 생산적일 수 있었던 원동력인 동시에 긍정적인 이상의 실현을 위해 노력했던 이유일지도 모른다. "나는 영원히 살 수 있는 것처럼 살기 위해 자신과 약속했다."고 말하고 있다. 그는 삶에서 고난에 처했던 몇 번의 시기를 제외한다면 언제나 열정적인 삶을 유지했다. 80세 초반까지 심각한 질병에 걸리지 않았고 말도 더듬지 않았다. 83세가 되던 인생의 마지막 해에 스페리 랜드(Sperry Rand) 이사회 회장으로서 근무하면서 인생의 마지막 장을 장식했다.

케네디 대통령의 부탁으로 올림픽경기를 위한 대표선수 선발 자격심사로 곤경에 처했던 미 체육협회와 전국 대학체육연합 사이의 합의를 성공적으로 이끌어내기도 했다.

맥아더의 이상주의는 단지 신체의 젊음을 유지하기 위해 사용했던 것만이 아니라 그가 맡은 많은 임무를 달성하기 위한 역동성의 원천이었던 것이다. 1920년대 초, 웨스트포인트에 새로운 활기를 불어넣기 위해 맥아더는 교육이 지향하는 이상적인 비전을 품고 개혁을 시작할 때 제한하는 것이 아니라 변화하는 상황에 적합하도록 비전을 수정하며 실행에 옮겼다.

그는 일본 점령기에도 패전국이 할 수 있는 이상적인 비전의 실현을 위해 노력했다. 이러한 비전은 민주화 국가로 개혁을 갈망했던 많은 일본 국민들의 지지를 받았다. 이와 관련하여 1949년 9월, 시카고 선 타임즈(Chicago Sun Times)의 편집자에게 기고한 글을 보면 다음과 같다.

> 신화, 전설 그리고 미신의 잘못된 고정관념 속에 빠진 비판주의자들은 일본이 민주국가가 되는 가능성에 동의하지 않았다. 그러나 우리의 경험은 동과 서 또는 북과 남에 관계없이 개인의 자유와 고귀한 인격의 존중을 위한 기회였다는 것을 명확하게 증명한다. 지구상의 어느 누구도 발전하기 위해 노력하는 자는 실패하지 않고 그러한 발전을 독차지하는 이도 없다는 것을 가르쳐준다. 이것은 1800년에 주장한 제퍼슨(Jefferson)의 가르침이기도 하다. 이 교훈은 1949년 일본이 처한 상황에도 동일하게 적용되었다.

조화는 이상주의를 위해 필요한 부수물이다. 실현할 수 없는 이상적인 비전은 자원과 노력의 낭비이지만 자신의 한계에 항상 의문을 제기하고 제한을 두지 말아야 한다. 그는 언제나 야망 속에서 이상적인 비전을 지녔기 때문에 최대의 결과를 얻을 수 있었다는 사실을 기억했던 것이다.

리더로서 맥아더가 보여준 비전과 목적은 모두 이상주의를 기반으로 했다. 이상을 실현시키려는 성취동기가 제2차 세계대전 중 미국, 필리핀 그리고 호주 국민들에게 새로운 활기를 불어넣는 원동력이 되었던 것이다. 그의 조상(彫像)은 달력이나 저금통 등에 장식되기도 했다. 노동조합을 비롯한 여러 단체로부터 '동기부여'를 주제로 한 강의 요청을 흔쾌히 수락하곤 했다.

맥아더는 스스로 최고 수준에 도달하기 위해 끊임없이 노력했다. 이상적인 리더로서의 이미지를 지키기 위해 최선을 다하여 일했던 것이다. 또한 그의 사진이나 이름을 제작물에 사용한 대가로 발생하는 초상권의 수익을 정중히 거절하면서 "여러분의 특별한 제안에 고마움을 느낀다. 그러나 조국에게 보답하기 위한 명예로운 일을 모두 자본화시킬 수만은 없다고 생각한다."라고 말하는, 그야말로 이상적인 인물이었다.

★★★★★

"사람은 자신의 이상이 사라져버리면 비로소 늙게 되는 것이다."

생각해보기

- 리더십을 발휘할 때 최상의 가치 기준에 따릅니까?
- 여러분의 조직은 완벽한 비전을 추구합니까?

39
용기는 행동으로 증명한다

　효과적인 리더십은 용기를 필요로 한다. 리더는 조직과 조직원들의 위험에 대처하고 실패에 대한 책임을 받아들이며 조직원들로부터 도움을 받기 위한 용기도 필요하다. 맥아더는 용기를 행동으로 증명하는 것을 중요하게 생각했다.

　신체적 피해의 위험이 따르는 군대에서 외적으로 드러나는 용기는 중요한 요소이다. 1944년 12월 12일, 제2차 세계대전을 치르던 맥아더는 뛰어난 조종사였던 딕 봉(Dick Bong) 소령에게 명예훈장을 수여하면서 "군인에게 열정을 불러일으키는 것은 바로 용기이다. 이것은 작전의 성공을 위한 기본 요소이다."라고 말했다.

　비평가조차도 맥아더의 용기는 범상치 않았다고 평가한다. 그가 위험 자체를 피하려고 했다는 기록은 찾기 어렵다. 제1차 세계대전을 지휘할 당시 적군의 총알이 오가는 최전선에서도 두려움 없는 지휘관으로 명성을 얻었다. 많은 지휘관들은 부상의 위험에 노출되는 것을 꺼려했으나 맥아더는 제2차 세계대전과 6·25전쟁에서 위험도가 높은 전투지를 직접 순찰하기도 했다.

그는 몇 주간 지속되는 공습폭격을 버텨야 했던 코로히도르에서 발휘한 용기 있는 행동으로 명예훈장을 수여받았다. 대통령은 포상과 함께 그의 타고난 용기 속에 내재된 리더십을 칭찬하였다.

> 그는 적의 맹렬한 공격과 항공기의 포탄 아래에 처해진 위험에도 전혀 아랑곳하지 않았다. 매번 위기 속에서 보여준 차분함은 부하들에게 큰 힘이 되었다. 이는 필리핀 국민의 저항정신을 새롭게 북돋아주었고 미국 시민들의 미군에 대한 신뢰를 확인시켜주었다.

외적인 용기는 모든 조직에서 요구되는 것이 아닐 수도 있지만 내적인 용기는 필수적이다. 리더는 자신의 목표를 달성하기 위해서 정신적인 용기가 반드시 필요하다. 맥아더는 웨스트포인트의 입학 허가를 얻기까지 끊임없이 노력했던 대단한 정신력과 용기를 보여주었다.

흥미롭게도 그는 외적인 용기로 잘 알려졌으나 내적인 용기를 유지하기 위해서는 끝없이 노력해야 했다. 인생에서 겪었던 고난 때문에 생긴 스트레스로 심각한 증세를 보인 적도 있었고 육사 생도가 되기 위한 시험을 준비하면서 그 경쟁의 치열함에 염증을 느끼기도 했다. 중요한 점은 갖가지 불안과 두려움 속에서도 그는 절대로 용기를 잃지 않았던 것이다.

리더는 조직을 보호하고 안전하게 운용하기 위해서는 내적 용기가 필요하다. 맥아더가 루즈벨트 대통령 밑에서 육군 참모총장으로 근무할 때 행정부는 대대적인 국방예산 감축을 제안했다. 맥아더는 이러한 예산 문제를 가지고 루즈벨트와 용기 있게 담판을 지으면서 너무 격렬한 논쟁이 오간 나머지 대통령의 꾸지람을 듣기도 했다. 맥아더는 사과를 하면서도 그의 주장을 굽히지는 않았다. 결국 예산감축은 축소될 수밖에 없었으나 그 폭을 최소한으로 조정할 수 있었다. 회의실 밖에 있던 국방부 장관이 그에게 축하의 말을 전하자 맥아더는 "방금 백악관 계단에 구토를 하고 왔소."라고 대답했다. 자신의 주장을 충분히 받아들이지 않은 정부에 대한 용기 있는 불만이었던 것이다.

또한 리더는 조직의 목표를 지원하기 위해 내적인 용기가 필요하다. 그가 원칙과 전략을 기반으로 하여 펼치는 주장은 대부분 성공적이었다. 한국의 인천상륙작전이 그 좋은 예이다.

리더는 조직원들에게 동기부여와 함께 신뢰를 구축하기 위한 용기를 보여주어야 한다. 리더가 앞서서 진두지휘하여 전투에 승리할 때 신뢰도를 높일 수 있다. 일본 점령기의 책임자로서 보였던 평화를 위한 노력도 리더에 대한 신뢰를 쌓을 수 있는 기회였다.

한편, 용기의 결여는 조직원들의 사기와 수행력에 심각한 영향을 끼칠 수도 있다. 제2차 세계대전 중에 맥아더는 리더의 용기가 의심을 받으면 부정적인 영향을 끼친다는 것을 직접 경험했다. 그는 코로히도르에서 필리핀의 방어를 이끌면서 '참호더그'(Dugout Doug)라는 별명을 바탄군 사이에서 얻게 되었다. 제한된 여건 속에서 전투를 하면서 리더만은 안전한 참호 속에서 식량을 충분히 공급받는다는 일부의 비아냥거림이었다. 물론 이것은 사실이 아니었으나 일부 부하들은 좌절감을 표출했고 장병들의 사기에도 악영향을 미쳤다.

맥아더는 그리 동요하지 않은 대신 실제로 행동을 통해서 잘못된 오해라는 것을 증명하기 위해 노력했다. 윌리엄 던 특파원은 "전쟁 중 우스갯소리 한 가지가 있었다. '안전하기를 원한다면 장군과 가까이 붙어 있어라. 안전비행을 원한다면 장군이 타는 항공기에 올라타라.'고 했지만 이러한 소문이 실제가 아님을 행동으로 증명했고 모험에 대한 두려움은 전혀 없었다."고 말했다. 지휘관의 용기는 다시 의심되지 않았다. 여기서 얻는 중요한 교훈이란 바로 리더는 말이 아닌 반드시 행동으로 용기를 증명해야 한다는 것이다.

★ ★ ★ ★ ★

"용기는 작전의 성공을 위해 기본적으로 갖추어야 할 요소이다."

생각해보기

- 목표를 달성하기 위해 어떠한 두려움을 반드시 극복해야 합니까?
- 조직원들에게 용기를 보일 수 있는 방법은 무엇입니까?

㊵
솔선수범

위대한 리더는 위기상황이 발생하면 수동적인 반응 대신 미리 예견하여 행동을 취한다. 첫 걸음을 내딛을 때 얻을 수 있는 이점을 활용하는 것이다. 리더는 먼저 앞서 행동하는 실행자인 것이다. 맥아더는 전시와 평시에도 실행의 중요성을 강조했다. 역사 속의 리더와 마찬가지로 그도 먼저 행동을 위한 의지로 가득 찼던 것이다.

맥아더의 장기간에 걸친 군 복무 가운데 가장 흥미로웠던 진술 중 하나는 '전쟁의 철폐'라는 놀라운 목표였다. 핵무기가 개발된 이후 첨단무기로 인한 파괴력은 급격하게 향상되었고 종전의 전쟁은 완전히 구식으로 바뀌었다는 사실을 인식했다. 이와 같은 생각은 그의 1955년 연설에 잘 나타나 있다.

우리는 과거로부터 벗어나야 하고 언제나 미래를 이끌 수 있는 리더가 되어야 한다. 우리는 세계의 강대국과 함께 전쟁을 철폐하는 준비를 해야 한다. 그 결과는 마법과도 같이 짜릿할 것이다.

앞서 실행하는 맥아더의 의지는 변함이 없었다. 그는 문제를 발견하면 단순히 문제점을 보고하는 것에 그치는 것이 아니라 해결책도 함께 제시했다. 1914년, 베라크루즈(Veracruz)에 철도용 기관차를 설치하려고 했던 사업은 맥아더의 의지가 행동으로 보인 좋은 예이다. 아이러니하게도 육군 참모총장 특별 보좌관이었던 그가 명예훈장을 받지 못했던 이유는 바로 베라크루즈에서 근무하는 지휘관에게 통보하지 않고 임무를 수행했다는 사실 때문이었다.

맥아더는 평화를 위한 행동이 낳을 수 있는 '마법'의 결과에 대해 이야기하면서 실제로 겪은 경험을 나누었다. 이러한 실행은 세계 역사를 바꿀 수도 있는 대단한 것이었다. 맥아더의 실행은 결국 제2차 세계대전 중 남서태평양 전구의 연합공격작전의 추진력이 되었다. 호주에는 병력이나 전략도 준비되지 않았다는 것을 발견하고 당황했으나 육군 참모총장 조지 마샬에게 병력과 물품의 지원을 강력히 요구했다. 맥아더는 미 정부에 더욱 압력을 가하기 위해 언론매체의 힘도 활용했다. 결국 존 커틴 총리로부터 지원을 약속받았고 호주 정부는 전투재개에 필요한 자원을 제공하기 위해 병력과 기동성 있는 산업시설을 지원했다. 맥아더의 신속한 행동이 없었다면 태평양 전구는 일본의 점령지로 탈바꿈했을지도 모르는 일이다.

맥아더는 지시받은 명령의 종류에 관계없이 항상 최선을 다하려고 노력했다. 그는 먼저 행동하고 추후에 승인을 받는 것으로 유명했다. 6·25전쟁이 발발한 첫날에 그는 항공기의 엄호 아래 탄약을 실은 화물선을 한국으로 급송한 후에 합동 참모총장에게 이 사실을 보고했다. 미국도 신속히 한국의 방어를 위해 병력을 지원했지만 이것은 상부의 명령이 없었던 임의판단이었으므로 엄청난 정치적 파급 효과가 발생할 수도 있었던 문제였다.

맥아더의 행동 전략은 일정한 시간이 흐른 뒤에 정당해진 경우가 빈번했으나 어느 정도의 한계가 있었던 것은 사실이다. 트루먼 대통령이 지시한 해임 명령에서도 알 수 있듯이 모든 리더는 그들의 권한에 대한 상급자의 구속력과 억제력의 관점에서도 행동을 고려해야 한다.

리더는 권력을 축적하거나 조직원들의 행동을 제한하는 것이 아니라 조직의 목표를 달성하기 위해 실행한다. 맥아더는 성공적인 위임과 조직의 성과를 최대화하기 위해 리더로부터 권력을 이양받아 행동을 취할 수 있는 보좌관의 필요성을 깨달았다. 조지 케니 장군과 같은 맥아더의 참모가 대표적인 예이다.

케니 장군이 처음으로 호주에 상륙할 당시 공군의 상황은 참담했다. 새로 부임한 공군 지휘관은 안전순찰 후에 발견한 인력과 장비 관련 문제들을 해결하기 위해서 자율적인 권한이 필요하다고 건의하자 맥아더는 다음과 같이 답변했다.

> 자율적 권한을 갖고 근무하시오. 누구든지 귀향시키길 원한다면 내가 승인하겠소. 장군의 지휘체계 아래의 전투원

이라면 희망대로 하시오. 그들이 일본 항공기를 격추시키고 일본 함정을 침몰시키기만 한다면 무엇을 하든지, 복장이 어떻든지 심지어 상관에게 경례를 안 해도 나는 상관하지 않겠소. 어떠한 훈장이나 상을 수여할 수 있는 권한도 줄 것이오. 장군의 장병들 중 단 한 명이라도 큰 공헌으로 청동무공십자훈장을 수여받길 희망한다면 내게 알려주는 즉시 승인할 것이오.

케니는 공군을 전쟁에 없어서는 안 될 중요한 요소로 탈바꿈시킬 만큼 뛰어난 업적을 남겼다. 그리고 그는 "맥아더 장군과 함께 근무하면 정말 신이 나고 힘이 용솟음친다고."고 술회한 적이 있다.

★★★★★

"조직은 먼저 앞서 실행하는 리더를 필요로 한다."

생각해보기

- 여러분은 미리 행동하는 리더입니까? 아니면 상황에 따라 수동적으로 반응하는 리더입니까?
- 조직원들은 먼저 행동할 수 있는 권한을 지닙니까?

㊶ 성공하려면 준비하라

미래를 예측하여 미리 준비하는 것이 중요하다는 것은 상식이다. 약 2천 6백년 전, 그리스인 이솝(Aesop)의 우화 '개미와 베짱이'를 보라. 개미는 여름 내내 겨울에 대비하여 먹이를 부지런히 모은 반면에 베짱이는 놀기만 하면서 축제를 즐겼다. 어느 쪽이 결코 피할 수 없이 다가오는 겨울을 대비해 준비되었겠는가?

마찬가지로 리더도 준비해야 한다. 삶에서 마주치는 개인적인 도전에 대비하여 준비해야 하고 조직원들이 겪게 될 조직의 도전에 대해서도 대비해야 하는 것이다.

맥아더는 10대 소년이었을 때 이러한 준비의 미학을 일찍 깨닫고 있었다. 그는 웨스트포인트 입학을 위해 철저히 준비한 결과 합격의 영광을 거두었던 어린 시절을 회고했다.

"나는 점수로 측정되는 것이면 무엇이든 선두를 지키려고 했다. 철저히 준비하면 그 결과도 그대로 돌아온다는 교훈은 결코 잊을 수 없었다. 준비는 성공과 승리의 핵심인 것이다."

맥아더는 웨스트포인트에서 생도교육을 받을 때 자기 역량을 위하여 적극적으로 준비했다. 이러한 노력은 뛰어난 학교성적으로 정확하게 증명되었다. 신입생이던 그는 상급생과 함께 생활하면서 공부할 수 있는 시간을 최대한 확보하기 위해 기상나팔이 울리기 1시간 전에 일어나 교과 공부에 몰두했다. 사관학교 동기였던 줄리안 쉴리(Julian Schley)는 "맥아더는 동기들 중 어느 누구보다도 열심히 공부했다. 그는 이미 뛰어난 생도였지만 현재에 만족하지 못했다."고 생도시절을 회고했다.

'준비'는 맥아더의 대표적인 리더십 표어가 되었다. 웨스트포인트 학교장으로서 이룬 업적 중 하나는 4년의 교육과정을 재정립했다는 것이다. 제1차 세계대전의 발발로 사관학교의 교육 기간이 1년으로 축소되었으나 전쟁이 종료된 이후에도 그대로 지속되다가 1919년부터 그나마 3년으로 확대되었다. 그러나 선진 장교양성을 위해서 그 기간은 절대 부족했다. 맥아더는 한 명의 신임 장교를 교육하기 위해서는 최소한 4년은 필요하다고 생각했으므로 교육기간의 확대를 강력하게 주장했다. 1920년 초, 그는 의회 청문회에서 공식적으로 증언했고 그 결과 교육과정은 다시 4년으로 재정립된 것이다.

1942년, 맥아더는 남서태평양에서 소집할 수 있는 병력의 증강이 절실했을 때도 웨스트포인트의 교육과정 감소에 대해서는 "나는 변함없이 웨스트포인트의 교육과정 축소를 반대한다. 사관학교의 교육기간 감소 정책에 대한 끔찍한 결과는 지난 과거의 전쟁에서도 명확하게 증명되었다."고 하면서 분명하게 반대를 표명했다.

1930년대 참모총장으로서 군사적 준비에 집중하던 맥아더에 대해 일부 비판가들은 '국민의 지갑을 빼앗는 탐욕스런 약탈자' 또는 '도둑'이라고까지 부르며 비꼬았다. 그러나 그는 개의치 않고 진주만 공격이 발생하기 몇 년 전 군수품 생산을 위해 필요한 원자재의 비축을 지시했다. 또한 미래에 새로운 종류의 군수품을 지원할 수 있도록 민간 산업체에게 요청한 것도 참신한 아이디어였다. 그의 이러한 준비는 적으로부터 공격을 당할 경우 신속한 기동이 가능하다고 설명했다. 산업체들은 적절한 물품을 생산하기 위하여 필요한 장비를 갖추고 생산방식을 고안할 것이며 전시를 대비해 많은 양의 물품이 필요할 경우 최대 생산단계로 신속하게 전환될 수도 있을 것이다.

전쟁을 억제하는 준비의 미학은 맥아더가 한 연설이나 글에서도 끊임없이 확인할 수 있다. 1935년, 그는 레인보우 사단(Rainbow Division) 재향군인회의 연례모임에서 다음과 같이 말했다.

"평화, 부유함, 독립성 그리고 자존심을 지키고자 하는 모든 국가는 열정과 함께 스스로 자국을 방어할 수 있도록 항상 준비하는 자세가 필요하다. 미리 준비하지 않아 군사력이 퇴보된 국가들은 역사적으로도 많이 존재했고 적국으로부터 공격을 받아서 멸망되기까지 했다는 사실을 잊어서는 안 된다."

그 20년이 지난 1951년, 한국에서 복귀하여 의회 청문회에 서게 된 맥아더는 여전히 군사, 정치 그리고 기업의 리더들에게 준비의 중요성을 다음과 같이 설파하였다.

현대전의 심각성은 매우 뚜렷하다. 과거에는 포와 같이 전쟁에 사용되는 무기가 실제로 사용되기 전까지 많은 시간이 소요되었다. 그러나 이제는 세계가 통합되고 군사무기의 속도와 파괴력을 높이기 위한 과학적 방법이 등장했다. 과거와는 달리 세월이 갈수록 한 국가가 적국의 공격에 의해 초토화되는 시간은 점차 줄어들고 있는 것이다.

일부 리더는 속도가 느린 개미보다 한 번의 승리를 쟁취하고 또 다른 승리를 위해 민첩하게 뛰어다니는 베짱이로 보이길 원할지도 모른다. 아마도 맥아더도 개미의 부지런함을 배운 민첩한 베짱이가 되고 싶어 했을지도 모른다. 파푸아와 필리핀을 사이에 두고 펼친 혁신적인 전략은 타고난 천재적 군사 전략가로서의 모습을 보여주었다. 그러나 이러한 전투개념의 습득과 실행이 오랜 준비 끝에 나온 결과물이라는 점을 알고 있는 이는 그리 많지 않다. 승리를 쟁취하고 그로 인한 명성을 지킬 수 있었던 이유는 바로 자신 스스로 그리고 조직원들을 평소에 철저히 준비시켰기 때문이다.

★★★★★

"준비는 성공과 승리의 핵심요소이다."

생각해보기

- 현 직책에서 승진하기 위해서는 지금 이 순간 무엇을 준비해야 합니까?
- 조직은 미래의 도전에 대응하기 위해 어떠한 지식과 기술을 필요로 합니까?

㊷
끊임없이 배우고 습득하라

배움은 준비를 위해 필수적인 요소이다. 또한 학습한다는 것은 평생 실현해야 하는 작업이기도 하다. 리더는 배움의 능력을 향상시킴으로써 자신뿐만 아니라 조직원들의 미래를 준비할 수 있다.

운이 좋게도 어린 소년 맥아더는 배움에 대한 열정이 넘쳤다. 다음은 공부에 대한 자신의 태도를 문학적으로 묘사한 부분이다.

나는 알고자 하는 열망, 현상에 대한 이유와 설명 그리고 진실을 위한 탐색에 관심이 많았다. 난해한 수학문제를 분석하고 답을 도출하면서 많은 도전력이 생겼다. 지루한 라틴어와 그리스어는 과거 지도자들의 말이 오고 간 통로와 같이 느껴졌다. 전쟁사 자료를 통해 나는 뛰어난 장교들의 치열한 전투를 경험했다. 성경 말씀은 나에게 자라나는 믿음 속 성령의 문을 열어주었고 문학작품은 순수한 인간의 영혼을 드러내주었다.

작고하기 몇 달 전, 웨스트포인트를 방문한 맥아더는 생도 대표단에게 배움의 중요성을 역설했다. 리더는 기분이나 감정이 아닌 지성에 의존해야 한다며 "감정주의는 많은 문제들을 야기하고 혼란만을 주게 되므로 결국 해결책을 제시할 수 없게 된다. 지적 능력은 현재를 보다 향상시킬 수 있는 유일한 희망이다."라고 강조했다. 지성은 배우고 이해하는 능력을 가리키는 동시에 학교 교육 그 이상의 배움을 의미한다.

리더는 지성을 개발하기 위해 지속적인 관심을 가져야 한다. 맥아더는 신문과 잡지 읽기를 즐기고 하루 세 권의 책을 읽었던 독서광이었다. 동경 본부에서 근무했던 찰스 웨스트(Charles West) 장군은 "맥아더는 내가 알고 있던 사람들 중에서 독해 속도가 가장 빨랐다. 0.5인치 두께의 여러 장의 문서를 매우 빠르게 검토하고 있는 것을 본 적도 있다. 믿기 어렵겠지만 그는 몇 주가 지났음에도 불구하고 내 앞에서 훑어보던 그 문서의 모든 문단을 정확하게 인용하기도 했다."면서 그의 독서력에 감탄해 하였다.

맥아더는 어릴 때부터 부모님의 독서 습관을 자연스럽게 배웠다. 필리핀에서 근무한 그의 부친은 극동 아시아의 내용을 다룬 서적들을 구하고자 홍콩의 서적 판매자와 정기구독 계약을 맺었다. 소장했던 많은 서적이 일본의 필리핀 침략으로 분실되었으나 맥아더는 7~8천 권의 책을 갖춘 부친의 서재를 상속받았고 1964년에 작고할 때까지 5천 권의 서적을 추가했다고 알려지고 있다. 이 서재는 버지니아 주 노포크(Norfolk, VA)에 위치한 맥아더 기념관의 기록보관소에 본래 모습 그대로 전시되어있다.

배움은 정보를 확보하고 이해하는 능력을 배양한다. 맥아더는 다양한 지식영역에서 방대한 양과 수준 높은 설명이 가능했고 상대방의 말을 빈틈없이 듣는 데도 능숙했다. 그는 어느 대화에서 배울 점이 있다고 믿으면 우선 최대한 경청하고 난 후에 의견을 말했고 날카로운 질문도 많이 했다.

웨스트포인트에서 맥아더의 참모장이었던 윌리엄 가누는 맥아더의 지적능력에 대하여 다음과 같이 기억하고 있다.

맥아더는 나의 사직서를 보면서 물었다. "이것이 무엇인가?" 그는 읽어보려는 노력조차 하지 않고 옆으로 치워두었다. 대답하기도 전에 그는 나의 생각을 미리 알고 있었던 것과 같이 질문을 시작했다. 내가 더듬거리며 답변을 하면 준비가 되기도 전에 바로 다음 질문을 연달아 쏟아냈다. 하나같이 모두 예리한 질문이었기에 나의 답변은 구차한 변명과 같이 중복될 뿐이었다. 그는 내가 대답을 하기도 전에 이미 내용의 핵심을 간파한 것 같았다.

연이은 퀴즈와 같은 질문은 계속되었다. 주제는 한국의 남대문(South Gate), 포포로펜(Popolopen)[1], 기갑부대, 병참부, 장교단, 관측소, 지휘관 그리고 생도회관 등 매우 다양했다.

---

1) 관광지로 널리 알려진 미국 뉴욕 주의 한 산악지대이다.

그는 과연 이러한 질문의 이면에 있는 방대한 지식을 어디서 얻는 것일까? 그의 질문법은 마치 첨단 기능이 탑재된 일체의 잡음도 없는 스테레오와 같이 느껴졌다. 그의 눈빛은 내가 무엇을 생각하고 있는지 이미 간파하고 있는 듯했다. 이러한 카리스마에 압도당한 나는 때로는 어지러움에 비틀거리기도 했다. 그러나 그는 나에게 악한 감정이 있거나 당황스럽게 하는 것이 결코 아니었고 과도하게 흥분을 하거나 궁지에 몰아넣는 것도 아니었다. 오히려 나의 의견이 무엇인지 궁금해하면서 부드러우면서도 허물이 없었다. 하지만 모든 질문은 간결하면서도 예리했다.

다양한 기반의 지식과 고부가가치의 혁신을 위해서는 다양한 정보의 출처가 요구된다. 웨스트포인트 학교장으로서 맥아더는 생도들이 다양하고 국제적인 감각을 함양할 수 있도록 노력했다. 그는 생도들에게 외부인사의 특강 기회를 부여하기 위해 각 분야의 전문가들을 학교로 초청했다. 여기에는 웨일스 왕자, 프랑스의 페르디난드 포치(Ferdinand Foch) 육군원수, 공군의 빌리 미첼(Billy Mitchell), 다양한 연구 분야의 학자들과 사회적 리더들이 포함되었다. 또한 역사와 정부학을 배우는 강의에서 매일 두 가지의 신문을 읽는 시간을 학과에 추가적으로 배정했다.

그는 웨스턴 포인트를 과거 수도원과 같은 생활환경으로부터 실용적인 경험을 쌓을 수 있는 공간으로 변화시켰다. 보다 자유로운 학교 운영정책을 도입하여 사관학교 울타리 밖의 치열한 사회와 끊임없이 교류함으로써 미래의 신임 장교들이 풍부한 경험을 지닐 수 있기를 희망했던 것이다.

★★★★★

"지적 능력은 현재를 한 단계 향상시킬 수 있는 유일한 희망이다."

생각해보기

- 자신의 전문 영역을 넘어서 다양한 주제를 배우기 위한 시간을 투자합니까?
- 조직원들의 지식을 넓히기 위한 동기부여 방식은 무엇입니까?

43
역사는 미래의 거울

　인터넷 사업이 21세기 금융시장 열기를 뜨겁게 달굼과 동시에 많은 기업의 리더와 투자자들은 경제사의 새로운 시대를 맞이하면서 역사의 가치를 논하는 것은 무의미하다고 믿었다. 그러나 그들은 과거의 역사를 무시하는 순간 경제적 번영이 세계적 불황기에 빠지는 값 비싼 대가를 치러야만 했다. 역사는 곧 과거의 실적이 미래의 성공과 밀접하게 연계된 중요한 지표인 것이다. 이것이 바로 뛰어난 리더가 역사를 공부하는 이유다.

　맥아더의 개인 서재에 들어가 보면 그가 역사와 관련된 주제에 매우 깊은 관심이 있었고 역사 연구에 대단히 몰두했다는 사실을 알 수 있다. 1963년, 컬럼비아 대학교(Columbia University)에서 맥아더를 위하여 세계사학과 교수직의 신설을 고려할 때 다음과 같이 말했다.

내가 쌓은 많은 경험 가운데 한 가지 깨달은 것이 있다면 현재의 문제를 정확히 해결하고 미래의 안전을 담보하기 위해 역사를 공부해야 한다는 것이다. 역사로부터 얻는 소중한 교훈을 충분히 이해하여 자신의 지식으로 만들어야 한다. 예수님이 탄생하기 80년 전, 키케로(Cicero)[2]는 "한 인간이 태어나기 전 무슨 일이 일어났는지 알지 못하는 것은 항상 어린아이로 살아가는 것과 같다."라고 설파했다.

1941년 8월, 독일 나치의 전차군단을 저지하는 것은 거의 불가능해 보였다. 그러나 히틀러의 성공적인 러시아 공격은 결국 실패할 것이라는 맥아더의 예상에 윌리엄 던 특파원은 놀라움을 감출 수 없었다. 맥아더는 아무런 기색 없이 "히틀러가 러시아를 공격하는 것은 그의 시대가 이제 서서히 끝나감을 알려준다."고 말했다. 이것은 던이 지금까지 들어왔던 이야기와 전혀 다른 의견이었다. 많은 군 관계자들은 러시아가 완전히 몰락할 것이라고 주장하며 맥아더를 반격했는데 맥아더는 다음과 같이 답변하고 있다.

그들은 역사를 공부하지 않은 모양이다. 과거 나폴레옹(Napoleon)은 러시아를 공격하는 동일한 실수를 했고 히틀러도 마찬가지로 큰 패배를 안게 될 것이다. 러시아는 절대로 항복하지 않는다. 그들은 무한정의 병력을 보유하고 필요할 경우 시베리아로 1마일씩 후퇴할 수도 있다. 또한 2개월

---

2) 고대 로마의 카이사르와 동시대인이며 법률가, 웅변가, 정치가 그리고 철학자로 활동했다.

후면 비가 내리기 시작할 것이고 한 달이 지나면 러시아의 겨울이 닥칠 것이다. 독일인뿐만 아니라 세계의 어느 국민들도 러시아인과 같이 그들의 매서운 겨울을 버틸 수 없다.

2개월 후, 독일은 러시아에서 치른 전쟁에서 패배하자 맥아더는 던에게 "역사는 매우 중요하네. 역사 속에 모든 해답이 있지만 히틀러는 역사를 공부하지 않았거나 아니면 믿지 않아 큰 실수를 범했다고 볼 수 있지."라고 말했다.

그는 상황이 발생한 원인을 파악하고 가능한 대응을 도출하기 위해 역사로부터 배운 교훈을 적용했다. 한국에서 맥아더의 군단 지휘관이었던 에드워드 아몬드(Edward Almond) 장군은 "맥아더는 역사 전문가였고 동기 부여를 위해 지속적으로 역사를 활용했다. 그러나 동기 자체를 판단하는 것이 아니라 그 국가 국민들이 지니는 역사적 배경을 기반으로 하여 해결책에 접근했다."고 말한 바 있다.

맥아더는 역사적 교훈을 활용하는 중요성을 다시 한 번 강조했다.

군사학을 배우는 학생들은 역사를 통해 배울 수 있는 방법과 기술에 관하여 큰 관심이 없는 듯하다. 현재 유효한 무기의 특징, 전투 병력의 기동, 지원과 통제는 모두 과거의 영향을 받는다. 과거의 기본원칙, 합동 그리고 적용은 성공적이었고 이와 같이 증명된 원리는 시간의 제한을 받지 않으며 인류역사와 함께 숨을 쉬게 된다.

'역사는 시간에 구속받지 않는다'는 원칙에 관한 맥아더의 믿음은 1935년 육군 참모총장의 연례 보고서에서 칭기즈 칸(Genghis Khan)이 등장한 이유를 설명해준다. 그는 육군의 신속한 기동력 달성에 관한 보고서에 집중하며 이러한 원칙을 효과적으로 설명하기 위해 700년 전 역사상 가장 성공적이었던 몽고군을 소개한 것이다.

칭기즈 칸은 당시 외국군과는 거의 비교가 되지 않을 정도로 신속한 기동력을 자랑했다. 그는 아시아의 기술력이 제공할 수 있는 가장 뛰어난 공격과 방어용 장비로 장병들을 무장시켰으나 기동력을 방해하는 무기의 사용만은 금지시켰다. 먼 거리를 매우 신속하게 이동하는 기동력에 의해 적군은 제대로 저항하지도 못하고 도망가기에 급급했다. 몽고군은 큰 강과 산의 협곡을 건넜고 성곽으로 둘러싼 적국의 마을을 파괴했으며 문화조차 초토화시켰다. 그의 군대는 전장에서 굉장한 기동력과 함께 전투 기술에도 뛰어났으므로 병력수에서 훨씬 앞선 적들도 무참히 패배하는 것이 태반이었다.

칭기즈 칸은 파괴성, 잔인함 그리고 야만성이 있었지만 전쟁의 필요성에 대하여 명확하게 이해하고 있었다. 우리는 전쟁불변의 법칙으로부터 벗어날 수 없고 냉혹한 전쟁의 현실을 맞이하게 된다면 조국을 지키기 위해 강한 군대를 형성하고 발전시켜야 하는 것이다.

★★★★★

"역사는 위대하고 확실한 교사의 역할을 담당한다."

생각해보기

- 현재에 처한 유사한 경우를 성공적으로 극복한 역사적 인물이 있습니까?
- 역사가 제시하는 해결책의 원리는 무엇입니까? 또한 그 원리를 오늘날 어떻게 적용할 수 있습니까?

44
자신감을 발산하라

자신감의 발산은 리더십의 중요한 요소이다. 리더는 조직에서 설정한 목표를 달성할 수 있다고 스스로 믿어야 한다. 자신감은 이러한 믿음에 대한 신념을 보여주는 장치와도 같다.

맥아더는 항상 자신감으로 가득 차 있었기에 일부는 자존심이 너무 지나친 사람이라고 비판하기도 했다. 그는 결코 자신의 주장만을 내세우지는 않았으나 목표를 달성하기 위해 자신감을 적절히 적용하는 전문가였다.

리더는 우선 조직이 나아갈 방향을 설정하고 결정한 목표를 실현할 수 있는 내적 자신감인 자존심이 필요하다. 특히 자존심은 새로운 위기상황을 맞이할 때 발생하기 마련인 반대와 비판 속에서 더욱 중요하다.

"항상 존재해왔던 비판자들은 새로움에 대해 조롱하기 마련이다. 그들은 진실을 거의 모르지만 대중적인 인기 속에 숨어

독단적인 사고의 무지함으로 빠져드는 것이다."
　이러한 주장을 뒷받침하기 위해 역사적 교훈을 인용했다.

　많은 비판가들의 존재는 역사를 통해 알 수 있다. 예를 들면, 풀턴(Fulton)3)의 증기선이 뜨지 않을 것이라는 것, 아나칼(Arnacal)의 비행은 마드리드(Madrid)까지 도달할 수 없다는 것, 라이트(Wright) 형제가 만든 비행기는 지상 위로 비행할 수 없다는 것, 에릭슨의 모니터(Ericsson's Monitor)는 비참한 실패로 끝날 것이라는 것, 그리고 마르코니(Marconi)4)가 공상가와 미치광이 취급을 받은 일화를 들 수 있다. 패배주의자들은 언제나 새로운 생각, 참신한 아이디어 그리고 발전을 위한 새로운 시도에 부정적인 시각을 보인다. 그들은 미국이 영국의 통제로부터 자유를 얻기 위해 몸부림쳤던 것을 비웃었지만 오늘날 미국은 세계 최강대국이 되었다.

　리더는 지지를 얻기 위해서 당당한 자신감을 가져야 한다. 조직원들은 리더로부터 자신감을 발견하지 못한다면 당장 완수해야 할 임무를 위해 쏟는 자원과 열정을 주저하게 된다. "열등감과 콤플렉스를 지닌 지휘관이 뒤에 있다면 적군 앞으로 용감하게 진격할 수 있겠는가?"
　맥아더는 자신감이 낳을 수 있는 이점을 충분히 인지했다. 전략을 공유하고 장병들의 사기를 증진하며 자신의 권위도 확립하기 위해 자신감을 활용했다. 또한 그에게 보고하는 장교들

---

3) 1807년, 미국의 증기선을 발명했다.
4) 19세기 말, 이탈리아의 무선전신 발명자이다.

의 자신감도 큰 가치로 평가했다. 그는 부하들이 다음과 같은 정신을 가질 수 있도록 교육했다.

"국제신사라고 불리는 특별한 신분인 군인, 장교는 굳은 자신감과 자기신뢰의 태도를 지녀야 한다."

물론 자신감만으로 리더가 될 수는 없다. 특히, 전쟁에서 무분별한 자신감은 위험하므로 맥아더도 이러한 오류의 함정을 피하려고 노력했다. 윌리엄 던은 "맥아더의 자신감은 냉철한 합리성에 기반을 두었다. 훌륭한 교육, 풍부한 경험, 일생동안 접한 군사과학 지식과 함께 적을 엄격하게 분석함으로써 자신감을 획득했다."고 맥아더의 자신감을 적절하게 묘사한 적이 있다.

리더는 자신감과 함께 끊임없이 스스로 성찰해야 한다. 일반적으로 맥아더는 당황하지 않는 초연한 인물로 묘사되지만 보통 사람들과 마찬가지로 비판에 예민했다. 맥아더와 친밀했던 지인들은 그도 정신적인 공격을 당하면 마음에 상처를 많이 받았다고 말했다.

맥아더가 자신감을 유지하기 위해 사용했던 한 가지 방법은 발전을 위한 도구로서 비판을 재창조한 것이었다. 그는 웨스트포인트에서 끊임없는 비난을 받았을 때 참모장에게 "이러한 비판은 우리가 옳다는 것을 증명한다. 반대하는 사람이 아무도 없었다면 어떠한 업적도 이룰 수가 없었을 것이다. 숭고한 사관학교가 고질적인 타성으로 방치되는 것을 보면 구역질이 날 뿐이다."라고 말했다.

그는 스스로 위안을 받기 위해 역사적인 영웅의 도움을 요청했다. 동경의 사무실 벽에 걸려있는 아브라함 링컨(Abraham

Lincoln)으로부터 인용한 문구를 소개한다.

> 나를 공격하는 것에 반응하지 않고 소극적인 태도를 유지한다면 다른 이들과 동일하게 실패를 경험할 것이다. 내가 알고 있는 지식과 능력 내에서 최선을 다하여 끝까지 포기하지 않는 자신감이 필요하다. 성공에 도달하면 내게 향했던 모든 비판은 무의미하게 변할 것이다. 비록 실패할지라도 언젠가는 내가 옳았다는 것이 증명될 것이므로 전혀 실망할 필요도 없다.

★★★★★

"비판가들은 언제나 그리고 어디서나 존재하기 마련이다."

생각해보기

- 여러분의 능력과 결정 가운데 어떻게 자신감을 고취시킬 수 있습니까?
- 자신감은 조직에 어떠한 영향을 끼치게 됩니까?

㊺
운동의 중요성

　리더는 최고의 실적을 달성하기 위해 신체적으로도 건강해야 한다. 건강함은 두 가지 측면에서 볼 때 성공으로 이끄는 원동력이다. 하나는 물리적으로 정상적인 업무를 수행할 수 있다는 것이고 다른 하나는 적절한 신체관리와 음식물의 섭취가 가능하다는 것이다.

　리더는 언제나 활동적이다. 열심히 근무하는 바쁜 일정 속에서 장시간 출장을 가기도 하고, 또한 조직이 맞서야 할 복잡한 사안에 대응하여 고도의 지성을 사용해야 한다. 그러므로 최고의 컨디션을 유지하기 위해 몸과 마음을 단련해야 하는 것이다.

　맥아더의 신체적 건강함은 두 가지 측면에서 빛이 났다. 1941년, 제2차 세계대전이 급박한 양상으로 전개되자 맥아더는 루즈벨트 대통령으로부터 현역에 복귀하도록 명령을 받았다.

　그는 이미 생도에서부터 미 육군의 최고 리더 위치에 오르기까지 성공적인 군인의 길을 걸어왔다는 것을 누구도 부인하지 못한다. 그러나 보다 귀중한 임무가 눈앞에 펼쳐져 있었다. 61세부터 84세에 작고하기까지 대부분의 동기들은 전역했음에도 불구하고 맥아더는 태평양전쟁, 일본 점령 그리고 6·25전쟁을 진두지휘했던 군인으로서 두 번째 인생을 살았던 것이다.

맥아더의 군 복무 가운데 신체적 건강은 중요한 역할을 했다. 그는 평생동안 큰 병 없이 건강함을 유지했다. 그는 오랫동안 일했으나 충분한 점심식사 시간을 가졌고 오후에는 짧은 낮잠을 자면서 휴식을 취했으며 평소 검소한 식사를 즐겼다. 60대에 접어들면서도 매일 미용체조를 하는 것도 잊지 않았다. 그는 항상 걸어 다녔고 회의장에 가기 위해서 사무실을 오르고 내리기를 반복했다. 참모 군의관이었던 로저 에지버그(Roger Egeberg)는 맥아더가 약 1시간에 3마일을 가는 속도로 최소한 5마일을 매일 걸었던 것으로 계산했다.

맥아더는 리더십에서 건강이 차지하는 중요성은 물론 특히 장교로서 요구되는 건강의 중요성을 인식했다. 이것이 바로 그가 일생동안 운동을 즐겼던 이유이다.

웨스트포인트 학교장 시절, 그는 체육 교과과정을 확대하고 교내 운동경기에 생도들의 적극적인 참여를 강조하면서 제1차 세계대전 때 보병에게 요구되었던 '건강하지 못한 병력은 아무 쓸모가 없다.'는 짧은 문장을 들려주기도 하였다.

또한 그는 스포츠를 유용한 조직 개발도구로도 생각했다. 단체운동을 통해서 팀워크를 배울 뿐만 아니라 공정한 규칙 아래 경쟁하는 것을 배울 수 있게 하였다. 1922년, 그는 웨스트포인트에서 다음과 같이 말했다.

> 경쟁적인 운동경기만큼 리더십의 가치, 의사결정의 신속성, 행동의 즉각성, 정신과 육체의 조합, 공격성과 용기를 가르쳐주는 것은 없다. 운동은 단체의 정신과 사기 그리고 자존심을 강하게 확립시킨다. 이러한 학교운영체계에서 졸업한 생도들은 효율적인 리더가 될 뿐만 아니라 운동에 관한 조언을 해주고 실제로 특정 종목을 가르치는 일도 가능할 수 있다.

단체운동은 리더와 조직원들에게 긴장과 압력 속에서 어떻게 공동임무를 수행할 수 있는가에 대해서도 가르쳐준다. 알렉산더 헤이그 장군은 다음과 같이 설명하고 있다.

> 맥아더 장군은 운동장에서 느끼는 긴장은 전장에서 느끼는 긴장과 비교하면 아주 평화로운 것이라고 설명했다. 뛰어난 군인을 훈련하는 데 있어서 운동경기의 보이지 않는 가치를 강조했던 이유이다. 스포츠, 전쟁 그리고 사업영역에서 싸우는 것은 긴장과 압박 속에서 인간의 노력을 통합하는 힘을 육성시킨다.

운동은 압박을 경감시키는 역할도 제공한다. 맥아더는 경기장에서 운동하는 것을 마음껏 즐겼다. 웨스트포인트의 야구팀의 좌익수로 활약하고 얻은 대표 팀 마크를 생전 내내 소중하게 간직하고 있었으며 여든 살에 들어서는 목욕가운에 그 기념

마크를 새길 정도였다.

그는 열렬한 스포츠팬으로서 웨스트포인트 미식축구팀 경기를 관람하고 그들을 응원하기도 했다. 1944년 12월, 필리핀에서 루손 작전을 계획하던 중 웨스트포인트가 마지막 경기에서 해군사관학교를 누르고 승리함으로써 전승의 시즌과 함께 최초로 전미 우승의 과업을 달성했다. 그는 얼 레드 블레이크(Earl Red Blaik) 감독에게 해외전신으로 "웨스트포인트 역사상 가장 뛰어난 팀을 이끌었군요. 우리는 당신의 위대한 승리를 축하하기 위해 전쟁도 잠시 멈추었소."라는 축하 메시지를 직접 보내기도 하였다.

1940년대 말, 빈스 롬바디(Vince Lombardi)가 웨스트포인트 미식축구팀 감독을 맡고 있을 당시 경기 전략을 논의하기 위해 토요일 아침에 맥아더에게 전화를 걸곤 했다.

맥아더가 육군 참모총장으로 근무할 때는 웨스트포인트 체육시설을 확장하는 데 주도적인 역할을 했다. 신축된 체육관 입구에 놓인 조각에는 다음과 같은 문귀가 새겨져 있다.

선의의 경쟁을 하는 들판에는
생명의 씨앗이 뿌려진다.
미래에 그리고 다른 곳에서도
승리의 기쁨을 맛볼 것이다.

★★★★★

"우리는 자신의 건강을 위하여 운동을 해야 하고
운동종목을 배움으로써 삶의 교훈도 얻을 수 있다."

생각해보기

- 매일 최소한 1시간 30분은 운동하는 데 투자합니까?
- 조직원들에게 어떠한 운동 프로그램을 제공합니까?

46
화술에 능통하라

    화술에 능통한 리더는 목소리의 영향이 중요하다. 리더의 음성은 단순한 소리가 아니라 효과적인 의사를 전달하는 데 도움이 되는 상징적인 제스처도 포함된다. 역사적으로 위대한 리더는 화술의 전문가였다.

    맥아더가 지녔던 장점 중 하나는 뛰어난 대화술이었다. 한 가지 예로는 1939년, 웨스트포인트의 영문학 담당 교수가 교과과정의 적절한 목표가 무엇인지 질문하자 맥아더는 아래와 같이 답변하고 있다.

> 사관생도가 지닌 기본적인 생각과 아이디어를 명확하게 표현할 수 있도록 훈련하는 것은 필수적이다. 개인의 시각을 지성적이고 설득력 있게 나타내는 중요한 기능을 배울 수 있다. 화술은 현대 사회에서 살아남기 위한 기본소양으로서 마치 숨 쉬는 산소와도 같은 것이다. 뛰어난 판단력을

보였던 솔로몬왕과 같은 지혜로움이 있을지라도 화술이 없다면 그 영향력은 감소하게 될 것이다. 영문학 교과과정의 목적은 적합한 문법과 수사학 그리고 단어를 문장과 문단으로 바꾸는 음성적 조합을 학습하는 것이다. 또한 인간의 두뇌에 내재하는 생각을 명료한 언어로 표현하는 능력과 논리적 연결법도 배울 수 있다.

맥아더의 명령은 언제나 문장으로 된 완료형이었고 타고난 웅변술을 보였다. 웨스트포인트의 한 생도는 "맥아더의 웅변술은 누구도 따라갈 사람이 없었다. 그는 미래의 군 지휘관으로서 뛰어난 언변술과 동시에 자신이 전달하고자 하는 내용도 꿰뚫고 있었다. 때로는 그 내용이 난해하여 이해가 다소 부족할지라도 자연스럽게 다음 내용으로 넘어갔으므로 상대방은 실수를 하는지 파악하기 어려웠다."고 말했다.

아이젠하워 대통령은 모임에서 보여준 맥아더의 화술에 대해 다음과 같이 언급했다.

"그는 청중들이 넋을 잃을 정도로 매혹적인 화법을 구사했다. 마닐라의 저녁 모임에서 많은 손님들이 참석한 가운데 여러 가지 화제에 대한 박식한 지식을 전달하고 제스처를 사용하며 풍부한 감정도 표현했다."

맥아더는 수준이 높고 고상한 단어를 좋아했지만 그의 화술에 넋을 잃는 이유는 바로 명료한 의사전달이었다. 필리핀에서 극동 공군 지휘관으로 근무했던 루이스 브리레톤(Lewis Brereton) 장군도 "맥아더는 무엇을 뜻하는지 그리고 무엇을 원하는지 명료했기에 지휘관과 부하들 사이의 의사소통에 전혀 문제가 없었다."고 맥아더의 화술을 회고하고 있다.

그가 뛰어난 연설가였던 또 다른 이유는 시각적인 효과와 관련된다. 목소리, 걸음걸이 그리고 화려한 제스처는 모두 연설의 일부였다. 타임-라이프(Time-Life)지의 리처드 루터바흐(Richard Lauterbach) 기자는 다음과 같이 설명한다.

> 맥아더는 요점을 강조하기 위해 의자에서 벌떡 일어나 책상을 향해 크게 두 걸음을 걸었다. 머리를 뒤로 하고 턱은 앞으로 내밀고는 답변하기 시작했다. 일정한 주제에 관하여 청산유수와 같은 말솜씨를 보였다. 고상한 단어를 사용하면서 때로는 조용히 속삭이고 문장을 의도적으로 짧게 끊기도 하는 화법의 기술을 선보였다.

맥아더는 작문력도 탁월하였다. 대부분의 고위급 리더와 같이 그에게도 연설문 작성 담당자가 있었으나 초안의 단어, 문장 그리고 문단을 적극적으로 수정하면서 자신만의 연설문을 작성했다. 그의 아내 진(Jean)은 일본에서 미국으로 돌아가는 비행기 내에서 6~8시간 동안 '노병은 죽지 않는다'라는 제목의 의회연설을 직접 작성했다고 기억한다. 그가 작고한 뒤 출판된 회고록은 맥아더 기념관의 역사기록관에 보관되어 있다. 평소 그는 줄이 그려져 있는 노트에 직접 자필로 기록했고 모든 문장들은 문법적으로도 완성도가 높았으므로 크게 수정할 필요가 없었다.

또한 맥아더는 '상징의 힘'을 효과적으로 사용하는 것을 중요하게 생각했다. 언젠가는 필리핀으로 돌아간다는 그의 약속은 상징의 힘을 나타내는 대표적 사례이다. 그가 이용하는 항공기의 겉면에는 '바탄'(Bataan)이란 단어가 화려하게 새겨져 있었고 호주에 위치한 본부의 전화교환국도 그것과 동일한 이름을 사용했다. 그는 일본 대표단이 항복 성명을 내기 위하여 필리핀으로 오던 때에도 항공기의 호출부호를 '바탄'으로 설정하라고 지시했다.

★★★★★

"인간의 두뇌에 내재하는 생각과 그것을 명료한 언어로 표현하는 논리적인 연결성이 중요하다."

생각해보기

- 전달하는 메시지의 목적을 반복하고 강화하기 위해 어떠한 표현 방식을 사용합니까?
- 조직개발 과정 가운데 화술을 위한 훈련도 포함합니까?

47
정서적 유대관계 형성

　리더는 주위 사람들과 감정의 연결고리를 만든다. 그 대상은 기업의 경우 주주, 사원, 고객 그리고 지역단체를 포함한다. 다양한 후원자들을 결성하여 서로 다른 조직과 함께 효과적인 업무를 가능하게 하는 것이다. 리더는 함께 일하고 뛰어난 실적을 창출하기 위해서는 우선 정서적 유대관계의 형성이 필요하다.
　맥아더는 부하들과 정서적 관계를 유지했다. 포트 리븐워스(Fort Leavenworth)[5]에서 첫 지휘관으로 근무할 당시 최악의 중대를 가장 우수한 중대로 변모시킨 일화는 유명하다. 그 후 레인보우 사단 참모장으로 있으면서 26개 주의 주방위군을 하나의 전투 병력으로 조합하는 업무를 담당했다. 제1차 세계대전 경험에서 다져진 사단의 부대원들과 유대관계는 일생동안 긴밀한 인

---

5) 미국 중부의 캔시만 주에 있는 지역 이름

간관계를 유지할 수 있었다.

그는 상대방과 유대관계에서 하나의 시련을 경험하기도 했다. 바로 제2차 세계대전과 6·25전쟁에서 다양한 외국군들로 구성된 연합군을 통제하는 것이었다. 일본 점령기에는 적국과의 관계형성이 결코 쉽지 않았고 부단한 인내가 필요했으나 비교적 성공적으로 수행했다.

감정이입(empathy)은 상대방이 처한 상황과 심리를 이해하는 능력인데 정서적 공감대는 유대관계를 형성하는 핵심 사항이다. 업무를 함께 추진하는 데 있어서 중간급 임원이나 외국인 여부에 관계없이 항상 그들의 생각과 동기를 이해하는 노력이 필요한 것이다.

맥아더는 감정이입의 기법을 활용하고 행동했다. 필리핀 국민들을 향해 '우리는 돌아올 것이다'(We shall return)라는 말 대신 '나는 돌아올 것이다'(I shall return)라는 표현을 선호했기에 혹자는 그가 지나치게 자기중심적이라고 생각할 수도 있다. 그러나 필리핀 국민들은 미국과 긍정적인 유대관계를 맺지 못하고 있었을 뿐 아니라 미 정부로부터도 무시당하는 느낌을 받고 있다는 점을 맥아더도 너무나 잘 알고 있었다. 맥아더는 부친도 활동했던 필리핀 군도에 대한 애정이 각별했고 제2차 세계대전까지 필리핀군 지휘관이었다. '나' 자신을 강조한 개인적인 약속이 필리핀 국민들의 사기와 전투력을 효과적으로 증강시킬 것이라고 판단했던 것이다.

감정이입은 리더와 조직원들의 관계를 부드럽게 정립하고 긍정적인 상호작용을 가능하게 한다. 하나의 긍정적인 경험은 또 다른 긍정의 요소를 낳게 되어 유대관계를 보다 돈독하게 할 수 있다. 이와 같은 긍정의 가치는 일본 점령 초기에도 확인할 수 있었는 데 맥아더식 접근법의 근원이 되었다.

태평양전쟁에서 아군과 적군은 살육의 현장 가운데 치열하게 전투했다. 그러나 맥아더는 전쟁을 통해 발생할 수 있는 인종적 반감은 지니지 않았다. 전쟁을 함께 치르고 일본 점령기의 첫 1년을 동경에서 근무했던 찰스 웨스트는 "맥아더는 단 한 번이라도 일본인을 경멸하는 말을 한 적이 없다. 그들을 인격체로서 존중했고 일본은 다가올 미래의 전략적 요충지로서 중요한 국가로 인식했다."고 말했다.

1930년, 맥아더는 동서양의 평화를 위하여 융합과 공감으로 정의될 수 있는 '행동원칙'(Principle of Conduct)을 설정했다.

> 인내는 중요한 덕목이다. 불가사의한 하나님의 손으로 만들어진 서로 다른 인종이 함께 살아가기 위해 열망, 희망 그리고 포부의 감정이입적 이해가 필수적이다. 서로의 가치를 인정하고 명예롭게 행동하며 상호발전시킴으로써 숭고함을 드높일 수 있다.

감정이입은 리더에게 부족할 수 있는 동정심을 부여한다. 동정심이 많은 리더는 조직원들의 문제를 잘 이해할 수 있을 뿐만 아니라 해결책을 제시하는 데 적극적으로 도움을 준다.

맥아더는 부하들의 문제와 고충을 들어주고 도움을 주기 위해 노력했다. 특히 필리핀 자유작전 가운데 일본의 포로수용소에 감금되어 있던 죄수들에 대한 걱정이 컸다. 1945년 1월 말,

그는 수용소에 갇혀 있던 4백 명의 바탄 인들을 구출하기 위해 카바나투안(Cabanatuan) 기습작전을 수행했고 전투에 참전한 모든 장병들에게 훈장을 수여했다. 성공적인 기습작전을 이끌어 낸 두 명의 리더에게는 별도로 청동무공훈장을 주면서 격려했다.

그 작전 덕분에 구조된 랄프 힙스(Ralph Hibbs) 박사는 카바나투안 죄수들이 치료를 받고 있던 야전병원으로 맥아더가 직접 방문한 것을 기억했다. 장군은 구조하기까지 너무 오랜 시간이 소요되었다며 오히려 용서를 구했고 눈물도 보였다고 기억하면서 "나는 장군의 방문을 보고 그의 슬픔은 단순한 죄의식이 아닌 진심에서 우러나온 것이란 것을 깨달았다."고 말했다.

★★★★★

"열망, 희망 그리고 포부를 지니고 서로 공감대를 기반으로 하는 인내가 중요하다."

생각해보기

- 이해하기 어려운 조직원이 있다면 그들과 어떻게 정서적 유대관계를 형성할 수 있습니까?
- 조직원들과 함께 존경과 공감을 나누는 방법이 있습니까?

㊽
미디어의 활용

　오늘날 세계는 다양한 미디어 네트워크로 촘촘히 연결되어 있다. 영상을 포함한 많은 정보는 방송을 통해 지구촌 언제 어디서나 신속히 전달된다. 인터넷 사용자라면 누구라도 세계에서 일어나는 다양한 사건이나 사고를 발생 후 몇 분 내에 알 수 있다. 그러나 이와 같이 급변하는 세상에서 중요시 되는 미디어는 '양날의 칼날'과 같은 존재이므로 주의가 필요하다.

　맥아더는 미디어에 강한 리더였다. 그는 목적을 달성하기 위해 언론매체의 강력한 힘을 이해하고 적극적으로 활용했다.

　국방부에 신설된 정보국의 책임자가 된 맥아더는 1916년 미디어의 세계에 첫 발을 들여놓게 되었다. 군 최초의 PR(홍보)담당 장교로서 보도자료 작성법을 이해하고 다양한 기자들을 만났으며 주요인사의 인터뷰 요령에 관해서도 배웠다.

　맥아더는 1917년에 제정된 '의무병역법'에 대한 국민의 지지에 주도적인 역할을 했다. 이 법안은 대통령이 국민을 군대로 징병할 수 있는 권한을 최초로 부여했다. 또한 그는 참전에 대한 해결책으로서 마치 무지개와 같이 미주 전역의 여러 주방위군으로 구성된 하나의 사단을 제안했다.

그는 정보국에 근무하면서 보도기관과 협조적인 관계를 유지했다. 국방부 보도기관의 29개 회원들은 국방부 장관에게 맥아더와 관련한 감사의 편지를 보내기로 했다.

> 우리는 맥아더 소령과 국방 관련 보도업무에 매진하고 있습니다. 그의 공로는 진급 심사에서도 크게 고려되기를 희망합니다. 과거 어려운 시기에 그로부터 받았던 친절함, 인내 그리고 현명한 조언에 대해 고마움을 전하고 싶습니다.
> 우리의 많은 요구사항 때문에 그는 낮과 밤을 가리지 않고 업무에 매달려야 했지만 언제나 우리들을 친절하게 대접했습니다. 검열은 보도기관의 자발적인 의무였고 언제나 정상으로 유지되었습니다. 맥아더 소령은 자유로움 속에서도 공정하고 지혜롭게 일을 처리했습니다.

맥아더는 상위 단계의 미디어에도 접근하여 고부가가치의 네트워크를 구성하고 발전시켰다. 그의 인적 네트워크에는 연합통신(United Press)의 휴 밸리(Hugh Baillie), 스크립스-하워드(Scripps-Howard)의 책임자 로이 하워드(Roy Howard)와 같은 유명 언론인들을 포함했고 윌리엄 랜돌프 허스트(Randolph Hearst), 로버트 맥코믹(Robert McCormick) 그리고 헨리 루스(Henry Luce)와 같은 출판인들도 있었다.

맥아더는 목표달성에 필요한 자원과 지원을 제공받기 위해 사회적인 위치와 신분을 적절히 활용했다. 1942년, 그는 멜버른(Melbourne) 역에 도착하여 아래의 짧은 성명을 발표하는 등 미디어의 힘을 활용했다.

> 어느 훌륭한 군 지휘관도 완전한 무에서 완벽한 유를 창조하기는 어렵다. 성공과 실패는 필요한 유효 자원을 정부가 얼마나 제공하는가 여부에 따라 결정될 것이다. 나는 그들이 미군을 충분히 지원해줄 것임을 믿고 있다. 어떠한 위기 상황에도 최선을 다할 것이고 장병들의 믿음도 굳건히 지킬 것이다.

'공식발표'(Communiques)라고 부르는 맥아더의 제2차 세계대전 기자회견은 일부 지나친 자기과시와 과장이라고 비판을 받은 것은 사실이다. 그와 함께 근무했던 폴 로저스와 리처드 서더랜드(Richard Sutherland) 참모총장은 "대부분의 비판가들은 맥아더가 장병, 언론매체 또는 캔버라, 런던 그리고 워싱턴에서 활동하는 정치인들의 이익을 대변하기 위한 공식발표가 아니라는 사실을 이해하지 못했다. 남서태평양 전구의 중요성을 미국인들이 조금이나마 관심을 가질 수 있도록 시도한 것뿐이었다."고 말했다.

이러한 '공식발표'는 적군에게 혼동을 주기 위해 사용되었을 가능성도 있다. 제2차 세계대전 때 본부에서 근무했던 프레더릭 문선(Frederick Munson) 장군은 "맥아더 장군은 공식발표를 외부로 유출시킴으로써 일본군들이 혼동하도록 유도했다. 그들은 어떻게 대처해야 할지 판단하지 못했고 이러한 심리전은 상당한 성과였다고 판단된다."고 언급하고 있다.

공격적이고 도발적인 기자들을 다루는 법에 관하여 맥아더의 조언을 들었던 웰든 더스티 로드(Weldon Dusty Rhodes) 조종사는 다음과 같이 기억했다.

기자들의 진술을 무시하면 그들은 특별한 기사를 작성하거나 조치를 취할 수 없겠지만 언론기관과 비협조적인 관계가 형성되는 위험성이 있다. 반면 그들과 직접 논쟁한다면 마치 유리한 방향으로 공을 앞뒤로 쳐내는 반복만이 있게 되고 결국 그들이 주장하는 방향으로 끌려가게 된다. 미디어와 격렬한 논쟁에 휩싸이는 우를 범하지 말라.

★★★★★

"나는 신문기자와 함께 일하며 많은 것을 배우고 있다."

생각해보기

- 미디어와 좋은 관계를 유지하는 전문적인 교육을 받았습니까?
- 현 조직에서 언론매체와 관련이 있는 활동이 진행되고 있습니까?

㊾
조직 혁신

혁신은 모든 조직에 있어서 활력의 근원이다. 이미 존재하는 조직 운영방식과 수단을 향상시키고 새로운 미지의 영역을 개발하는 창조성도 낳는다. 조직은 경쟁에서 살아남고 더욱 발전하기 위해 혁신이 필요한 것이다. 리더는 혁신의 정신을 강조하기 위해 조직원들을 교육해야 한다.

맥아더가 출생한 1880년부터 제1차 세계대전이 종료된 1919년까지의 세계는 다양한 영역에서 혁신과 변화의 과정을 거치면서 발전했다. 예를 들면, 전열등, 자동차, 영화, 라디오 그리고 비행기에 이르기까지 다양한 발명품들이 선보였다. 맥아더는 획기적인 기술변화가 선도하는 세계에서 정체된 조직은 죽은 것이나 다름없다고 인식했다.

맥아더는 군 조직의 혁신을 강조했다. 1931년, 미 육군과 공군의 훈련에 참관한 그는 라디오 연설로 '혁신의 힘'에 관한 흥미로운 내용을 군 장병들과 국민들에게 전달하였다.

전쟁도 새로운 아이디어와 발명에 의해 승리할 수 있다. 역사적인 지도자들은 모두 혁신가였다. 그들은 과거에 얽매이기 보다는 변화하는 미래에 더욱 관심이 높았다.

세계 전쟁사를 보면 신무기, 신장비 그리고 새로운 개념이 인류의 운명을 결정했다. 전쟁용 마차, 코끼리, 로마 검, 사슬갑옷, 화약, 총검, 꽂을대, 오스만 터키(Ottoman Turks)의 군사진형, 모하메드(Mohammed)에 의한 종교적 훈련, 철도, 전신, 항공기 등 이러한 혁신의 요소는 전쟁에서도 승리를 안겨주었다.

군대를 상징하는 물리적 강함은 현재 사용하는 구식 장비로 하여금 반감되는 경우가 있다. 우리는 항상 깨어 있는 정신으로 '6마일 상승 폭격기'뿐만 아니라 이미 상용화된 '1마일/분 이동 가능한 전투차량'도 도입해야 한다. 여기에는 공학자, 화학자 그리고 물리학자들이 합동으로 개발하고 있는 신무기제조법도 해당한다. 우리는 미래전의 승리를 위해서 끊임없이 앞으로 나아가지 않는다면 뒤쳐지고 말 것이다.

혁신은 맥아더가 남서태평양 전역에서 활용했던 '3군 공동작전'을 위해 중요한 역할을 했다. 예를 들면, PT보트는 태평양 전투에서 필수품이 되었다. 1930년대 말, 그는 소형 어뢰보트로 구성된 필리핀형 함대를 고안했다. 이것은 좁은 공간과 얕은 수

심에서도 이동이 가능했으므로 소수의 병력으로 기습적인 접근이 가능했고 적군을 격퇴하는 데도 효과적이었다. 전쟁 전에는 소수의 'Q-보트'만이 건조되었는데 이것은 PT보트의 기초모델로 사용되었다.

공군의 전투 방식과 장비의 개발은 '선제공격' 전략을 가능하게 했다. 조지 케니 공군 지휘관이 맥아더의 부하들 중에서 가장 신임을 받았던 이유는 그의 '혁신을 향한 강한 의지' 때문이었다. 낙하산으로 투하하는 파편폭탄과 정밀한 저공폭격술은 태평양 전역에서 폭격기의 효과성을 증대시켰다. 추가 연료탱크의 설치는 전투기의 비행거리를 늘렸고 홀란디아(Hollandia)로 향한 맥아더의 '550마일 진격작전'에 중요한 역할을 했으며 적의 항공력도 파괴했다.

82세가 되었지만 맥아더는 여전히 혁신에 대한 관심이 높았다. 1962년, 케네디 대통령의 '신개척자'[6] 개념을 인용하며 다음과 같이 사관생도들에게 연설하였다.

> 우리는 새로운 국경 없는 개척자의 시대에 접어들고 있다. 예를 들면, 우주 에너지는 풍력과 조력발전을 비롯하여 기존에 사용해 온 화학에너지를 보조하거나 대체하기 위해 합성물질을 개발하고 있다. 식수를 위해 해수를 정화하고 새로운 식량을 확보하기 위해 해저층을 발굴하며 100년 이상까지 수명을 늘리는 질병 예방법도 개발한다. 온기와 냉

---

[6] 미국의 제35대 케네디 대통령의 정책의 기본정신을 말한다. 이는 초기 미국인의 개척정신을 상징하는 것으로 케네디는 이 기조위에서 국내문제 개선과 후진국 개발 지원 정책을 추진하였다.

기 그리고 비와 햇빛을 적절히 분산시키기 위해 기상을 통제하고 우주선을 타고 달 탐사도 했다. 전쟁의 표적은 더 이상 적의 군대에만 제한되지 않고 테러조직이나 민간인들로 구성된 반정부조직도 포함되는 것이다. 더 나아가서 지구연합군은 다른 행성 은하계에 존재하는 외계인들에 대응하여 전혀 다른 방식의 우주전쟁 가능성도 있다. 이렇게 꿈과 공상을 경험하면 우리의 삶을 보다 신나고 흥미롭게 만들 수 있는 혜택도 누릴 수 있다.

★★★★★

"역사적으로 위대한 지도자들은 모두 혁신가였다."

생각해보기

- 새로운 아이디어와 기술을 어떻게 생각합니까? 그리고 혁신의 개방성과 수용성을 어떻게 증대시킬 수 있습니까?
- 혁신에 관한 조직의 수용성을 어떻게 강화할 수 있습니까?

㊿
위험도 수용하라

　리더는 조직의 위험을 피하고자 한다. 위험은 부정적으로 인식하므로 우선 피하기 위해 모든 노력을 기울이는 것은 상식이다. 그러나 16세기의 해상강국 포르투갈에서는 '위험'(risk)이란 단어가 탐험을 위한 대항해의 원동력으로 묘사되었는데 그 어원이 되는 라틴어에서도 '도전하다'(to dare)라는 의미를 포함한다는 사실을 아는 이는 별로 많지 않다.
　맥아더는 위험에 개의치 않았지만 결코 무모하지는 않았다. 그는 모든 실행과 행동에 언제나 위험이 존재한다는 것을 이해하고 그 위험을 철저히 분석하여 최소화할 수 있도록 노력하였다. 뉴기니 북방의 애드미럴티군도(Admiralty Islands)에서 실시한 로스 니그로스(Los Negros) 공격으로 함정의 정박지를 방호하고 라바울(Rabaul)에서 일본군을 고립시켰던 사실은 그가 위험에 대하여 어떻게 접근하였는가를 보여준 예이다. 이 공격은 1944년 3월에 최초로 계획되었으나 적의 진영을 정찰한 결과 움직임이 별로 없다는 것을 알았다. 그는 사단의 모든 병력 대신 제1기갑여단 소속 1천 명과 함께 당초 계획보다 한 달 일찍 공격하도록 신속하게 결정했다.

참모진은 이 작전을 완강히 반대했다. 공격개시까지 시간적 여유는 단 4일밖에 없었고 적군 4천 명의 일본군이 섬에 주둔하고 있으므로 아군은 해변에서 쉽게 압도당할 것이라고 믿었다. 그러나 맥아더는 참모들의 의견에 동의하지 않았다. 일본군의 행동기준으로 판단해보면 적의 모든 병력이 방어에 투입되지 않을 것이므로 결국 신속한 기습공격은 성공할 것이라고 주장했다.

위험을 각오한 그의 판단은 만족스러운 보상으로 되돌아왔다. 제1기갑여단은 해변상륙에 성공했고 일본군은 예상했던 것보다 큰 공격을 해오지 않았으며 3월 중순에 군도를 점령할 수 있었다. 로스 니그로스 공격의 성공은 그가 이전에 계획했던 세 가지 작전을 굳이 시행하지 않아도 되는 효과를 안겨주었다. 이 결과 장병들의 생명과 군수품을 훨씬 절약할 수 있었고 라바울은 계획보다 일찍 차단되었으며 홀란디아로 가는 길이 열리게 되었다.

물론 위험도가 높은 작전은 언제나 성공적일 수는 없고 오히려 실패의 가능성이 더 높기 마련이다. 그러나 로스 니그로스 작전은 엄밀히 계산된 결과였다. 공격을 개시하기 전에 코트니 위트니(Courtney Whitney) 장군은 맥아더의 부하들 중 한 명이 '적이 딜러가 된 카드게임과 같은 도박'이라고 비판하며 작전 취소를 요청했던 것을 기억했다. 그러나 맥아더는 "자네 말도 틀린 말은 아니야. 하지만 잃는 돈이 하나도 없이 이기는 도박이지. 100만 달러의 잭팟(jackpot)을 터뜨리고자 한다면 적어도 10달러 정도는 투자해야 하지 않겠나?" 하고 여유 있게 대답했다.

로스 니그로스 작전의 위험성은 두 가지로 나누어 생각해 볼 수 있다. 첫째, 상대적으로 적은 병력을 의도적으로 노출시켰다. 성공적으로 상륙하기 전까지 병력의 재강화는 보류했다. 둘째, 맥아더 스스로 공격에 나서는 장병들과 동행했다. 이것은 평소 맥아더가 강조하던 '병력 속에서의 정찰' 개념으로써 직접 현장 지휘를 통해 필요할 경우 즉각적인 조정을 가능하게 하여 위험성을 최소화했던 것이다.

그는 로스 니그로스에서 그야말로 '잭팟'을 터뜨렸지만 높은 위험성 때문에 전혀 예상치 못한 결과가 나올 수도 있었음을 고백했다. 또 다른 예로는 필리핀으로부터 호주로 철수하기 위해 맥아더와 가족 그리고 참모진을 태운 PT보트로 적의 포위망을 뚫어야만 하는 긴박한 상황이 있었다. 일본군은 보트의 모터 소리를 뒤늦게 듣고 공격을 가했지만 맥아더 일행은 가까스로 철수에 성공했다.

민다나오(Mindanao) 섬의 카가얀(Cagayan)에 도착한 그의 일행은 호주로 가기 위해 항공기에 탑승했다. 계속되는 적의 항공 기습공격 속에서 계획된 착륙 지점이었던 다윈(Darwin)으로부터 다른 곳으로 변경해야만 했다. 마침내 베첼러 비행장(Batchelor Field)에 안전하게 착륙했지만 뒤따라오던 적 항공기의 공격이 거세지자 대륙 중앙에 위치한 앨리스 스프링스(Alice Springs)로 즉시 떠나야만 했다. 죽음을 오갔던 맥아더는 리처드 서더랜드 참모총장에게 "우리는 가까스로 살아남았지만 이것이 바로 전쟁의 모습이다. 단순하게 말해서 승리 아니면 패배이고 살아남지 못하면 죽는 것이다. 마치 속눈썹 하나 차이와도 같다."고 결연하게 말했다.

맥아더는 생명의 위험 속에서 살아남은 경우가 많았지만 실패도 경험했다. 대표적인 것이 트루먼 대통령과 좋은 관계를 유지하는데 실패했다는 것이다. 6·25전쟁에서 승리하기 위해 노력했던 모든 것은 결국 수포로 돌아갔고 그 또한 군인으로서 큰 오점을 남기게 되었다.

맥아더는 어떠한 실패에도 쉽게 포기하지 않았는데 소년기에 이미 그 진리를 터득했던 것 같다. 그는 웨스트포인트에 합격하기 위한 첫 번째 추천서를 받는 것에 실패했지만 포기하지 않고 노력했다. 또한 가족과 함께 종종 포커게임을 즐기곤 했는데 한번은 퀸(queen)카드 네 장을 갖게 되어 자신이 가지고 있던 모든 칩을 내기에 걸었다. 그러나 아버지는 네 장의 킹(king)을 가지고 있었기에 맥아더는 내기에 걸었던 모든 칩을 잃고 만 것이다. 그때 "아들아, 인생에서는 어떠한 것도 절대적인 것이 없단다. 모든 일은 상대적이지."라고 한 아버지의 말을 결코 잊지 않았다.

★★★★★
"인생의 모든 일에는 기회와 위험이 공존한다."

생각해보기

- 잠재적 가능성을 줄이지 않으면서 현재의 전략에 대한 위험을 최소화할 수 있습니까?
- 위험에 현명하게 대처하지 못한 조직원들은 어떻게 인식됩니까?

51
평화를 사랑하라

　리더는 기업, 정부, 비영리기구 또는 군대와 같은 모든 조직에서 크고 작은 대립을 경험한다. 그 원인은 내부와 외부로부터의 영향 등 매우 다양하지만 대립에 반응하고 해결하는 방식은 리더에게 달려있는 경우가 많다. 위대한 리더는 모든 대립을 평화적이고 협조적인 관점에서 해결하기 위해 노력한다.

　맥아더는 군사 전문가인 동시에 용감한 전사였지만 사실 전쟁자체는 경멸한다고까지 고백했다. 그는 제1차 세계대전에서 대규모 학살현장을 직접 목격하면서 이러한 사상을 형성하게 되었다. 레인보우 사단은 거의 10개월간 지속된 전투에서 약 1만 4천 5백 명 이상의 전사자가 나오는 아픔을 맛보았다. 그 희생자 수는 미 원정군 역사상 세 번째로 높은 수치이고 사단의 총병력 수 2만 8천 명의 절반에 해당하는 많은 인원이었다.

　1935년, 그는 한 연설에서 조국을 위해 목숨을 바친 희생자들을 절대로 잊지 않을 것임을 장병들에게 밝힌 바 있다.

지난 3천 4백 년간의 통계를 보면, 단 268명만이 전쟁을 경험하지 않았다고 한다. 인류 역사상 가장 지혜로운 사상가 플라톤(Plato)이 말한 '오직 죽은 자만이 전쟁의 끝을 볼 수 있다'는 언명은 의문의 여지가 없다. 이성적인 인간이라면 누구나 전쟁의 잔인함과 파괴력을 잘 알고 있다. 오히려 군인이 가장 평화를 갈망하는 이유는 전쟁이 발발할 경우 그들은 실제로 목숨을 바쳐 싸워야 하기 때문이다. 군대는 평화를 지키기 위한 순수한 목적과 함께 정치가들에 의해 잃어버린 평화를 회복하기 위해 존재하는 것이다.

맥아더는 히로시마(Hiroshima)와 나가사키(Nagasaki)에 투하된 원자폭탄의 참혹함을 두 눈으로 목격한 후 전쟁은 반드시 금지되어야 한다고 생각했다.

"전쟁은 아군과 적군이 동반 자살하는 행위나 다름없다. 현대 인류는 전쟁을 불법화하는 데 모든 노력을 기울여야 한다."

그리고 1955년, 한 연설에서 그는 전쟁을 반대하는 이유를 다음과 같이 밝히고 있다.

나는 지금까지 살아오면서 많은 일들을 경험했다. 한 세기가 변하면서 육군에 입대했을 때 오로지 소총과 총검 또는 검으로 적군을 격퇴해야 했다. 그 후 새로운 군사무기로 개발된 연발식 기관총은 여러 명의 적군을 사살할 수 있었다. 빗발치듯 쏘아대는 포는 몇백 명의 희생자를 낳았다. 항공기의 폭탄으로 사상자는 몇천 명으로 늘어났고 원자탄은 희생자 수를 헤아릴 수 없을 정도로 그 파괴력이 강했다. 이제는 전자장비와 과학의 발전으로 잠재된 파괴력은 수백만 명의 희생자를 넘어서게 되었다. 하나의 폭탄으로 모든 것을 파괴할 수 있는 방안을 연구하기 위해 우리는 지금도 어두운 실험실에서 무기개발에 열중하고 있는 것이다.

그러나 첨단무기의 발명과 과학의 발전으로 '적 전멸'의 개념은 국가가 서로 생존하기 위해 실용적으로 타협하는 매개체가 되었다. 이에 따라 전쟁 가능성을 감소하게 되는 긍정적인 결과를 낳은 것도 부인할 수 없다.

일본 헌법 제9조는 전쟁과 평화에 대한 맥아더의 신념이 반영되었다. 전쟁을 금지하고자 하는 근원적인 내용은 여전히 모호하지만 그 철학은 유효하다. 맥아더는 일본의 전쟁금지법이 자국을 무방어 상태로 내버려 둔다는 것을 의미하지는 않는다고 강조했다. '제9조는 도덕적 개념의 상위에 해당한다. 도발하지 않은 공격에 대응한 자기방어의 절대적 권리를 부정적으로 해석하는 논리적인 궤변은 아니다.'라는 뜻을 담고 있다.

맥아더는 평화를 사랑한다고 주장했지만 때때로 평화를 유지하는 것에 대한 값을 치르기 위해 전쟁이 불가피할 때도 있다고 인정했다. 따라서 그는 반전주의(pacifism)를 강하게 비난한다. 1932년, 다소 논의의 여지가 있던 맥아더가 연설한 피츠버그(Pittsburgh) 대학교 졸업식 연설문을 살펴보면 다음과 같다.

반전주의는 평화를 사랑하는 것과 같지 않다. 왜냐하면 반전주의는 적의 공격에 소극적이고 결국 국가방위에 반대하기 때문이다. 어떠한 상황에도 말과 행동으로 평화를 주장하는 반전주의자들은 국방의 가치를 불신하고 인정하지도 않는 것이다. 이러한 반전주의자들은 무책임하다고 밖에 볼 수 없다.

이들의 행태는 진정한 평화를 의미하는 것이 아니고 다른 국가를 침략할 경우 정당한 책임을 지는 것도 아니다. 평온, 권리, 독립, 자존심 그리고 행복을 지키기 위해서는 항상 자국을 방어할 수 있도록 준비하는 것이다.

맥아더가 가장 고심했던 것 중 하나는 선조들이 자유와 권리를 지키기 위해 치열하게 싸웠던 미국의 전통이 사라지는 것이었다. 그는 이러한 소중한 가치를 지키기 위하여 행동하도록 권고하면서 동시에 다음과 같이 경고하고 있다.

우리는 지금 축복의 땅에서 누리고 있는 모든 혜택, 즉 산업, 경제, 공정성 그리고 정부에 대한 충성이 영원히 지켜지리라고 속단해서는 안 된다. 가치관이 전혀 다른 국가가 어디에서 존재하든지 조국은 그들로부터 공격당할 수 있는 위험에 놓인다. 우리는 인류에 대해 관대함, 명예 그리고 존경의 가치를 깊이 믿고 있다. 이러한 가치를 믿는 국가라면 적의 공격으로부터 국가를 방어하기 위해 준비해야 할 책임도 있는 것이다.

✯✯✯✯✯

"나는 국가 평화를 위해 한 세기동안 헌신해왔으며 지금도 조국을 지키기 위하여 전쟁에 나서야 한다면 모든 명예를 기꺼이 양보할 수 있다."

생각해보기

- 대립이 발생하기 전에 문제를 해결하기 위하여 가능한 모든 평화적인 수단을 사용합니까?
- 조직 내부에서 공급자, 고객 그리고 경쟁자들과의 관계를 협조적인 개념으로 접근합니까?

애국자

애국심은 모든 조직의 리더가 의무적으로 고려해야 할 중요한 요소이다. 리더는 각자의 적합한 위치에서 애국심을 가지고 업무에 매진한다. 국가를 사랑하는 마음은 오늘날 기업의 리더에게도 매우 중요하다. 세계의 많은 기업들은 자국의 국경 밖으로 사업영역을 확장시키지만 여전히 국익이 굳건하게 지켜질 때 기업의 존재가 빛을 발할 수 있는 것이다.

맥아더는 '미국인'이라는 사실을 단 한 번이라도 당연히 그냥 주어진 권리라고 생각하지 않았다. 미국인이라는 특권이 그에게 가장 고귀했던 것이다. 1948년, 그는 로스앤젤레스 조사기관(Los Angeles Examiner)의 담당자에게 다음과 같이 말했다.

나는 미국인이다! 생득권은 인간에게 가장 소중한 유산으로 알려져 있다. 침해할 수 없는 절대적 권리, 기회의 공평

성, 법의 공정성 그리고 존엄성으로 구성되는 것이다. 국가는 나에게 출생으로부터 높은 지위의 성인으로, 그리고 조직원에서 리더의 위치로 갈 수 있는 기회를 제공해주었다. 또한 용기와 함께 솔선수범하는 인간의 고귀한 영혼을 가슴과 정신에 불어넣을 수 있도록 했다.

애국심은 언제나 맥아더 삶의 일부였다. 이러한 가치는 소년시절 처음으로 배웠고 단 한 번이라도 그 가치 기준에서 벗어나지 않으려고 노력했다. 삶의 끝자락에 가까워질 무렵 맥아더는 자신의 회고록 마지막 부분에 "나에게 가장 기분 좋은 찬사는 애국자라고 불리는 것이다. 애국자란 다른 어떠한 사물이나 정신보다 조국을 사랑하고 성조기를 드높이기 위해 자신의 삶마저 기꺼이 바치는 것을 의미한다."라고 기록하고 있다.

맥아더는 미군의 희생으로 전쟁에서 승리했고 지금까지 국가 평화를 유지할 수 있다는 것을 믿었다. 그는 국가를 위해 목숨을 희생했던 모든 애국자들의 고귀함을 찬미했다. 독자는 이미 '퍼플하트'(Purple Heart)라고 불리는 명예 상이기장을 잘 알고 있을 것이다. 국가의 첫 군인 기장인 이 훈장의 기원은 조지 워싱턴(Georgia Washington) 장군이 이 상을 제정했던 1782년으로 돌아간다. 당시에는 군 훈공휘장(Badge of Military Merit)이라고 불렸으며 워싱턴이 단 세 차례만 그 훈장을 수여한 뒤로 폐지되었다고 한다.

제1차 세계대전 이후 그 훈장제도를 부활시키려는 노력이 있었으나 번번이 실패로 돌아갔다. 그러다 1932년, 맥아더는 워싱턴 출생 200주년을 기념하여 다시 그 훈장제도의 재설립을 추진하였다. '퍼플하트'라는 동일한 명칭을 사용하기로 결정했고 그 수여 여부에 단 한 가지 조건을 붙였다. 바로 국가를 위해 싸운 전투에서 크게 부상당할 경우 수여받을 수 있다는 조건인 것이다.

'퍼플하트'는 독특한 훈장이다. 다양한 특권이나 특별한 선택이 있지만 이 훈장을 받기 위해서는 오직 한 가지 조건만 유효하다. 적군과 실제로 전투를 치러야만 하며 다른 공적은 무의미하다. 즉, 조국을 위하여 육체적이고 정신적인 희생만을 인정하는 것이다. 사랑하는 국가를 위해 전장에서 흘린 땀과 피를 의미하기도 한다. 이것보다 더욱 큰 명예는 없는 것이다.

맥아더는 제1차 세계대전 중에 적군의 가스공격으로 큰 부상을 입고 훈장을 받았는데 바로 그 훈장 뒷면에 '최초'라고 새겨진 '퍼플하트'를 수여받은 것이다. 이 후, 1백만 개 이상의 훈장이 여러 전쟁 유공자들에게 수여되었다.

맥아더는 국가를 위해 싸우고 부상당한 용사들에게 특별한 관심을 보였다. 1951년, 극동으로부터 귀환한 맥아더가 의회 청문회에서 증언할 때 참석했던 존 스테니스(John Stennis) 상원의원은 맥아더가 입구에 들어서자마자 잠시 멈춰 서더니 벽을 뒤로 하여 함께 줄지어 있던 3~4명의 인원 앞으로 걸어갔다고 기억했다. 맥아더는 이들에게로 다가가서 그 중의 한 명과 매우 힘차게 손을 흔들며 반갑게 악수를 했다. 그는 바로 과거 맥아더의 부하들 중의 한 명이었고 전투에서 심한 부상을 입고도 지금까지 겨우 살아남았던 것이다. 장군은 회의실에 들어서자마자 그를 알아보았고 군인으로서 한 애국자의 용기와 헌신에 대해 무한한 존경심을 표했던 것이다.

맥아더에게 미 성조기는 '퍼플하트'만큼 명예롭게 생각했던 애국심의 또 다른 상징물이다. 1949년에 작성한 맥아더의 편지는 다음과 같은 기록을 남기고 있다.

> 이제 성조기를 굳게 잡아 높이 휘날리자! 조금도 방심할 수 없는 악의 세력은 개인의 자유, 공정한 법 그리고 독립적인 존엄성을 지닌 신성한 미합중국 전통에 존재하는 믿음을 흐리게 하고 파괴한다. 성조기는 미국을 세운 힘이 된 땀과 피와 노력 그리고 희생을 지속적으로 일깨워준다. 과거의 선조들과 마찬가지로 우리도 신성한 자유의 유산을 지키고 발전시키기 위하여 지혜와 용기를 담아 소중한 국기를 높이 휘날려보자!

★★★★★

"가장 기분 좋은 찬사는 애국자로 불리는 것이다."

생각해보기

- 여러분의 모든 행동은 애국심에서 비롯됩니까?
- 조직의 정책은 국가와 국민에게 책임을 다하도록 구성됩니까?

역자 후기

정부는 6·25전쟁 제60주년을 맞이하여 다양한 기념행사를 계획하고 있다. 지금으로부터 60년 전, 동양의 생소한 땅에서 한 번도 만나본 적이 없는 대한민국 국민을 위해 목숨 바쳐 싸웠던 해외 참전용사들을 초청하는 행사도 열린다. UN군으로 참전했던 21개국의 참전용사 가운데 2천 4백 명을 손님으로 모시는데, 여기에는 인천상륙작전의 영웅 더글러스 맥아더 장군의 유가족들도 초청된다고 한다. 전쟁 직후 맥아더 장군의 빠른 군사적 판단과 대담한 리더십은 남한의 공산화를 저지하는 데 지대한 공헌을 하였다. 1953년 당시 국민총소득(GNI) 미화 67달러에 불과하던 우리는 이제 2만 달러에 이르는 세계 10위권의 경제대국으로 발전하였다.

이러한 역사적 시기에 맞추어 시어도어 키니(Theodore Kinni)와 다나 키니(Donna Kinni)가 쓴 『맥아더의 승리하는 리더십』(No Substitute for Victory)을 완역하게 된 기회를 매우 소중하게 생각한다. 현재 공군 장교로 군복무하고 있는 역자는 세계 각국의 군 지휘관이 지니는 리더십과 군사전략에 많은 관심을 가지고 있다. 인류사를 돌이켜보면 위대한 군 리더들이 많이 존재했고 그들로 하여금 사회 발전이 거듭되었다는 사실을 알 수 있다. 그 중에서도 수차례의 현대전을 지휘했던 더글러스 맥아더 장군은 단연 돋보이는 군사전략가요 리더십의 거장이라고 할 수 있다. 그의 전쟁 리더십은 한마디로 표현하면 '승리하는 리더십'이었다. 장군의 명쾌한 군사관리 철학은 군 조직뿐만 아니라 오늘날 다양한 기업조직 경영에도 그대로 적용되는 것이다.

    본서는 모두 5부 52장으로 구성된다. 위대한 지휘관 맥아더 장군, 그의 군사전략적 원칙, 조직원들의 동기부여를 극대화하는 리더십, 조직의 효율적 관리 그리고 개인적 특성 등에 관한 내용을 다루고 있다. 이 책을 통하여 나는 개인적으로 존경하는 위인 중 한명인 맥아더 장군을 만났다. 그의 세심한 전략에 귀를 기울이고 힘찬 웅변소리를 들으며 진정한 리더 맥아더 장군의 멋진 모습에 감동하게 된 것이다. 매 장을 넘길 때마다 장군의 매력과 천재성에 매료되어 번역에 몰입할 수 있었다. 나 스스로도 한 명의 독자가 되어 장군과 함께 수십 년 전의 붉은 피 튀는 전장으로 돌아가 함께 호흡하고 함께 긴장했던 것이다. 독자 여러분도 이 책을 읽으면서 맥아더의 삶 속에 흠뻑 빠져 들어가 그와 함께 숨 쉬고 대화해보길 간절히 소망한다.

    지난 삼동을 번역 작업에 매달리며 일과시간 이후의 자투리 시간과 주말을 바쳤다. 절대 시간과 상당한 인내가 필요로 했던, 결코 쉽지 않았던 작업으로 기억한다. 원저의 충실한 번역에 초점을 맞추었으나 부족하기 짝이 없다. 독자 여러분들의 해량과 질책에 의지할 것이다.

　여러모로 부족함에도 불구하고 여러 소중한 분들의 도움으로 이 책이 출간되었다. 도움의 손길을 주신 분들에게 지면을 빌려 고마움을 전한다. 우선 원저를 맡기고 번역의 기회를 주신 북코리아 이찬규 사장님께 감사드린다. 또한 바쁘신 가운데에도 추천의 글로 큰 힘을 불어넣어 주신 두 분이 계신다. 맥아더 장군과 함께 6·25전쟁을 승리로 이끌어낸 초대 육군참모총장 백선엽 장군님과 공군 사후 121기 어학장교 동기 김동원 중위의 부친이신 한화그룹 김승연 회장님께 깊은 감사를 드린다. 그리고 장병 대외활동을 흔쾌히 허가해 주신 공군방공포병학교장 이 대원 대령님께도 감사를 드린다. 또한 주일마다 신앙의 가르침과 용기를 북돋우어주시는 대구 대명교회 장창수 목사님께도 감사함을 전한다. 바로 앞 사무실에서 친구처럼 지내는 권무석 선배와 경주고교 시절 함께 문학 소년의 꿈을 꾸었던 단짝 성욱이에게도 파이팅을 외친다.

　꼼꼼히 주석 내용을 확인해주신 아버지와 한결 같은 사랑으로 응원해 주시는 어머니, 그리고 학업으로 분주한 동생 섬에게도 고마움을 전한다. 끝으로 역서의 출간에 이르기까지 모든 능력 주시고 함께 하신 하나님께 무한한 영광을 돌린다.

2010년 새싹이 돋아나는 이른 봄날
김 현

지은이 약력

Theodore Kinni & Donna Kinni는 『고객을 부르는 1,001가지 방법』, 『에인랜드와 경영』 등 11권의 경영학 서적을 공동 저술하였다. 그리고 이들은 컨설턴트와 강사단 그리고 디즈니 사의 『우리의 고객 되기』를 포함하여 포천지 500대 기업의 대표 작가이기도 하다. 이들의 저술 주제는 리더십, 마케팅과 세일즈, 경영전략에서부터 고객서비스, 공정제도 및 아이디어 창출에 이르기까지 매우 다양한 영역을 다루고 있다.
저자들은 미국 버지니아 주 윌리엄스버그에 기반을 둔 경영 관련 출판사인 '비즈니스 리더'의 공동 설립자이다.
Theodore Kinni는 『인더스트리 위크』, 『품질 다이제스트』 및 『사원 트레이닝 뉴스』의 주요 편집인으로 활약했다. 그는 또 『이사회를 넘어』, 『트레이닝』 및 『하버드 경영 업데이트』의 커버스토리를 포함하여 기업 관련 주제를 다룬 100여 편의 글을 발표했다. 그리고 5년간 『비지니스 리더 리뷰』의 편집자를 역임하였으며 경영서적의 평론자로서 『출판인 위클리』 등 다양한 간행물을 통하여 대중에게 널리 알려져 있다. 저자는 현재까지도 '미국서적평론회' 회원으로서 활발한 저술활동을 하고 있다.

옮긴이 약력

김현은 현재 공군 중위이다. 공군사후 121기(어학장교)로 임관하여 공군방공포병학교에서 번역장교로 근무하고 있다. 『방공저널』(계간) 및 『방공포병지』(연간)를 번역·발간하면서 각국의 방공체계와 방공포병무기체계 및 전쟁지도자의 리더십에 대한 관심을 넓혀나가고 있다.
옮긴이는 경주고등학교를 졸업하고 미국 앨라배마 주립대학교에서 국제관계학을 전공(학사 및 석사)하였다. 2년간 동 대학원 과정 중 외국어학부 조교로서 한국어 강의를 담당했다.

맥아더의 승리하는 리더십
맥아더의 전략과 리더십으로부터 얻는 50가지 교훈

2010년 6월 6일 초판 1쇄 발행
2011년 11월 23일 초판 2쇄 발행

지은이 | Theodore Kinni & Donna Kinni
옮긴이 | 김　현
펴낸이 | 이찬규
펴낸곳 | 북코리아
등록번호 | 제03-01240호
주소 | 462-807 경기도 성남시 중원구 상대원동 146-8
　　　 우림2차 A동 1007호
전화 | 02-704-7840
팩스 | 02-704-7848
이메일 | sunhaksa@korea.com
홈페이지 | www.bookorea.co.kr
ISBN | 978-89-6324-063-3 (03320)

값 13,500원

본서의 무단복제를 금하며, 잘못된 책은 바꾸어 드립니다.